Research on Cooperative Decision-making of

OPERATION AND

FINANCING

of Start-up Enterprises

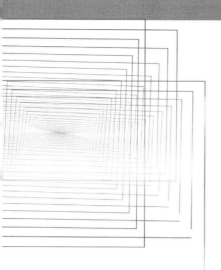

新创企业的运营和
融资协同决策研究

彭鸿广 ◎ 著

中国财经出版传媒集团
经济科学出版社
Economic Science Press

图书在版编目（CIP）数据

新创企业的运营和融资协同决策研究/彭鸿广著.
—北京：经济科学出版社，2022.2
ISBN 978 - 7 - 5218 - 3259 - 4

Ⅰ.①新…　Ⅱ.①彭…　Ⅲ.①企业管理 - 运营管理 -
研究②企业融资 - 研究　Ⅳ.①F273②F275.1

中国版本图书馆 CIP 数据核字（2021）第 250713 号

责任编辑：刘　丽
责任校对：李　建
责任印制：范　艳

新创企业的运营和融资协同决策研究
彭鸿广　著
经济科学出版社出版、发行　新华书店经销
社址：北京市海淀区阜成路甲 28 号　邮编：100142
总编部电话：010 - 88191217　发行部电话：010 - 88191522
网址：www. esp. com. cn
电子邮箱：esp@ esp. com. cn
天猫网店：经济科学出版社旗舰店
网址：http：//jjkxcbs. tmall. com
北京季蜂印刷有限公司印装
710×1000　16 开　12.5 印张　210000 字
2022 年 2 月第 1 版　2022 年 2 月第 1 次印刷
ISBN 978 - 7 - 5218 - 3259 - 4　定价：68.00 元
（图书出现印装问题，本社负责调换。电话：010 - 88191510）
（版权所有　侵权必究　打击盗版　举报热线：010 - 88191661
QQ：2242791300　营销中心电话：010 - 88191537
电子邮箱：dbts@ esp. com. cn）

前言

　　尽管创业正在被大力鼓励和推动，但创业的高失败率却是不争的事实。据统计，全美有 15% 的初创公司在第一年就倒闭了，40% 的初创公司没能挺过 5 年（Puri & Zarutskie，2012）。全球知名创投研究机构 CB Insights 跟踪了美国 1119 家筹集到了第一轮种子资金的科技公司后发现，跟踪期结束时 67% 的公司最终要么倒闭了，要么仅能自我维持，最终成为独角兽的可能性徘徊在 1% 左右（CB Insights，2018）。创业失败的原因是多种多样的，资金不足问题无疑是其中最主要的一个。由于运营和融资相互影响，创业企业要生存和发展壮大，必须对运营和融资行为进行协同决策。

　　本书针对不同类型的新创企业运营过程中可能面对的不同场景，考虑新创企业的融资需求，构建相应的数学规划模型，提供适宜的决策方法，形成创业企业外部融资和运营的协同决策框架，帮助处于不同发展阶段、采用不同融资方式、具有不同发展目标的新创企业作出最优的运营与融资决策，获得更佳的绩效。本书共分 8 章，具体包括以下内容。

　　第 1 章主要陈述研究背景与意义，界定研究范围，阐明研究内容，简要介绍研究采用的技术路线与方法。

　　第 2 章主要回顾新创企业运营和融资方面的一些基础理论，包括新创企业生存和增长理论、创业融资来源的基本理论、新创企业的估值理论与方法等，然后简要介绍其发展现状，并对新创企业运营和融资协同决策的研究进展进行了综述。

　　第 3 章研究由原始设备制造商（Original Equipment Manufacturer，OEM）、新创企业和需求市场组成的二级供应链中新创企业多个周期的运营和债权融资的鲁棒决策。新创企业通过自身的生产和从 OEM 供应商处紧急采购产品来满足市场需求。在面对需求和外部融资成本不确定时，新创企业需要作出的决策为：在每个时期期初的产能决策；在每个时期期初的短期借款金额的决策；在每个时期中期需求信息显示后的自制、外购数量的决策；在每个时期期末决定是否偿还短期债务本金与利息。过去大量的关于风险决策的研究都是以期望价值最大化为目标，利用随机动态规划模型来解决不确定环境下的这类决策问题。因为产品的市场需求难以预料，加上新创企业抗风险能力较弱，因此其产能、产量决策、融资的决策中需要考虑结果的鲁棒性，避免在较坏的环境出现时企业破产。本章针对新创企业的上述决策问题构建相应的鲁棒优化模型，最后通过算例来考察市场需求和融资成本不同、多种离散的情景下新创企业的决策行为与结果，以及鲁棒优化模型中惩罚参数对行为和结果的影响。

第 4 章基于条件风险价值（Conditional Value at Risk，CVaR）准则考察新创企业运营和融资协同决策。相较于成熟企业，新创企业面临着更大的风险，很多创业者和管理者也表现出不同程度的风险规避特征。作为一种风险管理工具，CVaR 准则具有许多优点，现已被广泛地应用到运营与供应链管理研究中。假设 OEM 供应商对新创企业的供应具有不确定性，并考虑到新创企业的股权融资需求，因而不再以最常见的期望利润最大，而是以企业股东权益价值的条件风险价值最大作为决策目标，探讨在决策者风险规避下新创企业在产能配置、订货量、借贷金额方面的最优决策，以及风险规避程度等因素对最优决策的影响。

第 5 章探讨在不同的初始自有资金水平以及供需随机情形下新创企业的运营和融资决策。考察风险中性态度下的产能和外购订货数量的最优决策，并按照新创企业初始自有资金的大小分为三种情形进行讨论：初始资金非常紧张，无论产品的市场需求大小，新创企业都需要通过借贷来筹集用于产能建设、自制或外购的资金；资金比较紧张，只有当市场需求较低时新创企业不需要借贷；资金比较充分，只有当市场需求较高时才需要借贷。本章旨在发现新创企业初始资金的大小、OEM 供应的不确定性等因素对最优产能设置和外购订货数量的影响。

第 6 章将客户购买行为作为预测自由现金流的基础，探讨用自由现金流折现法作为估值法时新创企业的运营决策。首先对现金流折现法和客户终身价值法这两种估值方法进行简要回顾，揭示这两种方法之间的内在联系。然后将创新产品扩散模型和用户重复购买的幂律分布模型引入，用来估计企业的客户数量和重复购买次数，借鉴客户终身价值的计算方法，以融资和现金流为约束条件，构建新创企业价值最大化的决策模型。最后通过算例比较新创企业对新客户实施价格补贴前后的企业价值对比，发现价格补贴的作用。

第7章针对尚处于研发阶段的新创企业，研究在实物期权估值方法下的最优研发投入决策。首先介绍实物期权估值的基本理论与方法，阐明利用实物期权法对尚处于研发阶段的新创企业估值的合理性与必要性。其次构建二项式方法下的新创企业估值模型。最后通过算例说明在此估值方法下新创企业使得估值最大化的研发投入决策方法。

第8章主要介绍研究结论，对未来研究做展望。

本书的出版，受教育部人文社会科学研究规划基金项目"资金约束下创业企业的运营与融资协同决策研究"（16YJA630041）和浙江科技学院学术著作出版专项的资助。

目 录

第1章 绪 论

1.1 研究背景与意义

随着我国经济发展进入新常态，党中央、国务院适时作出了"大众创业、万众创新"的重大战略部署。创新是社会进步的灵魂，创业是推动经济社会发展、改善民生的重要途径；要营造有利于创新创业创造的良好发展环境。要向改革开放要动力，最大限度释放全社会创新创业创造动能，不断增强我国在世界大变局中的影响力、竞争力。党的十九大报告提出，"激发和保护企业家精神，鼓励更多社会主体投身创新创业"。李克强总理多次强调大众创业、万众创新的重要意义：以大众创业培育经济新动力，用万众创新撑起发展新未来。国务院于2015年6月发布了《关于大力推进大众创业万众创新若干政策措施的意见》，指出"推进大众创业、万众创新，是发展的动力之源，也是富民之道、公平之计、强国之策，对于推动经济结构调整、打造发展新引擎、增强发展新动力、走创新驱动发展道路具有重要意义，是稳增长、扩就业、激发亿万群众智慧和创造力，促进社会纵向流动、公平正义的重大举措"。

党的十八大以来，中央政府把简政放权作为改革的当头炮，为企业松绑减负，激发了创业活力，商事制度改革取得明显效果，我国"双创"蓬勃发展，已成为世界上拥有市场主体最多的国家（国家行政学院经济学教研部，2017）。据国家市场监管总局历年统计的数据显示，2019年全国新设市场主体2179万户，日均新设企业达到2万户，再创新高；2020年，受新冠肺炎疫情影响，我国新入市的市场主体数量走出了大幅下降后迅速恢复的V型走势，全年新增注册市场主体2735.4万家，同比增长12.8%；2021年上半年，全国新设市场主体 1394.5 万户，基本恢复到新冠肺炎疫情前水平。截至 2021 年 8 月 25 日，我国登记在册的市场主体由 2012 年的 5500 万户增长到 1.45 亿户，增长了 1.6 倍多。

尽管新登记企业数量逐年增长，但是可以预见，很多新创企业短短几年后将在市场上消失。国家工商总局企业注册局、信息中心通过对 2000—2012 年全国新设企业、注吊销企业生存时间等数据进行统计，对企业生存"瓶颈期""危险期"等规律性特点进行分析，发现我国内资企业生存时间具有以下特点。

（1）企业累计存活率呈逐年下降趋势。企业成立后的第 5 年累计存活率为 68.9%，已经退出市场的企业达到 31.1%；第 9 年企业的累计存活率为 49.6%，即仅有约半数的企业能存活 8 年以上。随着企业成立时间延长，企业累计存活率进一步降低，到第 13 年为 38.8%。企业成立后 3~7 年为退出市场高发期，即企业生存时间的"瓶颈期"。

（2）不同规模企业具有不同的生存特点。企业规模越大，存活率越高。企业存活率与注册规模呈正比的态势。大规模企业由于其抗风险能力比小规模企业强，其生存曲线较为平稳。由于行业进入政策、规模经济、技术等的壁垒，进入市场较谨慎等原因，较大规模的企业存活率比规模小的企业高。企业规模越大，当期死亡率越低、趋势越平稳。从不同规模企业当期死亡率看，企业规模越大当期死亡率越低，其中注册资本 100 万元以下企业第 4 年当期死亡率最高，随后呈逐年下滑趋势；注册资本 100 万~1000 万元和 1000 万元以上企业当期死亡率最高点并不明显，说明死亡率较为平稳，并且随着企业成立时间的增加，当期死亡率维持在相对较低的平稳状态[①]（国家工商总局企业注册局、信息中心，2013）。

国外也有许多关于新创企业生存的调查研究（彭鸿广，2017）。普里和扎鲁茨基（Puri & Zarutskie，2012）对美国 1981—2005 年创立的逾 1600 万家企业的失败率进行统计后发现：企业在创立后的第一年内失败率是最高的，随后逐渐降低（见表 1-1）。据统计，美国在 1977—2005 年新设立的创业企业超过一半在五年之内失败了，英国 2000—2008 年新设立的创业企业在三年之内的失败率超过了 1/3，而且不幸的是，科技型新创企业的存活率是所有创业企业中最低的（Artinger & Powell，2016）。为了检验新创

---

① 当期死亡率指已经存活了 N 年的企业在下一年死亡的概率。将历年成立的企业当期死亡率取加权平均值，即为当期平均死亡率。

企业的存活率，宋等（Song et al.，2008）对 1991—2000 年在美国成立的
11259 家新技术企业进行了纵向分析，他们的实证结果显示，4 年后存活
了下来且拥有 5 名以上全职员工的公司只有 36%（4062 家），5 年后，该
比例降至 21.9%，即仍在运营的且全职员工超过 5 人的企业只剩下
2471 家。

表 1 - 1　　　　　　　1981—2005 年美国 LBD 数据库中不同年龄
创业企业的失败率统计

企业年龄/年	1	2	3	4	5	6	7	8	9	10
失败率/（%）	17.79	13.89	8.70	6.10	4.40	3.30	2.60	2.00	1.50	1.30

资料来源：Puri M，Zarutskie R. On the Life Cycle Dynamics of Venture-capital and Non-Venture-Capital-Financed Firms ［J］. *The Journal of Finance*，2012，67（6）：2247 - 2293.

宋等（2008）还发现在相关研究文献中确定的 24 个可能的成功因素
中，有 8 个是科技型新企业的同质显著成功因素：①供应链整合；②市场
范围；③公司年龄；④创始团队的规模；⑤金融资源；⑥创始人的营销经
验；⑦创业者的行业经验；⑧存在专利保护。关于企业年龄对中小企业生
存的影响，斯廷奇库姆（Stinchcombe）在《组织手册》一书中最早从组
织理论的角度关注企业死亡危险随企业年龄的增加而减小的现象。此后，
相关研究发现企业的死亡危险与年龄呈倒 U 型关系，即在企业创立初期，
企业原始资本在不断消耗，而企业却还未来得及在市场上建立声誉，此时
企业的死亡危险是逐渐增大的，并在某一时刻达到极点，其后，随着企业
逐步适应环境，企业的死亡危险再逐步减小，对我国企业年龄和生存率的
关系研究同样发现存在倒 U 型关系（国家工商总局企业注册局、信息中心，
2013）。桑希尔和艾米特（Thornhill & Amit，2003）的解释是，相对于年老
的企业，年轻的企业更易遭受资源和能力的缺乏，资源和能力不足叠加外部
环境风险造成企业的死亡，死亡风险率会随企业年龄变化（见图 1 - 1），
因此对创业企业而言，最大的挑战在于，在初始资产禀赋耗尽之前能够建
立起有价值的资源和能力产生正的现金流，如果创业企业缺乏足够的资本
以支付业务活动产生的应付款项就会破产。

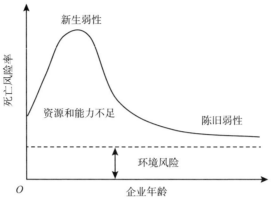

图 1 - 1　企业年龄和死亡风险率

资料来源：Thornhill S, Amit R. Learning about Failure：Bankruptcy, Firm Age, and the Resource-Based View ［J］. *Organization Science*, 2003, 14（5）：497 - 509.

1.1.1　新创企业面临的运营挑战

按照企业生命周期理论，创业企业的成长一般需要经历种子期、初创期、成长期、成熟期和稳定期等阶段。在初创阶段与高速成长阶段，创业企业的关键问题是生存，而在成熟阶段与稳定阶段，创业企业面临的则是发展即增长和盈利的问题。虽然生存与发展在企业的存续过程中可能交替出现，但无论创业者实施创业行为究竟要达到什么目标，只有生存下来的创业企业才能创造新价值（苗淑娟，2007）。

新创企业的运营能力如何影响其存活的可能性？具体而言，在一个新创企业发展的不同阶段应该强调哪些运营能力？运营是将组织投入的资源转换为输出的产品和服务的过程，运营管理就是对这一转换过程的组织和设计，以实现质量、速度、可靠性、灵活性和成本目标，为社会创造价值。运营决策旨在使用资源恰如其分地创造和提供符合市场需求的产出，主要涉及企业产品、产能配置、生产方式、产量、库存、采购方面的决策（Cachon & Terwiesch, 2013）。显然新创企业的运营面临着诸多的挑战，例如资金不足、顾客基础薄弱、不完善的产品等。

塔提康达、泰耶森和帕特尔（Tatikonda, Terjesen & Patel, 2013）集成运营管理与创业理论，跟踪了成立于 2005 年的 812 家瑞典制造企业从成立时间至 2010 年的数据，考察了这些企业的初创阶段、成长阶段和稳定阶段，发现了一些规律，验证了在初始启动阶段库存周转率会增加企业生存的可能性；在随后的成长阶段，毛利率较高的企业更有可能活下来；在最后的稳定阶段，高水平的员工生产力导致良好的生存结果，见表 1 - 2。

表 1 - 2 新创企业的运营挑战

	初创阶段	成长阶段	稳定阶段
新生弱性，小而弱性	非常高	高	适中
顾客基础	小的顾客基础	增长的顾客基础	大的稳定的顾客基础
运营挑战	考虑产品设计的适应性、高的客户快速响应能力，包括交付、高库存周转、保持可部署的营运资金支撑产品和市场的开发	增加产量以满足更大的需求。获得更高的资金回报，以支持扩大规模	更大的生产规模、可靠和经济上可持续的业务、员工生产力以支持更大的单位产量

资料来源：Tatikonda M V，Terjesen S，Patel P C. The Role of Operational Capabilities in Enhancing New Venture Survival：A Longitudinal Study ［J］. *Production and Operations Management*，2013，22（6）：1 - 15.

具体而言，在初创阶段，公司面临的主要挑战是实现高客户响应能力和支持公司的适应性。一般来说，无论把产品单位成本最小化还是公司水平的盈利能力作为初创阶段的初始目标，小批量生产和高库存周转率才能让公司能够成功地在满足客户需求的同时还能通过生产系统保持材料的快速流动。高速周转可以让公司经常快速提供最新的产品设计修改，融合客户、竞争对手、研发产品和工艺知识以适应市场的变化。相比之下，尽管拥有大量制成品库存的初创企业或许可以放弃滞销的产品，但这意味着在材料、人员和制成品中包含间接费用的巨大浪费（Tatikonda，Terjesen & Patel，2013）。

成长阶段的关键挑战在于加大生产规模和为这种增长提供资金的内部回报。成长阶段有一组重要的客户和一个相对成型的产品设计、较少的设计修改。该阶段的一个风险因素是需要更高的产量满足日益增长的需求。该阶段运营业务的努力方向主要包括制造工艺设计和开发、可制造性的产品设计修改和新的供应链关系（Tatikonda，Terjesen & Patel，2013）。

利润边际的大小对处于成长阶段的创业企业的生存是最关键的。2019年 4 月，刚被商业杂志 *Fast Company* 评为 "2019 年度全球最具创新力企业" 机器人领域第一名的 Anki 公司突然宣布死亡。Anki 是一家曾在硅谷备受追捧的明星创业公司，当时已经获得的融资达 2 亿美元（约合人民币 13.47 亿元）。据科技媒体 Recode 报道，美国当地时间 2019 年 4 月 29 日上午，Anki

举办了一场员工大会，公司 CEO 鲍里斯·索夫曼（Boris Sofman）告诉 200 多名员工，他们将在周三被解雇，每人会获得一周的遣散费。在几天前，这些员工们还被告知，在一轮新融资失败后，Anki 打算寻找额外资金。最终融资没有成功，微软、亚马逊以及康卡斯特等巨头的收购也未能敲定。Anki 由毕业于卡内基梅隆大学机器人研究所的三位博士生创立，曾是机器人学和人工智能领域炙手可热的创业公司。公司成立于 2010 年，2013 年推出的首款产品 Anki Drive（智能玩具汽车）便登上了苹果全球开发者大会（Worldwide Developers Conference，WWDC），苹果公司 CEO 库克评价称，它"打造了一种全方位的玩具新体验"。次年，这款产品成为亚马逊上第二畅销的玩具。2016 年，Anki 推出的智能机器人 Cozmo 更是引领一阵热潮。它不仅成为卡内基梅隆大学官方认证的教学机器人，这个会撒娇、会卖萌还有点小脾气的"戏精"机器人还在社交媒体上受到极高的关注，测评视频被刷爆。在这一年，Anki Drive 的二代产品 Anki Overdrive 发布，以及 Cozmo 热销，Anki 的名字推上了 2016 年假日季四大畅销高档玩具的榜单。2017 年，亚马逊玩具销售排行榜上，Cozmo 成为卖得最好的那一款。Anki 透露，公司这一年的收入已经接近 1 亿美元。Anki 并没有在此停下脚步，2018 年，他们推出了家用机器人 Vector。虽然跟 Cozmo 长得很像，但实际上 Vector 更接近市面上语音精灵类的产品，也就是说它既能实体卖萌，又能帮你拍照、计时、定闹钟。但值得注意的是，这一次 Anki 选择在众筹网站 Kickstarter 上发起了众筹，他们希望能将 Vector 放到更大的设计平台和技术社区当中。截至宣布死亡之时，Anki 已经卖出了 650 万台机器人，仅 2018 年 8 月，就卖出了 150 万台（Schleifer，2019）。

不少用户对 Anki 的关闭表示很"悲伤""遗憾"，毕竟他们开发的 Cozmo 体验很好。与研发自动驾驶技术一样，机器人也是一台行走的"钞票粉碎机"，投入大、见效慢。据 Anki 公布信息显示，在 2017 年公司营收达 1 亿美元，其中多数营收收入用在了针对未来 10 ~ 15 年的产品和技术研发投入上。此外，为了赋予 Cozmo 亲和的外观，Anki 找来前皮克斯、梦工厂设计师操刀，营造能让人会心一笑的个性，也应用了复杂的人工智能与物联网技术，凡此种种为 Cozmo 带来了庞大的研发费用（Schleifer，2019）。尽管在产品设计、研发和市场表现上 Anki 取得了成功，但产品缺乏足够的利润边际来支撑其业务的庞大开支，极度依赖各种金融渠道来为产品开发以及平台扩展提供资金。正是因为没有大量的资金来为硬件和软件业务提供支持，所以公司的发展难以为继。

　　稳定阶段的关键挑战是实现可持续的量产。新创企业现在有了更大的客户群，更高层次的需求，以及非常坚定的核心产品。企业家现在寻求更大的规模经济、更程序化和可靠的生产活动，进一步降低成本。稳定阶段的风险比之前阶段要小，但尚未完全成熟，新创企业的生存仍然不确定。稳定阶段的公司可能会面临由于价格竞争而业务下滑的压力。为了实现可持续的大容量操作，稳定阶段员工数量增加了。对于稳定阶段的新创企业，员工生产力可能比固定资产的生产率更能代表可持续的发展，因为在该阶段固定资产的投资较小。总之，人力资源在实现和支持更高的产量、可持续的运营方面发挥关键作用，员工生产力有助于稳定阶段企业的生存（Tatikonda、Terjesen & Patel，2013）。

　　稳定阶段的创业企业通常需要继续在现有市场捍卫销量，同时也寻求在现有和新的市场新的增长机会。Quirky 公司就是一个非常好的反面典型。2015 年 9 月，Quirky 正式申请了破产。Quirky 是一个位于美国纽约的创意产品社会化电商，利用众包方式，让社区参与产品开发的整个过程，包括提交创意、评审团审核、估值、开发、预售、生产、销售等多个流程。用户可以在 Quirky 上提交他们的产品创意（每提交一个需要花费 10 美元），也可以对其他人的创意进行投票、评分与提意见或建议等。Quirky 社区每周会从当前一周提交的所有产品创意中挑选一个并付诸现实，创意提交者也就成为该产品的发明人。此前这家公司已通过多轮融资募集到约 1.7 亿美元资金，其中 A 轮融资 1300 万美元；2011 年 8 月，B 轮融资 1600 万美元；2012 年 9 月，C 轮融资 6800 万美元。创始人本·考夫曼（Ben Kaufman）于 2009 年 3 月毅然离开 Kluster 公司，创立了以"民主发明"为宗旨的 Quirky。这实在是无与伦比的想法，因为这家公司几乎囊括了所有创业成功的要素：创始人眼光高远、经验丰富（曾经创办过 Mophie 和 Kluster）；打破了开发物理产品的糟糕体验；拉拢了诸如 Andreessen Horowitz、Kleiner Perkins、RRE Ventures、Lowercase Capital 以及 General Electric 的顶尖投资公司；董事会人才济济，有玛丽·米克尔（Mary Meeker）、贝丝·康斯托克（Beth Comstock）、吉姆·罗宾逊（Jim Robinson）、乔希·戈德曼（Josh Goldman）、约翰·梅达（John Maeda）、斯科特·维斯（Scott Weiss）以及卡尔·巴斯（Carl Bass）；社区用户高度参与（据公司透露用户数已超过 110 万人）；它还具有杰出的工程师团队、设计团队、营销团队以及运营人才（Einstein，2015）。既然 Quirky 的起步如此顺利，条件如此优越，为何它以悲剧收场？是什么让它的创始人、CEO 卸任，甚至全公司裁员？又是什么促成它最终破产呢？

本·爱因斯坦（Ben Einstein，2015）分析了 Quirky 失败的原因。Quirky 不愿像普通公司一样每年开发一两款产品，它的目标始终在每年二三十款甚至 50 款之上。因此 Quirky 的整体组织结构都相当注重效率：先获得上千种想法，然后以高速的投票机制选择最优，再设计营销方案，最后根据零售商数量来定制终端产品。但它并未就此打住，而是马不停蹄地投身于下一款产品的开发。正常情况下，一家优秀的公司在开发完一款产品后，会去获得用户反馈，而后进一步优化这款产品。它会始终以完善这款产品为中心，并逐步找到难以捉摸的"产品—市场间契合"，这往往是创业公司走向成功的通路。Quirky 从不对自己的产品进行迭代。例如，第一代的 Quirky Aros 空调，虽然带有些瑕疵，但想法却很出色。假如第二代或第三代 Aros 修复了这些问题，那么它肯定会成为一款销售额突破数亿美元的产品。可谁知接下来 Quirky 竟然把精力放在了咖啡机和宠物饲养器等其他 50 款与空调毫不相干的产品上了。Quirky 的模式完全违背了传统创业规则：多次打磨，开发一款备受喜爱的产品。用户浏览 Quirky 的产品列表时，几乎都会感到混乱，最后不禁发出："Quirky 的代表产品究竟是什么？"的疑问。创业公司一次次地证明了一家消费者硬件公司的核心价值在于品牌附加费。以运动相机厂商 GoPro 为例，用户之所以会为一款普通相机付附加费，是因为它在极限范围内打造了具有影响力的优秀品牌。但相比之下，Quirky 的产品列表就像是仲盛世界商城（Skymall）的随机页面一样。回顾 Quirky 自 2009 年创立至申请破产，很多决定都可以让它扭转今日的悲剧。假如它的融资少一点，假如它的员工少一点，假如它把重心放在打造少数几款受用户追捧的产品上，那么它的发展道路一定与现在的道路迥然不同。

1.1.2 新创企业进行运营和融资协同决策的原因

为什么创业失败的概率如此之高呢？扎查拉基斯、迈耶和德卡斯特罗（Zacharakis，Meyer & Decastro，1999）的研究表明，无论是从创业者还是从投资者的角度来看，资金不足和外部市场环境差是创业失败的两大主要原因。内部和外部诸多因素通常交织在一起共同作用导致创业企业的失败，运营和融资又可以说是这些因素中至关重要的两种。

企业的融资决策就是根据企业自己的目标函数和收益成本约束，选择最佳的资本结构，使企业价值最大化。融资决策主要涉及资本来源的选择和融资数量等。在诸多阻碍我国创业企业发展的因素中，融资难可以说是一个主要因素。总体来讲，越是处于早期成长阶段的企业，融资渠道越狭窄，外部融资的约束越紧，资金不足对企业发展的阻碍越强；越是处于生命周期后阶段的企业，融资渠道也越宽，外部融资的约束越小，资金的获取问题逐步退居为企业经营中的次要矛盾（迟建新，2010）。创业企业的增长潜力往往受制于有限的内部资本，严重依赖于银行贷款、股票发行和风险资本等外部融资渠道。即使创业企业通过融资暂时获得了较为充裕的资金，并不意味着其在经营上就可以掉以轻心。国内的互联网商业世界里，比拼烧钱的竞争更是从未停止。一旦资本市场关紧大门，很多融不到资金的创业公司就在成功之前倒下。这样的例子比比皆是。

创业企业的融资能力和企业的运营决策密切相关。一方面，创业企业的融资受制于企业的运营行为，因为创业企业通过资产的不同配置和运营决定了其可用于抵押的资产价值、现金流和利润率等，从而影响其融资能力的大小和融资方式的选择（买忆媛、李江涛和熊婵，2012）。私募股权投资机构在选择投资项目时常用的指标除创业者素质与经营管理团队、行业规模与成长空间之外，还往往包括自由现金流、现金存量、盈利能力、收入增长等通过运营可以改变的因素（程国平和齐晓红，2011）。

另一方面，外部融资给创业企业带来资源的同时，也带来了运营上的约束和压力。例如，提供贷款的银行等金融机构通常要求企业拥有一定的用于抵押的固定资产和流动资产或者要求企业保有的现金高于设定的补偿性余额。如果创业企业运营不善无法偿还到期债务，则面临着破产清算的风险。风险投资机构通常不是一次性地将创业项目所需要的全部资金注入创业企业，而是往往将创业项目按照某些指标分为若干个阶段，只有当上一阶段创业企业达到事先设定的运营绩效标准时，风险投资家才会投入下一阶段的资本。一些投资机构甚至要求创业企业主签署对赌协议，如果没有达到协议约定的标准，则可能出现更换企业主管、企业改组、企业清算、再谈判等后果（黄福广和李西文，2010）。

以兄弟连为例。成立于 2007 年的兄弟连隶属于易第优（北京）教育咨询股份有限公司（以下简称易第优教育），创办人是李超，是国内较早专注IT 技术培训的教育机构，也是国内最大的 PHP/LAMP 技术专业培训学校之一。2015 年兄弟连开始拥抱资本，这一年获得了山水创投和潍坊大地合计上千万元的天使轮投资。2016 年 5 月，又获得杭州华图教育的 1.25 亿元的战略投资。2016 年 11 月，易第优教育挂牌新三板上市。兄弟连走上发展的快车道是从 2015 年开始的，但这也是兄弟连出现危机的开始。随着资本引入，兄弟连进入高速发展期，学科品类和校区迅速扩张，产品涵盖 Java、PHP、H5、UI 等多个 IT 学科，各地的分校也纷纷成立。教育企业的发展有其自身的规律和局限性，并不是投多少钱就可以获得多少回报，但是创始人却犯了一个严重的错误，就是为了拿到投资，与多家投资机构签订对赌协议。手里拿到上亿元的资金后，为了完成对赌的业绩，拿出大笔资金用来投放广告，2017 年兄弟连在百度上花了 3000 万元投放广告，2018 年又在百度上花了 2000 万元，这些还不包括负责投放营销的团队成本，但实际效果却没有达到预期目标；为了提升业绩，又高薪聘请很多职业经理人和专业教育人才，顶峰时兄弟连公司总人数高达 700 人，短期内却没有完成业绩的转化，反而大大增加了人力资源的成本。高投入并没有换来销售业绩的增长和盈利能力的提升，2017 年全年兄弟连反而亏损了 2500 万元，对赌失败。2018 年 3 月，兄弟连从新三板摘牌（赵正，2020）。

对赌，对企业而言永远是一把悬在其头顶的达摩克利斯之剑。对赌在过去很长一段时间内对于投资机构以及被投企业而言是个永远不能说的秘密。京东商城在 2011 年 C 轮融资 15 亿美元，当时业界对于其签订对赌协议的喧嚣猜测，再次将对赌拉回了公众的视线。很快刘强东在微博中透露，京东商城只在第一轮协议中签署了对赌协议，并仅用了两年时间就赢得了 5 年的对赌协议，之后再也没有签署。印象中，甚少有公开披露的对赌信息，但从以往的资料中总能找到少数浮出水面的例子，如 2005 年在永乐电器香港上市前一个月，摩根士丹利、鼎晖投资与永乐管理层就永乐电器接下来 3 年的净利润指标签订了对赌协议。同年，Monster 在收购中华英才网 40% 股权的同时，也把未来 3 年是否能如约帮助其首次公开发行上市的对赌内容写入了协议中。2007 年太子奶创始人李途纯同样就企业未来 3 年的业绩增长与英联、摩根士丹利、高盛三家投行签订了对赌协议。2009 年飞鹤乳业承诺未来两年的业绩目标，否则将以 130% 的溢价回购换回了红杉中国的 6300 万美元……不胜枚举的例子背后大多以企业的失败告终，而公众大多只能等到结果公布才发现背后的共因（李静颖，2012）。

在实践中将融资和运营成功进行协同的典型例子是小米公司。2010 年4 月，雷军及团队、晨兴创投、启明创投共同投资创立小米公司。2011 年8 月，小米公司发布第一款智能手机产品小米 1，该产品凭借超高的性价比以及创新的在线预售模式创造了 34 小时销售 30 万台的神话。但是由于产能配备不足，2011 年小米公司的手机出货量也仅为 30 万台。为了有更充分的资金进行产能扩张和开发新品、丰富产品线，小米公司开始了融资—产能扩张—销售增长—再融资之路。2012 年 6 月底，小米公司宣布融资 2.16 亿美元，此时公司估值已达 40 亿美元。该轮融资主要用于芯片、摄像头、面板等手机部件的采购。2012 年 8 月 16 日，小米手机 2 正式发布，一经推出便备受关注，而小米公司也于当年完成了 719 万台智能手机销售业绩。2014 年小米公司凭借全年 6112 万台的手机销量，超越众多老牌手机企业，成功坐上中国智能手机市场份额第一的宝座。高企的市场份额、强劲的成长势头进一步提升了小米公司的融资能力和市场价值。2014 年 12 月 29 日下午，小米创始人雷军正式公布新一轮融资 11 亿美元，此时的小米公司估值高达 450 亿美元。在雷军看来，小米公司的轻资产运营模式是其核心竞争力，因为没有自己的工厂，所以小米才有更多的优势去寻找全球最好的供应商，而且在线预售模式使得小米可以按需定制，实现了零库存，极大地提高了资金周转率，单款机型长周期大量的生产和销售又大幅摊薄了设计和供应链成本。独特的产品战略和运营模式加上成功的融资促成了小米公司的爆炸式增长（侯继勇，2011；刘佳，2014；臧树伟和李平，2016）。

可见，外部投资或借贷机构对新创企业的资产投资、生产、库存、现金等方面的运营决策提出了相当高的要求。因此，李、舒比克和索贝尔（Li，Shubik & Sobel，2013）指出，尽管融资和运营的协同决策适用于各种不同规模与身处不同发展阶段的企业，但是严重受制于资金约束的新创企业如果缺乏有效的运营与融资的协同就无法存活与发展。新创企业的融资和运营决策的相互作用机制如图 1–2 所示。

现有的大量运营管理研究都以企业在计划期内的利润最大或成本最低为目标，而忽视了对其他指标如融资能力、偿债能力、盈利能力、成长能力、抗风险能力等的关注。这对于受资金制约的新创企业是不能完全适用的，因为新创企业面临着严峻的存活问题，只有众多财务指标上有一个良好的表现才能获得来自外部机构的融资，而在债务融资之后必须能偿还到期债务，股权融资后必须在企业价值创造上达到股权投资机构和股东的诸多要求。

本书的价值主要体现在以下两个方面。

（1）给处于不确定环境中和资金约束下的新创企业提出运营和融资的建议，有助于新创企业获取公司正常运营所需要的资金；以及在获取融资后如何持续生存和发展壮大，提升企业价值。

（2）专门针对资金约束下的新创企业运营问题，拓宽了运营管理的研究领域，同时也丰富与完善了创业管理理论和公司金融理论，为创业管理研究提供了一个新的视角。

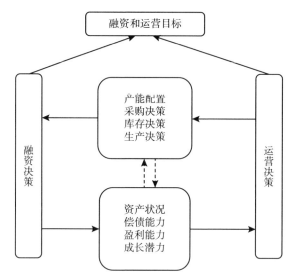

图 1 - 2　新创企业的融资和运营协同决策机制

资料来源：Li L，Shubik M，Sobel J M. Control of Dividends，Capital Subscriptions，and Physical Inventories［J］. *Management Science*，2013，59（5）：1107 - 1124.

1.2　研究内容

不同研究界定企业是成熟企业还是新创企业的方法和标准有所不同。具体有两种方式：一种是通过企业年龄来进行判断。至于有多年轻可以算作新创企业存在不同看法，例如全球创业观察组织（The Global Entrepreneurial Monitor，GEM）将新创企业的创立时间限定在 42 个月以内。有学者将成立 6 年以内的企业定为新创企业。在这一类标准中，还有研究者将未公开上市和成立时间在 10 年以内的企业定为新创企业。另外一种是采用调查企业主要高层经理们的主观判断（李忆、张俊岳和刘小平，2013）。本书所研究的新创企业并不严格采用某一种年龄方面的绝对标准来框定，而是更多关注新创企业与成熟企业间存在的一般性的特征差异以及相应的行为结果。

针对新创企业运营过程中可能面对的不同场景，考虑资金短缺、终端市场需求与上游产品供给具有不确定性的可能性，构建相应的数学规划模型与提供适宜的决策方法，形成创业企业外部融资和运营的协同决策框架，帮助处于不同发展阶段、采用不同融资方式、具有不同发展目标的创业企业作出最优的运营与融资决策，使其既能实现融资需求，又能提高资产和资本的使用效率，获得更佳的运营绩效。本书主要包括8章内容。

　　第1章　绪论，主要包括研究背景与意义、研究内容、研究技术路线与方法。

　　第2章　理论基础与文献综述，主要介绍新创企业运营、融资方面的基础理论与发展现状，以及二者协同决策的一些研究进展，包括新创企业生存和增长的基础理论、创业融资的基本理论、新创企业的估值理论与方法、新创企业融资和运营协同决策的研究综述。

　　第3章　考虑破产风险的新创企业运营和融资的鲁棒决策，考察由OEM供应商、新创企业和需求市场组成的二级供应链中新创企业多个周期的运营和债权融资的鲁棒决策。新创企业的初始自有资金有限，当资金不足时可以从银行或其他金融机构借贷短期资金。新创企业的产能只能在每个周期期初进行调整，即决定增加或降低，或者维持不变，这一决策且需在真实市场需求信息实现之前作出，一旦确定后在本周期不能再调整。新创企业自建产能之后，通过自身的生产和从OEM供应商处紧急采购产品，向市场销售来满足市场需求。新创企业在市场需求信息显示之后确定自制数量。当新创企业自制数量不足以满足市场需求时，可以从OEM供应商处紧急采购完全相同的产品。因此在整个时期，在面对该期间需求的不确定和外部融资成本的不确定时，新创企业需要作出的决策问题为：①在每个周期期初的产能决策，包括在第1个时期期初的新建产能大小，在后续各个周期期初的产能调整决策，即产能增加、减少还是维持不变。②在每个周期期初的短期借款金额的决策。③在每个周期中期需求信息显示后的自制、外购数量的决策。④在每个周期期末决定是否偿还短期债务本金与利息。

　　过去大量的研究都是以期望价值最大化为目标，利用随机动态规划模型来解决不确定环境下的这类决策问题。由于未来的需求市场和融资环境都是不确定的，新创企业在进行运营和融资的决策时不能仅考虑在有利的环境下如何使自身的价值达到最大，还需要关注在那些对自身不利的环境下在各期期末时能否存活，即能否偿还金融机构的借款本金及利息，因为如果期末资不抵债，可能就要被金融机构要求进行破产清算。这类问题的一种更好的处理方法是鲁棒优化，这种方法假定决策者的知识不足，然后制定决策规则，以防范可能出现的最糟糕的意外情况。

　　因为产品的市场需求难以预测，加上新创企业抗风险能力较弱，因此其产能、产量决策、融资的决策中需要考虑结果的鲁棒性，避免在较坏的环境出现时企业破产。本章首先介绍穆维、范德贝和泽尼奥斯（Mulvey，

Vanderbei & Zenios，1995）、于和李（Yu & Li，2000）提出的鲁棒优化模型，然后针对新创企业的上述决策问题构建相应的鲁棒优化模型，最后通过算例来考察市场需求和融资成本不同、多种离散的情景下新创企业的决策行为与结果，以及鲁棒优化模型中惩罚参数对行为和结果的影响。

第 4 章　基于 CVaR 准则的新创企业运营和融资协同决策，相较于成熟企业，新创企业面临着更大的风险，很多创业者和管理者也表现出不同程度的风险规避特征。现有的关于新创企业运营决策的研究很多假定决策者是风险中性的，因而以期望值最大作为决策准则，考虑到新创企业相较于成熟企业面临着更大的经营风险和决策者具有不同的风险态度，在决策中不能忽略这一点。作为一种风险管理工具，CVaR 准则具有诸多优点，现已被广泛地应用到运营与供应链管理研究中。

本章考察由一个风险中性的 OEM 供应商和一个风险规避的新创企业组成的供应链，新创企业通过自制和向 OEM 供应商采购产品来满足市场需求。OEM 供应商对新创企业的供应具有不确定性。当自有资金不足时新创企业可获得债权融资。考虑到新创企业的股权融资需求，因而不再以最常见的期望利润最大，而是以企业股东权益价值的条件风险价值最大作为决策目标，更能符合新创企业的实际。然后探讨决策者风险规避下新创企业在产能配置、订货量、借贷金额上方面的最优决策，以及风险规避程度等因素对最优决策的影响。

第 5 章　供需随机和资金约束下新创企业的运营决策，考察风险中性的新创企业在不同的初始自有资金水平下产能和外购订货数量的最优决策，并按照新创企业初始自有资金的大小分为三种情形来分别进行讨论：①初始资金非常紧张，无论产品的市场需求大小新创企业都需要通过借贷来筹集用于产能建设、自制或外购的资金；②资金比较紧张，只有当市场需求较低时新创企业不需要借贷；③资金比较充分，只有当市场需求较高时才需要借贷。目的在于发现初始资金的大小、OEM 供应的不确定性等因素对新创企业的最优产能设置、外购订货数量和企业价值的影响。

第 6 章　基于自由现金流折现估值模型的新创企业运营决策，金融理论指出，一个公司的价值是基于它当前和未来的现金流。估计未来的现金流也一直是金融领域的传统。财务分析师通常负责预测公司未来的现金流，估计公司的成本结构和贴现率，然后根据贴现现金流（Discounted Cash Flow，DCF）分析等方法得出公司的市场价值和股票价格。传统的 DCF 方法之所以被认为不适合新经济中的新创企业估值，是基于以下理由：传统的价值评估方法适合于成熟和稳定的、现金流相对较易预测的业务，新经济中的新创企业通常在早期大量投资于研发、规模或市场获客，导致净现金流为负。很难用 DCF 方法来衡量一家利润为零或负的企业，这并不是因为 DCF 方法本身的缺陷，而是因为惯常仅依赖于新创企业当前和历史的财务数据来做预测其可靠性是令人存疑的。因此真正要解决的问题是找到一种更佳的方法来预测新创企业的现金流，再应用到 DCF 方法中。通过古普塔等（Gupta et al.，2006）对客户终身价值概念的阐释，可以发现，用基于客户的方法来预测新创企业的现金流，对新创企业估值将是一种更为合理的方法，因为公司所有的利润和现金流（构成公司估值的基础）都来自购买公司产品和服务的客户。如果可以评估每一个客户带给公司的价值，那么也可以评估当前整个客户群和未来新客户的价值。

　　本章首先对这两种估值方法，即自由现金流折现估值法和客户终身价值法进行简要介绍，揭示这两种方法之间的内在联系，然后引入创新产品扩散模型和用户重复购买的幂律分布模型，用来估计企业的客户数量和重复购买次数，借鉴客户终身价值的计算方法，以融资和现金流为约束条件，构建新创企业价值最大化的决策模型。最后通过算例比较新创企业实施补贴前后的企业价值对比，发现价格补贴的作用。

　　第 7 章　基于实物期权估值法的新创企业运营决策，尽管 DCF 估值模型是一个很重要的工具，这种方法已被普遍接受，但是许多例子都显示，DCF 方法并不能得到投资的实际估值，特别是对一个尚处于生命周期早期阶段的新创企业而言，因为 DCF 方法会忽略一个公司拥有的机动性权利，例如推迟产品上市、产品上市后增加或缩减产量或者放弃生产，而这种灵活性是具有价值的（大卫·T. 拉勒比，贾森·A. 沃斯，2018）。这种公司享有未来修正决定的灵活性的权利就是实物期权。对科技型新创企业而言，新产品的研发活动所带来的收益不是简单的利润增加，研发所带来的是一种选择权，因为企业在支付一定量的研发支出之后，如果研发过程顺利，将会获得一个创新性的研究成果，在市场上推广该研发成果是需要付出一定的营运资本的，企业主体可以视情况抉择是否将研发成果推向市场，以获取超额收益。因此，研发投资可以看作付出一定的期权费（研发支出）来获得一个实物看涨期权（郭晓日，2019）。本章首先介绍实物期权估值的基本理论与方法，构建二项式方法下的新创企业估值模型，并通过算例说明在该估值方法下新创企业使得估值最大化的研发投入决策方法。

第 8 章　总结与展望，主要总结得出的主要结论，并对未来研究做一些展望。

1.3　技术路线

首先通过文献研究与案例分析方法提炼出课题研究需要解决的关键问题与希望达到的目标，其次以新创企业的资产、股权价值、偿债能力、融资能力等为优化目标，通过建立优化模型并求解，或数值仿真等方法，分别研究新创企业在不同情景下的产能设置、产量、采购、库存、定价、融资等决策，最后对研究结论进行分析，探讨如何利用这些结论指导创业企业实践。具体技术路线如图 1 - 3 所示。

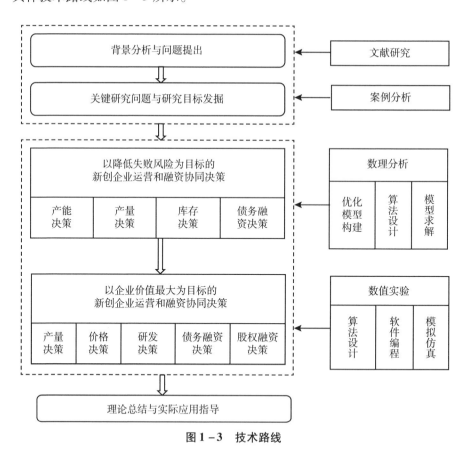

图 1 - 3　技术路线

第2章 理论基础与文献综述

2.1 新创企业生存和增长的基础理论

尽管创业作为经济发展的重要引擎受到各国政府的大力提倡和鼓励，但是创业面临着高失败率却是不争的事实。据统计，美国 1977—2005 年设立的创业企业超过一半在五年之内失败了，英国 2000—2008 年设立的创业企业在三年之内的失败率超过了 1/3（Artinger & Powell，2016）。宋等（2008）发现，1991—2000 年在美国成立的 11259 家新技术企业在五年后，全职员工超过 5 人的、仍在运营的只占到 21.9%。360 公司董事长周鸿祎曾经说过，"创业永远是'九死一生'的事情，并且它的成功率不会因为激情的增多而提高"（程武，2015）。

在现有关于创业失败的文献中，学者们尚未对创业失败的定义或者内涵形成一致意见。彭伟等对这些概念界定进行了归纳，见表 2-1。

表 2-1 创业失败的概念界定

界定视角	概念界定	主要学者
过程视角	由于法律问题、合伙企业纠纷、业务转移等原因造成的企业终止	布鲁诺等（Bruno et al.，1992）
	等同于企业的倒闭与破产	扎查拉基斯等（Zacharakis et al.，1999）
	由于收入下降或成本上升且无法获得新的融资而使企业破产，导致无法继续管理经营	谢泼德（Shepherd，2003）

续表

界定视角	概念界定	主要学者
结果视角	无法实现创业预期目标而终止新创企业	麦格拉斯（Mcgrath，1999）
	由于可避免的错误以及不可避免的风险等负面因素而与预期结果产生偏差	波利蒂斯和加布里尔森（Politis & Gabrielsson，2009）
	企业绩效持续未达到创业者预期的目标	乌巴萨兰等（Ucbasaran et al.，2010）
	未达到创业者规定的经济可行性的最低值	乌巴萨兰等（2013）

资料来源：彭伟，赵栩，赵帅，等. 基于文献计量的国内外创业失败比较研究 [M] // 于晓宇，杨俊，贾迎业. 向死而生：最大化创业失败的价值. 上海：复旦大学出版社，2020：8 - 27.

从表 2 -1 可以看出，创业失败最终表现为两种程度不同的失败形式：企业绩效不达预期和业务终止。但并不是所有的企业绩效不达预期和业务终止都属于创业失败范畴，虽然学术界对于创业失败的含义有不同界定，在这点上还是得到了广泛的认同。一方面，不能把创业失败与业务终止等同。作为创业失败结果的业务终止更多由财务问题所导致，此时创业者是被迫关闭企业或中断业务。而有些业务终止可能是由于退休或个人兴趣转移或转向更具吸引力的项目所导致，即创业者考虑到机会成本而自愿终止创业企业运营。所以，创业失败和业务终止是两个不同的概念，可以将创业失败理解成业务终止的其中一种原因或形式。另一方面，有些企业的绩效虽然很差，甚至企业处于亏损经营，但创业者或其他的利益相关者出于对企业的特殊兴趣或其他目标而继续维持企业的运转，虽然这类企业的绩效未达到创业者的预期，但由于其续存原因具有特殊性，通常也不会产生像普通创业失败一样的影响，因此也不能将这种情况归为失败（胡丽娜和张骁，2012）。

学者们对创业失败的原因展开了深入研究。大部分学者都认可，导致创业失败的原因可分为内部因素和外部因素两大类，内部因素主要包括创业者缺乏经验、内部管理、战略、商业模式、企业过度扩张等；外部因素主要包括激烈的市场竞争、融资、市场规模等。胡丽娜和张骁（2012）进行了总结，见表 2 -2。

表 2 -2   创业失败的主要前置因素

原因	创业失败的前置因素	研究者
内部因素	财务问题	布鲁诺和莱德克（Bruno & Leidecker，1988）；卡登等（Cardon et al.，2001）；扎查拉基斯等（1999）

原因	创业失败的前置因素	研究者
内部因素	内部管理问题	布鲁诺等（1992）；加斯基尔等（Gaskill et al.，1993）；卡登等（2011）；扎查拉基斯等（1999）
	企业成长或过度扩张问题	加斯基尔等（1993）
	商业模式问题	卡登等（2011）
	创业者过度自信	海沃德等（Hayward et al.，2006）
	战略问题	范格尔德等（Van Gelder et al.，2007）
外部因素	激烈的市场竞争	卡登等（2001）；加斯基尔等（1993）
	融资问题	布鲁诺和莱德克（1988）；卡登等（2001）
	市场规模或成长问题	扎查拉基斯等（1999）
	新进入缺陷	文卡塔拉曼等（Venkataraman et al.，1990）；谢泼德等（2000）
	外部环境问题	多尔西（Dorsey，1979）；卡特和威尔顿（Carter & Wilton，2006）

资料来源：胡丽娜，张骁. 国外创业失败研究综述［J］. 技术经济，2012，31（6）：60 - 65.

虽然大部分企业失败的原因都可归结为财务方面的问题，但是新企业成员之间的冲突或者创业者个人的一些缺点都有可能引发严重的问题，最终导致新企业的业务中断。据国际金融报网报道（朱灯花，2019），2019 年 4 月，无人驾驶明星企业 Roadstar 在经历管理层内讧之后，进入清盘状态，创始人各自出走，投资方通过仲裁清算。Roadstar 成立于 2017 年 3 月，与谷歌旗下的 Waymo 一样，定位于研发 L4 级别自动驾驶技术。公司三位创始人分别是 CEO 佟显乔、CTO 衡量和首席科学家周光，他们曾是百度北美研发中心的同事。其中，佟显乔是弗吉尼亚理工大学无人车方向博士，曾就职于苹果特殊项目组、英伟达自动驾驶算法组，在百度硅谷团队负责无人车定位和地图；衡量曾就职于特斯拉 Autopilot 组、谷歌地图街景组，在百度担任自动驾驶项目组技术委员会核心委员；周光从德州大学博士毕业后，即加入百度硅谷无人车团队，负责标定、感知等方面的工作，没有其他工作经历，因此在公司中的职位稍弱。2018 年 5 月，Roadstar 获得 1.28 亿美元 A 轮融资（折合人民币 8.6 亿元），由深创投、双湖资本领投，老股东云启资本、七熹投资、元璟资本、招银国际跟投。当时这一融资创下自动驾驶行业同一轮次最高融资额,公司估值达到 9 亿美元。此前,在 2017 年 6 月,Roadstar 曾获得云启资本、松禾资本、远望资本、耀途资本等机构的天使轮投资。据悉,两轮融资后,Roadstar 产生了 7 名董事会成员,除佟显乔、衡量、周光三名创始成员外,还包括首席战略官那小川以及云启资本、双湖资本和深创投三家投资机构的代表。然而,2019 年 1 月 21 日,公司内部矛盾如同火山般爆发,首先公司官方微博发出《深圳星行科技有限公司关于处理周光违纪行为的公告》,罢免联合创始人兼首席科学家周光在公司的一切职务,终止所有劳动合同。这则公告列举了当事人周光私藏代码、数据造假、收受回扣三大违纪行为。随后 Roadstar 的投资方云启资本站出来,对上述"罢免公告"作出公开回应,向媒体发布了一则署名为"星行科技全体投资人"的声明。该声明表示,解除周光职务的决定有损公司和股东的核心利益,并且程序上也违反了与投资人的相关协议,并不生效,建议团队成员充分沟通,消除分歧。然而事件并未因此平息。1 月底,参与 A 轮投资的多位投资人提出诉讼仲裁,企图通过仲裁实现退出。有分析认为,如果投资人在仲裁中胜出,这些钱还不够偿还 A 轮投资人,天使轮投资人的钱也将打水漂。而周光在 2 月 27 日和 3 月 25 日,分别将佟显乔、衡量和 Roadstar 告上法庭。最终投资方失去了耐心和信心,介入协调,强制要求 Roadstar 清盘退出。Roadstar 除了要退还账户中的近 6 亿元资金,三位创始人还需要根据各自股权比例偿还剩余债务 2.6 亿元。据有关媒体报道,Roadstar 三位创始人除了缺乏信任,团队成员之间的股权、职责分配存在很大问题,股权太过平均,没有人完全拥有掌控权。即使经历了之后两轮融资的股权变动,三位创始人持股比例相差也不大,没有一人拥有绝对控制权。而这也为后来的分道扬镳埋下了伏笔。

大量数据表明,大多数新成立的公司要么没有实现增长,要么增长有限。新创企业的增长是一个多维、异质和复杂的现象。为了发展他们的业务,创业者需要能够获取实现增长的资源、发展一个能够适应增长的组织、开发激励增长的战略,并在支持增长的环境中运营。这意味着要根据特定的经营环境作出战略选择,这些选择的结果决定了观察到的企业增长模式。将成长视为一个过程,并探索企业资源、能力和战略发展与外部环境资源背景之间的相互联系,可以帮助解释新创企业如何成长(Sinha, Ausrød & Widding, 2020)。吉尔伯特、麦克杜格尔和奥德斯(Gilbert, Mcdougall & Audretsch, 2006)的文献回顾表明,创业者必须选择增长,而当创业者拥有能够实现增长的资源,拥有促进增长的战略,在有利于增长的行业中运营时,并开发适应增长的结构和系统，增长将最容易发生。新创企业的增长可以体现在公司运营的许多不同方面，如现金流、净收入、客户群、销售、就业和市场份额。虽然对于新创企业的增长没有一个最重要的衡量标准，但对文献的回顾表明，新创企业增长最重要的衡量标准是销售额、就业和市场份额（Sinha，Ausrød & Widding，2020）。

为什么一些新企业的增长率要高于其他企业？吉尔伯特、麦克杜格尔和奥德斯（2006）对文献的回顾揭示了几个关键因素，见表 2 - 3。需要指出的是，其中有些因素例如团队规模、企业战略等对创业企业增长的影响是非常复杂的，不同的研究者得到了很多不同的结论。

表 2 - 3　　　　　　　　　　创业企业增长的影响因素

要素	含义	研究者
企业家特质	教育背景、相关行业经验、过去创业经历、创业团队规模	瓦西里祖克（Wasilczuk，2000）；鲍姆、洛克和史密斯（Baum，Locke & Smith，2001）
资源	人力资源、财务资本、外部资源	卡登（2003）；李等（Lee et al.，2001）
地理位置	当地人力资源、资本供应情况	莱希纳和道林（Lechner & Dowling，2003）；福尔塔等（Folta et al.，2006）
战略	集中战略、成本领先战略、差异化战略、产品线、市场进入顺序等	西格尔等（Siegel et al.，1993）；李等（2001）；鲍姆等（Baum et al.，2001）
产业特征	产业发展阶段、资本要求、竞争程度、动态性、异质性	帕克、陈和加拉赫（Park，Chen & Gallagher，2002）；罗宾逊和麦克杜格尔（Robinson & Mcdougall，2001）；扎赫拉和博格纳（Zahra & Bogner，1999）
组织结构	职能专门化、决策体制、雇员发展、股票期权	卡赞健和德拉津（Kazanjian & Drazin，1990）；巴林格等（Barringer et al.，2005）

资料来源：Gilbert B A, Mcdougall P P, Audretsch D B. New Venture Growth：A Review and Extension［J］. *Journal of Management*，2006，32（6）：926 - 950.

2.2　创业融资的不同来源

从图 1 - 1 可以看出，资源和能力不足在企业生命周期的不同阶段会发生变化。关于企业生命周期模型，国内外学者从不同的视角做了划分，有四阶段模型、五阶段模型、七阶段模型等，具体见表 2-4。

表 2-4 企业的生命周期

代表人物	阶段数	阶段
施泰因梅茨（Steinmetz）	4	直接控制阶段、指挥管理阶段、间接控制阶段和部门组织阶段
格雷纳和阿迪兹（Greiner & Adizes）	5	产生阶段、成长阶段、成熟阶段、衰亡阶段和死亡阶段
弗拉姆霍尔茨（Flamholtz）	7	新建阶段、扩张阶段、专业化阶段、巩固阶段、多元化阶段、一体化阶段和复兴阶段
伯杰和乌代尔（Berger & Udell）	4	婴儿期、青少年期、中年期和老年期
刘勇和林毅夫	5	创办阶段、投入阶段、增长发展阶段、开始成熟阶段和退出阶段
许小明	4	创业期、成长期、稳定期和衰败期
珍妮特·K. 史密斯等	5	研发阶段、启动阶段、早期成长阶段、快速成长阶段和退出阶段

资料来源：陈逢文. 创业融资：基于努力互补效应的视角［D］. 重庆：重庆大学，2012；

珍妮特·K. 史密斯，理查德·L. 史密斯，理查德·T. 布利斯. 创业融资：战略、估值与交易结构［M］. 沈艺峰，覃家琦，肖珉，张俊生，译. 北京：北京大学出版社，2017.

珍妮特·K. 史密斯等（2017）总结了新创企业各个阶段在财务业绩上的一些特征。

（1）研发阶段。在研发阶段，创业者还没有在首次生产和产品销售所必需的基础设施上进行投资，产品未正式投产。在此阶段，企业没有产生任何收入，因而净利润为负，且随着参与产品研发人数的增加，负数可能会进一步扩大。

（2）启动阶段。启动阶段和研发阶段之间的分界线是企业开始买入生产产品所需要的各类工具、生产设备，并雇用员工。启动阶段之初现金存量的减少反映了企业在生产设备、工具和净营运资本上的投资。随着企业在生产所需的固定设备上进行投资，此阶段的现金流量变成极大的负数。

（3）早期成长阶段。在早期成长阶段，销售收入增加了（也可能快速增长），虽然按百分比的表达方式来看，成长速度或许相当快，但用于计算销售收入增长的基数很低，净利润和归属于投资者的现金流量两者仍然可能都是负数。基本上，由于启动阶段固定资产的折旧费用大于因销售收入增长而必不可少的营运资本，所以归属于投资者的净现金流量可能超过净利润。对于那些不能得到政府资金支持的新创企业而言，从银行或风险资本家等来源获得资金的能力对成长中的企业来说是非常重要的。与银行和风险资本家等外部资金来源的联系是预测新风险企业销售是否能增长的重要因素（Lee，Lee & Pennings，2001）。

（4）快速成长阶段。早期成长阶段和快速成长阶段之间的分界线并不明显。销售收入以递增的比率增长（即销售收入增长曲线的斜率是递增的）。更为重要的是，快速的销售增长给创业者带来沉重的资金压力，创业者必须找到能够支撑相应的营运资本和固定资产投资所必需的资金。很多新创企业在早期阶段实现了增长，但却在盈利之前宣告失败。在快速成长阶段，如果新创企业要生存下去，净利润必须尽快变成正数。

（5）退出阶段。即投资者退出阶段。在无须增加外部融资的情况下，企业能够给债权人和股东提供回报。此阶段也是投资者收获和实现其投资回报的时候。

在新创企业的不同阶段关注不同的创业融资来源，见表 2 - 5。各个融资来源的适用性取决于若干因素，例如，企业的类型（预期成长、风险性等）、融资需求的范围和时间长度，随着企业的成熟，适用的融资来源也会相应改变。

表 2 - 5　　　　　　　　　　新创企业不同阶段的资金来源

奖金来源	研发阶段	启动阶段	早期成长阶段	快速成长阶段	退出阶段
创业者、朋友和家庭	■	▨			
天使投资者	■	■	▨		
公司战略合作伙伴	■	■	■		
风险投资基金	▨	■	■		
资产抵押贷款人		■	■		
政府项目		▨	■		
商业信用/供应商融资			■		

奖金来源	研发阶段	启动阶段	早期成长阶段	快速成长阶段	退出阶段
商业银行贷款				■	
夹层贷款人				■	■
公开发行债务					■
股票首次公开发行					■
收购、杠杆收购、管理层收购					■

注：■显示各投资者类型最主要的关注点；▨显示次要关注点，或部分投资者的关注点。

资料来源：珍妮特·K. 史密斯，理查德·L. 史密斯，理查德·T. 布利斯. 创业融资：战略、估值与交易结构［M］. 沈艺峰，覃家琦，肖珉，张俊生，译. 北京：北京大学出版社，2017.

尽管创业融资的来源在名称上各不相同，但基本上可以归为债权性资金和股权性资金两大类。债权性资金是借款性质的资金，资金所有人提供资金给资金使用者，然后在约定的时间收回资金，并获得预先约定的固定的报酬，资金所有人不过问企业的经营情况，不承担企业的经营风险，其所获得的利息也不因为企业经营情况的好坏而变化，如银行贷款等；股权性资金是投资性质的资金，资金提供者占有企业的股份，按照提供资金的比例享有企业的控制权，参与企业的重大决策，承担企业的经营风险，一般不能从企业抽回资金，其获得的报酬根据企业经营情况而变化，如天使投资基金和风险投资基金。表2-6对债权融资和股权融资的性质进行了比较（艾伦·白睿、大卫·吉尔和马丁·里格比，2017）。

表 2-6　　　　　　　　　　　　　股权融资和债权融资的不同

性质	股权融资	债权融资
目的	资金投资是为获取所有权份额	资金是借来的，需要偿还
期限	永久资本	短期资本
风险	风险很大，投资者承担企业经营的风险	通常以企业的资产进行担保，如果企业不能按期偿还借款，面临破产清算的风险
报酬	股东通过股息分红、出售股份或出售全部资产获得回报，分享利润和资产处置收益	贷款人通过偿还本金（借出的资金）和利息取得收益，既不承担企业成长性的风险，也不享受企业成长性的收益

续表

性质	股权融资	债权融资
控制权	投资者按份额或合同约定享有，由于股份稀释，创业者可能失去企业控制权	创业者可以保持对企业的有效控制权，并且独享未来可能的高额回报率
资源	投资者还拥有创业企业所需求的各种资源，如关系网络、人力资源、管理经验等	无

资料来源：艾伦·白睿，大卫·吉尔，马丁·里格比. 初创企业如何融资 [M]. 李肖鸣，张岚，孙逸，译. 北京：清华大学出版社，2017.

2.2.1 创业者、朋友和家庭

相当多的创业尽管靠自有资金起步，但其成功却极富传奇色彩。史蒂夫·乔布斯及其合伙人斯蒂芬·沃兹尼亚克卖掉一辆大众汽车和一台可编程计算器，筹集了 1350 美元，他们用这笔钱造出了第一台苹果计算机。1975年，比尔·盖茨和保罗·艾伦先在盖茨的宿舍开始创业，之后搬到阿尔布开克一家酒店的房间里，他们用个人储蓄为创业提供资金，以很少的钱创建起了微软的操作系统。2009 年，微软的销售总收入超过 580 亿美元。1999 年9 月，在马云带领下的 18 位创始人在杭州湖畔花园小区的公寓中成立了阿里巴巴，启动资金 50 万元，每个人都出了钱，各自占有一定比例。2017 年10 月阿里巴巴市值升至 4700 亿美元，超过了亚马逊。但更多以自助融资起家的创业最后都糟糕地失败了。毫无疑问，有些创意很好的创业却没有得到足够的资金。

关于创业新手的研究显示，个人财力是最重要的早期融资来源。创业者最明显的起点就是，利用自己的个人财力来推动项目直到外部融资确实可行。创业者的个人财力不仅包括其个人储蓄和财产，还有负债能力。个人的负债能力让创业者无须说服投资者此良机不容错过，即可获得资金。此类资金来源依赖于创业者的个人声誉和信贷记录，而不是企业的价值。相关证据表明，当创业者求助于多重资金来源时，超过 90% 的创业者依赖个人储蓄作为其融资来源，随后是信用卡和个人贷款（28%），以及向朋友和家庭借贷（7%），大约 5% 依靠朋友和家庭的权益投资。愿意提供资金的家庭和朋友一般与创业者有多年交往的经历，对创业者的可靠性、信任度和摆脱困境的能力有所把握。他们往往不会评估机会的价值，之所以做投资是因为他们相信创业者或受家庭关系的驱使（珍妮特·K. 史密斯、理查德·L. 史密斯和理查德·T. 布利斯，2017）。

2.2.2　天使投资者

新创企业的早期融资主要依赖于企业家的个人储蓄以及亲戚朋友的支持。与大多数国家一样，中国的新创企业很难获得银行贷款，一方面缘于这些企业缺少足够的抵押品，另一方面是因为银行与企业的信息不对称在新创企业中体现得更加明显。因此，除非有幸通过其他渠道获得融资，大多数新创企业在还没有到达成长期时就因为资金耗尽而夭折了。在整个新创企业生命周期中，对其生存影响最大的是从启动开始到正现金流产生之间，这段时期通常被称为"死亡之谷"（见图2-1），因为刚起步的企业在这段时期非常脆弱，失败的概率比较高。并且这段时期的创业风险也比较高，因为创业企业的现金流为负，需要向外部寻求资金援助，同时创业企业家相对而言缺乏企业管理和市场开拓经验，同样需要资本以外的增值服务，因此这一阶段对天使投资和风险投资的选择将会直接影响创业企业成功的概率（Cong et al.，2019）。

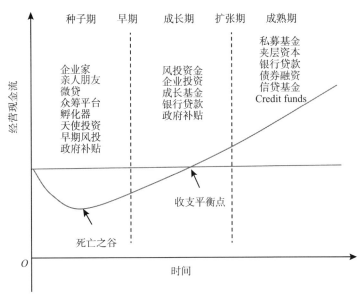

图2-1　死亡之谷

资料来源：Cong L W, Lee C M C, 屈源育, 等. "死亡之谷"和"退出陷阱"羁绊中国创业企业——中国初创企业的融资现状与困境［J］. 清华管理评论, 2019（9）：34-40.

天使投资者通过识别成功潜力较大的企业，为他们提供种子资金，用于让某个创意能够发展到当正式的外部融资变得确实可行的时候。天使投资者投入的资金金额通常较小，很多天使投资者愿意做 5 ~ 10 年的投资，他们一般通过持有企业股权来实现回报。有些天使投资者只对投资的收益感兴趣，对他们所投资的公司不想涉入太深；有些天使投资者则很积极，经常在出资义务之外还要帮助企业取得进步，为企业增加价值，这类天使投资者通常专注于他们所擅长的公司类型，他们可成为公司财务和战略方面信息的绝佳来源（珍妮特·K. 史密斯、理查德·L. 史密斯和理查德·T. 布利斯，2017）。

种子期融资主要对象是最初期和信息不透明类型的新创企业。人们普遍认为，早期的投资会比后期的交易带来更高的整体风险和回报的波动性。因此，种子期的投资相对于后期的投资更易受到危机事件的影响。2020 年年初，新冠肺炎疫情开始在全球肆虐。投资资本会对此种危机作何反映呢？布朗和罗查（Brown & Rocha，2020）基于 Crunchbase 数据库整理了从 1994 年—2020 年第一季度中国的 13729 笔融资交易数据，如图 2 - 2 所示。Crunchbase 是一个拥有 3700 多家全球投资公司的投资者网络，几乎可以实时播报关于全球公司进行的融资信息。从图 2 - 2 可以看出，在 2019 年第一至第四季度，交易量下降了 2/3，从 226 笔降至 71 笔。这种下降趋势在 2019 年第四季度和新冠肺炎疫情危机最严重的 2020 年第一季度进一步放大。事实上在 2020 年第一季度，种子阶段的交易几乎消失，交易总数不到 20 笔，同比减少 86%，新创企业在危机期间可能会缺乏资金。对这一现象的解释是：早期的融资交易通常是和规模较小的股权投资者，如天使资金、孵化器、加速器和股权众筹平台，这些投资者更有可能远离潜在的危机，而不是像风险投资这样的大股东。这些早期的投资者对新创企业往往只具备有限的知识，因此风险程度要大得多。当面对不确定性时，采用"等等看"的方法通常被认为是更可取的；而后期融资交易通常由大型风险投资公司承担，这些大型的公司拥有成熟的创业公司，这可能使他们更能抵御衰退。例如，众所周知，Airbnb 获得了大量风险投资，大型风投通常是分阶段进行的、向有长期时间表的公司注入资本，通常以被投公司的业绩目标为依据，而不太容易受突发危机事件的影响。

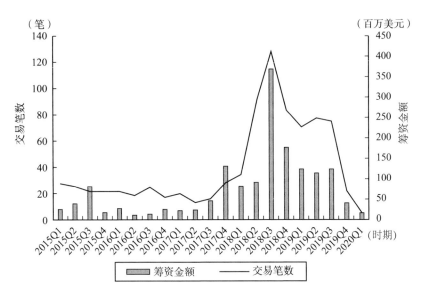

图 2 - 2　中国 2015 年第 1 季度至 2020 年第 1 季度的种子期股权交易

资料来源：Brown R，Rocha A. Entrepreneurial Uncertainty During the Covid - 19 Crisis：Mapping The Temporal Dynamics of Entrepreneurial Finance ［J］. *Journal of Business Venturing Insights*，2020（14）.

2.2.3　风险投资

　　风险资本是一种特定种类的私募股权，通常投资于有成长潜力又不需要太多绝对控制权的新创企业。风险资本是高潜力成长公司的助推剂。新创企业是非常脆弱的，但那些有风险资本支持的企业往往比没有风险资本支持的企业能获得更高的存活率（Zacharakis，2010）。风投更关注有可能发生改变人们生活方式的知识型企业。苹果、谷歌、亚马逊和联邦快递等都是获得过风险投资支持的企业。在美国，从 1999 年到 2008 年，以数量计，风险投资基金支持的公司已经占到全部首次公开发行公司的将近一半；而以募集金额计，则占到 25%（珍妮特·K. 史密斯、理查德·L. 史密斯和理查德·T. 布利斯，2017）。在诸如生物技术、计算机和软件等行业，风险投资基金支持的公司所占的比例甚至更高。

　　尽管风险投资和天使投资都是股权投资，但两者的差别也是明显的，见表 2 - 7。

表 2－7   天使投资和风险投资的对比

项目	天使投资	风险投资
投资资金	自己的资金	基金投资者的资金
方式	不太正式，更个人化，个人关系可能起帮助或阻碍作用	系统化，流程驱动，不太个人化
投资企业类型	小型，处于发展早期	中大型，处于发展后期
收益目标	资本收益，保留适用情况下的税务优惠，较少具有时效性	基金收获期内的资本收益（即 3～7 年）
尽职审查	更加非正式，最有可能关注产品和市场	全面/正式－更强调金融
所签合约	简单	复杂
监管	积极地，亲自参与	战略高度
交易结构	通常为税收驱动，不太可能有清算优先权。可能比风险投资者拥有更高市值投资。更少的控制权	结构化、广泛的控制权以及清算优先权。可能包括可赎回股份或强制分红机制
对参与企业管理的看法	认为参与企业管理很重要	只要求企业实现各发展阶段的目标，不一定要求参与企业管理
退出策略	对退出策略的关注程度相对较低	认为退出策略很重要
收益率	对投资收益率的关注程度相对较低	认为投资回报率重要

资料来源：陈逢文. 创业融资：基于努力互补效应的视角 [D]. 重庆：重庆大学，2012.
艾伦·白睿，大卫·吉尔，马丁·里格比. 初创企业如何融资 [M]. 李肖鸣，张岚，孙逸，译. 北京：清华大学出版社，2017.

　　风险投资人和天使投资者在选择投资对象时，所采用的标准也有差异，见表 2－8。

表 2－8   投资者对投资标准的排序

标准	天使投资者的排序	风险投资者的排序
创业者的可信赖度	2	1
创业者的积极性	1	3
创业者的技能	4	2
产品的销售潜力	3	5
市场的成长潜力	6	6

标准	天使投资者的排序	风险投资者的排序
预计投资回报	8	4
投资者中意创业者	5	9
产品质量	7	10
创业者对企业发展的追踪记录	9	8
期望收益率	10	7

资料来源：陈逢文. 创业融资：基于努力互补效应的视角［D］. 重庆：重庆大学，2012.

风险资本家除了为被投公司提供资金之外，还对他们的发展作出了其他方面的巨大贡献，例如风险投资可以通过聘用称职的管理层、为管理层和员工提供更好的激励，也允许他们获得供应商之间的联系网络和潜在客户，帮助公司增加价值。这样的"监控"活动使风险投资能够提高所投资公司的价值。此外，风险投资也会筛选和挑选出更好的值得投资的优质公司。

图2-3展示了基于信息处理理论的风险投资（Venture Capital，VC）决策过程。该模型表明，在每个阶段，一些刺激物抓住了风险投资的注意力，根据它的解释，采取行动进入下一阶段或终止对合资企业的考虑（Zacharakis，2010）。

著名投资人彼得·蒂尔提出，在风险投资行业中，普遍存在一个幂次法则：只要时间足够长，投资组合当中就会有一两家企业脱颖而出，让投资者收回全部资金，甚至创造出超额投资回报，而其他投资要么失败，要么得到了一般回报。这个规律几乎存在于每个风险投资基金的内部收益率（Internal Rate of Return，IRR）当中。尽管获得超额回报的投资项目时有耳闻，但风险资本投资的平均回报如何呢？美国Foundry Group的董事赛斯·莱文（Seth Levine）曾专门统计过美国风险投资退出后的投资回报，该统计覆盖了2004—2013年十年间共21640个投资案例，基于这个样本的统计，应该说具有相当的代表性（伍治坚，2018）。研究发现，即使没有扣除各种基金费用，风险投资的"毛"回报也低的让人不可思议，如果扣除基金经理和理财机构收取的各种费用，投资者拿到手的净投资回报更糟。具体来说，有65%左右的投资，其回报为0~1倍，也就是说亏本（1倍是费前保本）。投资回报为1~10倍的占31.2%，能够达到10倍以上的投资项目，仅占总投资项目的4%。

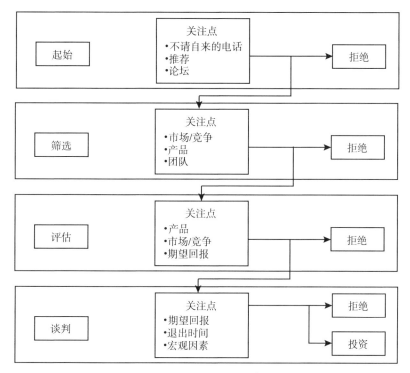

图 2 − 3　风险投资的决策过程

资料来源：Zacharakis A. *Venture Capitalists Decision Making*：*An Information Processing Perspective*［M］//Cumming D J. Venture Capital：Investment Strategies，Structures，and Policies. Hoboken：John Wiley & Sons，Inc.，2010.

2.2.4　银行贷款

据伯杰和乌代尔（Berger & Udell，1998）的数据统计，企业从银行等金融机构的借款约占到全部融资额的 38.8%。关于新创企业的债权融资情况，科尔和索科利克（Cole & Sokolyk，2018）调查了近 5000 家 2004 年创办的私人创业公司使用债权融资的情况，发现 76% 的创业公司都使用了债权融资，44% 的企业使用了银行信用，而使用贸易信用融资的企业占比 24%，见表 2 − 9。

表 2 − 9　　　　　　　　　　　新创企业债权融资情况

债务类型	使用的百分比/（%）	描述
债务（所有种类）	76	包括所有种类的借款

续表

债务类型	使用的百分比/（%）	描述
银行信用	44	银行贷款、信用卡或来自其他非银金融机构、政府等的借款
贸易信用	24	来自供应商的借款
个人债务	55	新创企业创办者个人名义的借款

资料来源：Cole R A，Sokolyk T. Debt Financing，Survival，and Growth of Start-Up Firms [J]. *Journal of Corporate Finance*，2018，50：609 – 625.

由于极为有限的运营历史，创业企业可以说是信息最不透明的企业，这就导致外部资金提供方无法观察到企业的历史业绩这一反映企业质量的信号，因此预测企业未来业绩的能力大大降低（Cassar，2004）。因为银行进行贷款评估的方法一般有收益导向和价值导向两种。收益导向方法是将评估的重点放在企业预计能够实现的利润上，重点考察的因素是现金流、利润率以及还款计划；价值导向方法是将评估的重点放在企业的价值上，即企业是否有足够的抵押品能够与贷款价值相等（钟田丽、弥跃旭和王丽春，2003）。皮萨里德斯（Pissarides，1999）还发现创业企业在成长初期还面临着诸多不利因素，例如企业的技术风险、财务风险和市场风险较大，成长性难以预料；有形资产较为缺乏，这些因素使得银行等金融机构较难作出贷款决策，惜贷现象严重，从而制约了企业的健康发展。

银行和创业企业之间的信息不对称造成了融资市场的失灵。钟田丽、弥跃旭和王丽春（2003）认为造成企业融资供方市场失灵的原因主要来自信息不对称造成的"逆向选择"与"道德风险"，而造成融资需方市场失灵的原因则往往与创业企业自身融资能力欠缺或管理不善密切相关。斯科尔顿（Scholtens，1999）提出了针对信息不对称问题的解决方法，即调整利率、要求抵押品或者利用创业者所有权或声誉等信号。

2.2.5　商业信用

商业信用，也称贸易信用或供应商融资，是卖方提供给买方的短期借款，允许买方延迟支付。借助于这种融资形式，买方可以减少商业活动中的资金需求。贸易信用已经成为众多企业营运资本的重要来源，尤其是对初创期和成长期的企业而言（Lee & Rhee，2011）。

商业信用是美国企业外部短期融资中规模最大的来源。在新兴经济体里，由于风险资本经常匮乏，商业信用甚至更为重要。无论何时，当企业作为买方以商业信用的方式向供应商购买货物时，就会产生供应商融资。举例来说，买方按照"净 30 天"的条款购买货物，可以先提走货物，在 30 天后才付款。实际上，供应商为买方提供了 30 天的零息贷款。商业信用可能会是非常昂贵的。举例来说，类似"2/10，净 30 天"的条款是很常见的。该条款的意思是，如果买方在 10 天之内给付，可以享受 2% 的价格折扣；如果在 10～30 天内支付则需付全款。如果买方决定利用商业信用，放弃 2% 的折扣，这将是一笔可观的机会成本。实际上，买方是以支付 2% 的机会成本借入额外 20 天的发票金额，如此一笔借款隐含的利率相当于 36% 的年率。决定是在无折扣期限支付全款还是接受折扣时，任何新创企业的管理者都必须考虑这项成本。除非临时急需现金，或者要么银行贷款不可得，要么利率较高，否则放弃折扣实属不明智（珍妮特・K. 史密斯、理查德・L. 史密斯和理查德・T. 布利斯，2017）。

相对于银行借款，贸易信用被认为是一种相对昂贵的资本来源。那么贸易信用为什么还是被广泛采用呢？惠赫伯特、古赫特和胡勒（Huyghebaert，Gucht & Hulle，2007）认为主要的原因在于，当企业面临财务危机时，银行倾向于采取严格的清算政策：如果借款企业的清算价值超过其持续经营价值，银行将选择清算这家企业，而供应商的清算政策则仁慈得多。清算政策上的差异对新创企业的生存是至关重要的，因此创业者总是在银行借款的低成本和供应商较为温和的清算政策之间谋求平衡。

在很大程度上，创业者不太可能左右自己的供应商是否向自己提供商业信用的决定，新创企业的供应商也许会坚持先收取现金直到新创企业能够证明自己。新创企业有时要跟现有企业竞争，可能会发现自己必须成为商业信用的提供者而不是接受者，来争取客户试用自己新的产品。即使新创企业愿意提供商业信用，信用条款和信用条件仍要取决于所在行业的竞争程度和行规（Huyghebaert，Gucht & Hulle，2007）。

2.2.6　众　筹

众筹，翻译自 crowdfunding 一词，即大众筹资或群众筹资，是指一种以互联网为平台，向不特定的群众募资，以支持发起的个人或组织的行为。现代众筹起源于美国网站 Kickstarter，该网站通过建立互联网平台向公众筹资，让有创造力的人、有创意的项目获得所需要的资金支持，以便让创业者更顺利地实现梦想。该模式的兴起打破了传统融资模式，即便是普通人也可以通过该模式获得资金，使融资的来源变得更加多样，不再局限于风险投资等机构，而是来源于大众。近几年，随着众筹模式被传入中国，我国的众筹平台以及相关的众筹活动也如雨后春笋般走进人们的视线。正因为众筹的门槛较低，给了普通人更多机会，加之互联网之风盛行，因此也更适合互联网初创企业的创业者们。众筹项目通常具有以下特点。

（1）低门槛。众筹为小企业、新公司、艺术家甚至个人等进行某种产品、某个项目或某项活动提供资金援助。无论身份、地位、职业、年龄、性别，只要有想法、有创造能力都可以发起众筹项目。

（2）小额和大量。众筹项目的起点规模较低，有的甚至只有1元，具有普惠金融的特点，支持者通常是普罗大众，而非公司、企业或是风险投资人，而面向大众也意味着海量的出资笔数，募资总额可能并不低。

（3）多样性。众筹的对象具有多样性，其类别包括设计、科技、音乐、影视、家居、食品、漫画、出版、游戏、摄影等。

（4）注重创意。众筹的项目只有具有一定的创意和新颖性，才能激发大众的兴趣和投资的冲动。

（5）融资活动通过互联网进行，提高融资效率，降低融资成本。

总部位于美国的众筹平台StartEngine的CEO朗·米勒（Ron Miller）指出，众筹对风投也很有吸引力，因为它要求企业家展现自己公司的实力，以及它们对市场的价值。这意味着，只有强大的团队和创新的理念才能接受市场检验，获得风投公司及其他投资者的喜爱。Oculus Rift就是一个很好的例子，它先在众筹中成功获得了240万美元的资金，之后才获得了风投公司Andreeseen Horowitz领投的7500万美元融资。Oculus VR是从众筹平台上起家的，它对虚拟世界的实现方式是一款头戴式虚拟眼镜Oculus Rift，它集成了显示器与传感器，让人以360°的3D无边框视角走进数字虚拟世界。Oculus于2012年8月登陆众筹平台Kickstarter，2013年年初筹得大约240万美元，远超过预期的25万美元募资目标，资助者超过9500人。除了众筹，该公司还被Facebook以20亿美元的价格收购。之后它在2013年6月完成了1600万美元的A轮融资。随后在2013年年底，完成了规模高达7500万美元的B轮融资，由Andreessen Horowitz领投，Spark Capital、Matrix Partners和Formation｜8跟投。当时据消息，新融资将能够帮助Oculus将其Rift虚拟现实眼罩的消费者版推向市场（虎嗅，2014）。2016年年初，Oculus发布消息，表示任何在这款设备的 Kickstarter 的页面上支持 Oculus Rift 的、获得一个开发包的玩家，将会收到一份来自 Oculus Rift 的免费的特别版绑定包，其中包括一个手柄，以及《EVE：瓦尔基里》和《Lucky 的故事》两款游戏。

表 2-10 总结了目前国内外众筹融资的主要模式及特点。

表 2-10   **众筹融资的主要模式及特点**

主要模式	发起人	投资者	融资金额	回报	风险
捐赠众筹	多为社会组织或个人，如教育机构、环保组织等	大众	较小	无回报或象征性回报（如感谢信、明信片等）	低
回报众筹	初创企业	大众	较小	与投资金额价值相对应的实物产品或虚拟服务	低
债权众筹	初创企业或个人	大众	较大	本金及约定的利息	较低
收益权众筹	初创企业	大众	较小	收益	较高
股权众筹	初创企业	大众	较大	股权	高

资料来源：刘俊棋. 众筹融资的国际经验与中国实践［J］. 南京财经大学学报，2014（4）：48-58.

（1）捐赠众筹。很多非政府、非营利性组织都采用这种模式为特定的、具有公益性的非营利的项目吸引募捐。所涉及的项目金额相对较小，主要涉及教育、宗教、健康、环境、社会等领域。捐赠者通过互联网众筹平台对项目进行捐赠，被捐赠者通常不需要提供任何回报的活动。

2014 年 5 月 21 日，"孩子与自然"项目开始在网上众筹，支持金额从 1 元至 10000 元不等。据发起人、著名公益人邓飞介绍，"孩子与自然"其实是一个自媒体平台，旨在通过团结中国最广泛的摄影师和媒体资源，先找到需要帮助的美丽而脆弱的孩子与自然，然后利用这群志愿者的力量，将他们的真实情况予以公布，必要的时候可以引领有资助意向的爱心人士去实地探访，一起商量帮助的方法。邓飞打算用 1 个月，筹集 30 万元，希望组建一个 5 位全职人员、100 位图片拍摄和文字编辑等志愿者的团队，运营全国首个原创亲子自媒体，每天 20：20 发布内容，聚合中国年轻父母关注和服务乡村孩子，并建立联系。在众筹网站的项目首页上，这样富有诗意地写着"孩子与自然"项目的主旨："让远离乡土的年轻父母和孩子，在睡前的宁静时刻，看见和分享田园、山水和自然万物。让远离泥土的心灵，汲取爱、美与良善，保持清爽、明静和智慧。"短短 7 天邓飞就完成了目标。该项目众筹金额已超过 30 万元，150 位支持者参与众筹，340 余位网友表示喜欢这个项目（彭晓、乐意和邓飞，2014）。

（2）回报众筹。回报众筹是指仍处于研发或生产阶段的产品或服务通过众筹平台来筹集研发或制造所需的资金，投资者获得之前被承诺的产品或其他回报。这种众筹模式通常具有预售性质，通过众筹平台将筹资者和潜在顾客联系起来，能够提前锁定一批客户并获得销售收入，缓解资金压力，降低了创业团队的心理和经济压力，有助于促进其创意和创新的实现。也有一些新创企业把回报众筹作为产品（或服务）正式上市前的一种宣传或者发现需求的手段，其主要目的并非获得资金，而是希望通过众筹平台对其产品进行宣传推广，并获得第一批客户，或者测试产品受市场欢迎的程度，获得潜在消费者对于该产品的市场反馈，以便对设计和生产进行调整，规避大量生产所带来的风险和资源的浪费（刘俊棋，2014）。头戴式虚拟眼镜 Oculus Rift 就是回报众筹的典型例子。回报众筹的投资者面临着产品或服务不能如期交货的风险。

据中国之声《央广新闻》报道，杭州一位"70 后"父亲打算建一所没有围墙的"自然学校"，带孩子在自然里感知世界。2016 年 2 月中旬，他在网上发起这项众筹，没想到短短一个礼拜，吸引了超过 900 万元的资金意向。这个众筹项目，网友有多种选择方式可以参与，比如可以选择 299 元参加一次内测课程，也可以 2599 元预报名夏令营，还可以花 6 万元成为自然学校的共建人，除了参加活动外，还享有 1% 的分红权。这次众筹的目标是 300 万元，但现在已经超出了预期的 3 倍，有意向的资金达到 900 多万元。投资者包括了个人、企业、媒体、学校，但他还是只接受预期的 300 万元。另外目前课程的预售情况也很火爆，达到四五十万元。筹来的钱将用于后续的建设、课程的设计和人员投入上（李佳，2016）。

在许多众筹平台上，例如 Kickstarter，回报众筹活动有一个持续时间和一个资金目标。众筹项目会导致两种结果：成功或失败。如果资金目标已达到或超过，这项众筹运动就是成功的，在这种情况下，筹资者可以获得筹集的资金；如果没有达到筹资目标，众筹活动就是失败的，在这种情况下，支持者会收回他们的投入资金，该项目通常会被取消。重要的是，众筹信息是公开的。一场运动的成功或失败对投资者而言是显而易见的。因此，众筹的结果是一个关于公司前景的可信的公众信号，影响到项目回报的感知。正如众筹平台 EquityNet 首席执行官贾德·霍拉斯（Judd Hollas）所解释的，"如果众筹活动中公众对一个产品产生很大的兴趣，这是一个风险投资公司可能值得对其投资的一个信号"。但与此同时，公众信号的性质不一定总是令人满意的。如果众筹活动太成功了，可能会对风投而言没有足够的获利空间，因为风投公司之间也会竞争好的项目，所以有些风投公司更喜欢早点到，以获得一大部分未来的利润。预计项目在一个活动之后会被其他投资者抢走，风投可能会选择在众筹前增加他们的贡献和放弃众筹。事实上，最近的经验证据成功地证明了这一点。例如，612 Games 公司 2017 年准备在 Kickstarter 上发起 25 万美元的筹款活动，但该公司从现有的投资者处获得了额外的资金并最终取消了众筹计划。这似乎是一种权衡在众筹收益和风险投资运营之间一些项目的融资收益（Babich，Marinesi & Tsoukalas，2020）。

（3）债权众筹。投资者通过互联网众筹平台对项目进行投资，同时获得债权，享有收回本金及利息的权利。出资人一般是普罗大众，只要愿意并对筹资人提供的利息回报满意的情况下，谁都可以成为出资人。个人对个人网贷（Peer to Peer，P2P）可以看作借贷制众筹的转型。

（4）收益权众筹。收益权众筹是指投资人对企业或项目进行投资，不持有企业的股权，通过企业或项目的经营而获得可能的经济利益的一种众筹方式。简单来说，就是项目产生收益后，拿出一部分收益作为回报提供给投资者。与股权众筹不同，项目发起人不需要出让任何股权，即可以保持完整的项目所有权。对于很多小投资者而言，不想也没有能力参与复杂的企业经营管理、行使股东权利等事务，投资看重的是较好的收益。与收益权众筹也就容易"一拍即合"。更不同于债权众筹，债权众筹是投资者获得其一定比例的债权，未来获取利息收益并收回本金，收益权众筹不存在保本的概念（赵予，2016）。

2014 年上半年，马云推出了一个叫娱乐宝的"众筹"项目，网友出资 100 元（上限 1000 元）就可投资热门影视剧作品，《老男孩之猛龙过江》的投资正是来自这里。而参与投资的网友的福利则是：有机会享受剧组探班、明星见面会等权益，预期年化收益 7%。该项目一经推出，不仅在业内一片哗然，同时也吸引了大批追捧者。仅 2014 年上半年，《老男孩之猛龙过江》就筹资约 1.65 亿元，是最成功的"投资产品"之一（章龙和谢利明，2017）。

（5）股权众筹。股权众筹是创业者或小微企业通过互联网平台进行公开小额股本募集的活动，筹资者获得出资者的资金后，出资者获得筹资者企业的部分股权或者项目一定比例的权益作为回报。股权众筹具有公开、小额、大众风险自担的特点。

需要引起注意的是，股权众筹必须在法律允许的框架内进行。2012 年 10 月 5 日，淘宝上出现了一家店铺，名为"美微会员卡在线直营店"，店主是美微传媒的创始人朱江，曾在多家互联网公司担任高管。消费者在该淘宝店购买相应金额会员卡，除了能够享有"订阅电子杂志"的权益外，还可以拥有美微传媒的原始股份 100 股。该店铺共募集资金 120.37 万元。美微传媒的众募式试水在网络上引起了巨大的争议，很多人认为有非法集资嫌疑，果然还未等交易全部完成，美微的淘宝店铺就于 2013 年 2 月 5 日被淘宝官方关闭，阿里对外宣称淘宝平台不准许公开募股。而证监会也约谈了朱江，最后宣布该融资行为不合规，美微传媒不得不向所有购买凭证的投资者全额退款。根据当时我国《证券法》的规定，当企业向不特定对象发行证券股权，或者向特定对象发行证券股权累计超过 200 人时，就属于公开募股，必须要经过证券监管部门的审核才行。而美微无疑是踩到了"雷区"，于是这次"股权众筹式"的公募没有成功，但这却给后来者带来很大的启发。创业者在进行股权众筹时，不妨设立一个最低的门槛，提供符合最低门槛的服务与产品去吸引投资者，而且要注意股东人数的设置，并且选择具备实力的众筹平台，做好众筹前的准备工作（章龙和谢利明，2017）。

2.2.7 私募股权

国内零食品牌"三只松鼠"于 2012 年 6 月正式上线，其当时获得了 IDG 资本 150 万美元的 A 轮融资，在上线 65 天后在天猫商城同类商品的销售中已经位列第一。2013 年 7 月获得 B 轮 600 万美元融资，领投方为今日资本、IDG 跟投。2014 年，三只松鼠完成了 C 轮融资，今日资本和 IDG 资本共向其投资 1.2 亿元人民币，而三只松鼠在 2014 年的全年销售额超过了 10 亿元人民币。2015 年 9 月 16 日，峰瑞基金作为投资方又向三只松鼠投资总金额达 3 亿元人民币，助其完成了第四轮融资，至此，三只松鼠的估值已高达 40 亿元人民币，成为中国互联网上估值最高的电商品牌。在中国的零食电商多如牛毛的情况下，为什么三只松鼠能够突出重围，获得消费者追捧？三只松鼠的"萌式营销"法则固然重要，但更离不开儿轮私募股权的支持，否则三只松鼠不可能有今日的成就，更不可能有如此惊人的成长速度（章龙和谢利明，2017）。

私募股权，即私募股权投资（Private Equity，PE），是指投资于非上市企业股权，或者上市公司非公开交易股权的一种投资方式。私募股权一般具有以下几个特征。

（1）在资金募集上，主要通过非公开方式面向少数机构投资者或个人募集，它的销售和赎回都是基金管理人通过私下与投资者协商进行的。另外，在投资方式上也是以私募形式进行，绝少涉及公开市场的操作，一般无须披露交易细节。资金来源广泛，如富有的个人、风险基金、杠杆收购基金、战略投资者、养老基金和保险公司等。

（2）对非上市公司的股权投资，或者投资于上市公司非公开交易股权。投资的持有期较长，一般可达 3~5 年或更长，所以投资者会要求高于公开市场的回报。因为是权益投资，私募股权投资机构也因此对被投资企业的决策管理享有一定的表决权，反映在投资工具上，多采用普通股或者可转让优先股，以及可转债的工具形式。

（3）投资退出方式主要有三种：公开发行上市、售出或并购、公司资本结构重组、管理层回购等方式。

（4）对融资企业而言，私募股权投资不仅有投资期长、增加资本金等好处，还可能给企业带来管理、技术、市场和其他需要的专业技能。相对于波动大、难以预测的公开市场而言，私募股权投资资本市场是更稳定的融资来源。在引进私募股权投资的过程中，可以对竞争者保密，因为信息披露仅限于投资者而不必像上市那样公之于众。

（5）私募股权的一个好处是可以让企业避免复杂和持续的信息披露要求。此外，通过私募，创业者能够限制可以接触到企业战略性信息的人数。如果要通过公开发行来募集资金，这类信息披露要求是必不可少的。公开发行有很多投资者，这将导致股权分散，从而在投资者监督公司的问题上，助长搭便车的行为；投资者数量较少也有助于在环境改变时重新调整投资协议的条款。

从某种意义上来说，天使投资者和风险投资基金均属于私募股权。不过，"私募"一词更广泛地被用于指任何通过公开发行以外的方法向少数投资者出售股权或发行债务。目前国内大量的私募股权基金投资的是即将上市的企业股权（即 Pre-IPO 投资），属于成长型股权投资，而传统风险投资也越来越注重企业发展后期的投资，私募股权和风险投资二者已经很难区分。私募股权更多地偏向于已形成一定规模和产生稳定现金流的成形企业，这一点与风险投资有明显区别。广义的私募股权投资已经涵盖了企业首次公开发行前各阶段的权益投资，即对处于种子期、初创期、发展期、扩展期、成熟期和即将上市的企业股权各个时期企业所进行的投资，包括创业投资、发展资本、并购基金、夹层资本、重振资本，Pre-IPO 资本（如 Bridge Finance），以及其他如上市后私募投资。各种形式的私募投资及其特点见表 2-11。

表 2-11　　　　　　　　　私募股权的基本类型

类型	分析
并购资本	并购资本大比例投资于相对成熟的企业，帮助新股东融资以收购某企业、帮助企业融资以扩大规模或者是帮助企业进行资本重组以改善其运营的灵活性
成长资本	成长资本在中国私募股权投资中占据最大的比例。成长资本投资的主要对象是那些过了初创期的企业，其商业模式已经得到证实且有良好的成长潜力。另外，投资这些企业的风险更可控，回报也更可观
夹层投资	夹层投资是一种兼有债权投资和股权投资双重性质的投资方式，夹层投资的风险和收益低于股权投资，高于优先债权。在公司的财务报表上，夹层投资也处于底层的股权资本和上层的优先债（高级债）之间，因而称为"夹层"。夹层投资会选择企业在两轮融资之间，或上市前的最后冲刺阶段投资，然后在企业进入新的发展期后退出
创业风险投资	创业风险投资在为创业者提供资金支持的同时，还可以为其提供资本运营及企业经营方面的咨询服务，使企业在研发阶段就得以发展和壮大。创业风险投资的风险性极大
即将上市的企业股权投资	即将上市的企业股权投资主要发生在企业上市前阶段，或是预期企业近期上市的企业规模与盈利已达到可上市水平的企业，其退出方式一般为上市后从公开资本市场上出售股票
上市后私募投资	其投资目标为已上市公司，并且比较适合那些快速成长为中型企业的上市公司

资料来源：章龙，谢利明. 互联网初创企业融资密码［M］. 北京：人民邮电出版社，2017.

私募股权投资虽然能够给予企业资金上的支持以及相关的辅导，但也会对企业提出各种苛刻的要求。因此，对企业而言，选择私募股权投资也存在一定风险，具体分析见表 2-12。

表 2-12　　　　　　　　　私募股权可能存在的风险性分析

风险	分析
损失控制权	融资方和投资方一旦签订对赌协议，如果没有达到投资人的要求或没有按时公开发行上市进入证券市场，企业必须要按时从投资人手中回购股权或赔偿股权，即降低当时的股权价格。有些企业通过对赌协议，获得了飞跃式的发展，如蒙牛乳业；而有的企业则一败涂地，就此消失

续表

风险	分析
资产流失	从宏观层面来看，私募股权在评估初创企业价值时往往低估其价值，以此获得超高的收益。许多创业者对私募操作的流程和评估方法了解不足，而基本所有的私募股权投资人都擅长谈判，且熟悉并购的详细流程以及各种评估企业方法，他们当然会不遗余力地使出自己的低估手段，就像运动场上的业余选手对战职业选手一样，创业者很难获胜
资金链断裂	私募股权投资通常采取渐进投资的方式，而不会一次性注入所有的资金。出于对投入资金安全性的考虑，投资人在投入部分资金以后，会通过观察企业的发展状况来决定是否还要追加投资。对企业而言，私募股权融资存在两种截然相反的结局，一种是达成融资目标，企业一飞冲天；另一种是欲速则不达，弄巧成拙，导致资金链断裂

资料来源：章龙，谢利明. 互联网初创企业融资密码 [M]. 北京：人民邮电出版社，2017.

表 2－13 列出了 2006—2017 年私募股权基金对中国企业的投资情况。从中可以看到，近年来风险资本在中国得到了快速的发展，截至 2017 年年末，中国的新创企业获得了累计 7372.3 亿美元的私募股权融资，其中 53.9%（3973.5 亿美元）来自最近三年。虽然海外的风险资金在早些年间扮演了较为重要的角色，但是累计投资额仅为 982.2 亿美元，而 86.7%（6390.1 亿美元）的融资来自中国本土的风险资本。

表 2－13　　　　2006—2017 年中国企业的私募股权融资情况

年份	国内私募股权融资		海外私募股权融资		私募股权资金融资	
	数量/只	总额/10 亿美元	数量/只	总额/10 亿美元	数量/只	总额/10 亿美元
2006	452	6.95	254	12.10	706	19.05
2007	862	9.23	292	7.45	1154	16.68
2008	1008	10.11	262	6.69	1270	16.80
2009	1217	18.85	171	3.08	1388	21.92
2010	2754	28.95	257	7.68	3011	36.63
2011	4273	47.18	328	8.74	4601	55.92
2012	3318	38.60	252	6.45	3570	45.05
2013	3004	44.59	220	4.52	3224	49.10
2014	4608	61.63	443	17.10	5051	78.73

年份	国内私募股权融资		海外私募股权融资		私募股权资金融资	
	数量/只	总额/10 亿美元	数量/只	总额/10 亿美元	数量/只	总额/10 亿美元
2015	10373	115. 85	436	10. 84	10809	126. 69
2016	9688	112. 43	334	6. 54	10022	118. 96
2017	10241	144. 65	385	7. 05	10626	151. 69
总额	51798	639. 01	3634	98. 22	55432	737. 23

资料来源：Cong L W，Lee C M C，屈源育，等．"死亡之谷"和"退出陷阱"羁绊中国创业企业——中国初创企业的融资现状与困境 [J]. 清华管理评论，2019（9）：34 - 40.

2.2.8 公司创业

不断创新才是可持续和增长的根本，一些成熟的公司为了避免墨守成规，保持创新活力，依靠创新来维持竞争优势，找到了富有创造性的方法，为那些与公司传统的产品或服务"不一致"，但又有市场潜力的创意提供资金，以使得这些创意变成成功的商品，这就是公司创业。根据某些统计，超过 100 家的美国大公司都曾实施过公司内部创业投资项目，用于帮助公司开发新的商业机会。公司内部创业也有助于公司留住有创造性的员工，向他们提供某些保证，确保好的创意不会"溜掉"（珍妮特·K. 史密斯、理查德·L. 史密斯和理查德·T. 布利斯，2017）。

公司创业中以多种方式为新的企业提供融资。例如施乐（Xerox）发起成立了施乐科技创业公司，这是一个按照风险投资基金的方式建立起来的业务机构。该机构出资给施乐公司员工和其他人，为他们的各种创意提供资金支持，作为交换，这些创意要供公司使用，发明者可以在企业里获得一定比例的股份。另外一个例子是贝尔实验室的新创企业团队。任何一个阿尔卡特－朗讯（Alcatel-Lucent，Bell 实验室）的员工都可以去找该团队推销任何新的创意。如果创意达到一定的评分标准，新创企业团队即可提供最高达 10 万美元的种子资金，为其撰写商业计划书提供资金支持。另备有更多的资金用于将产品或创意推向市场。实验室的研究人员可以得到新成立企业的部分股权，同时继续从阿尔卡特－朗讯拿他的薪水。这种内部管理的公司创业是为了在员工中提倡更多的创造性，而不用那么官僚主义（珍妮特·K. 史密斯、理查德·L. 史密斯和理查德·T. 布利斯，2017）。

在世界白色家电巨头海尔公司，所有人都是创客，不仅有海尔自身员工，还有很多是社会创业者。不光是家电产品，任何好的创意和想法都可以在这里尝试，而且海尔为他们提供资金、生产、物流、售后、法务咨询和财务等支持与服务。海尔就像孵化创客的"森林"，这里没有上下级，创客团队按照用户需求相互协作，链接内外部资源，创新研发产品，并分享他们共同创造的价值。海尔为他们提供支撑和保障，就像为森林提供太阳、水和空气一样。海尔雷神游戏笔记本小微团队是由三个"85 后"创建，他们从用户抱怨的游戏本痛点开始创业，在三年时间内完成多轮融资，并成功登陆新三板，去年营收达到 20.95 亿元。雷神科技创始人之一的李艳兵以前是海尔笔记本平台的普通员工，他说："以前是给公司干，对领导负责。自从变成创客开始创业后，所有的工作是给自己干、对自己负责，周末都舍不得休息。"能自己清洗内筒污垢的洗衣机、能根据用户身体健康状况推荐食谱的冰箱、能迅速解决点滴污渍的世界最小洗衣机、能躺着在天花板上看电影的影视球……在海尔，每个创客都是自己的"老板"，他们以用户需求和痛点为创业创新源头，发挥个人最大动能和创造力，让创新产品不断涌现，而且创新领域已远远超越家电。短短几年，海尔这片"创客森林"已孵化出 5 家独角兽企业，22 家"瞪羚企业"，创造出大量就业岗位。现在，海尔"员工创客化"已没有内外部之分。外部优秀的创业者，如果有创客梦想，同样可以加入海尔。对于完全从外部引入的独立创客，他们可以在海尔的平台上做大，海尔将实行持股或利润分享（张旭东，2020）。

2.2.9 政府基金

世界上绝大部分发达经济体都提供政府支持的资助款以及其他有利于新企业的创办和成长的工具。例如英国小企业、创新和技能部（UK's Department of Small Business, Innovation, and Skills, BIS）的许多项目中，企业资本基金是一项金额达数百万英镑的股权融资项目，该项目旨在为那些需要投资的企业最高提供 200 万英镑的资金，这一金额恰好落在所谓的"权益缺口"之间——比天使投资者一般能够提供的资金多，但比风险投资基金会投入的资金少（珍妮特·K. 史密斯、理查德·L. 史密斯和理查德·T. 布利斯，2017）。

2015 年 11 月 12 日，我国财政部印发了《政府投资基金暂行管理办法》。政府投资基金，是指由各级政府通过预算安排，以单独出资或与社会资本共同出资设立，采用股权投资等市场化方式，引导社会各类资本投资于经济社会发展的重点领域和薄弱环节，支持相关产业和领域发展的资金。该管理办法规定，各级财政部门一般应在以下领域设立投资基金：①支持创新创业。为了加快有利于创新发展的市场环境，增加创业投资资本的供给，鼓励创业投资企业投资处于种子期、起步期等创业早期的企业。②支持中小企业发展。为了体现国家宏观政策、产业政策和区域发展规划意图，扶持中型、小型、微型企业发展，改善企业服务环境和融资环境，激发企业创业创新活力，增强经济持续发展内生动力。

为了更好地发挥政府引导基金对创新创业的支持，我国政府对政府引导基金的运作提出了很多创新性的举措。2019 年 1 月 8 日国务院办公厅《关于推广第二批支持创新相关改革举措的通知》规定：将推动政府股权基金投向种子期、初创期企业的容错机制；针对地方股权基金中的种子基金、风险投资基金设置不同比例的容错率，推动种子基金、风险投资基金投资企业发展早期；地方政府产业投资基金在参股高层次创新创业团队所办企业时，约定在一定时期内，创新创业团队可按照投资本金和同期商业贷款利息回购股权，激发创新创业积极性。2020 年 1 月 23 日国务院办公厅发布的《关于推广第三批支持创新相关改革举措的通知》中明确，政府适当出资与社会资本共同设立一定额度的外部投贷联动风险缓释资金池，在试点银行对投资机构支持的科创企业发放贷款出现风险时，给予一定比例本金代偿，建立投贷联动新机制。

据前瞻产业研究院（2021）统计，2012—2019 年，我国政府引导基金数量增加 1158 只，复合年均增长率为 33.65%，但从当年新成立引导基金数量上看，我国当年新成立引导基金数量呈先上升后下降的趋势，说明我国政府引导基金数量增长逐渐平稳。2016 年政府引导基金新增数量达 406 只，为近年最大值，2016 年后，新增数量逐年下降。2019 年，政府新成立引导基金数量为 74 只，截至 2019 年年末，累计成立引导基金 1333 只。2020 年上半年，政府新成立基金 16 只，累计成立基金 1346 只（见图 2－4）。2012—2019 年，我国设立政府引导基金自身总规模增加 20246 亿元，复合年均增长率为 59.32%。政府引导基金进入存量优化阶段，2019 年政府引导基金设立及规模较 2018 年进一步放缓，2019 年，政府引导基金累计总规模达 21054 亿元，2020 年上半年，政府引导基金累计总规模达 21452 亿元，如图 2－5 所示。

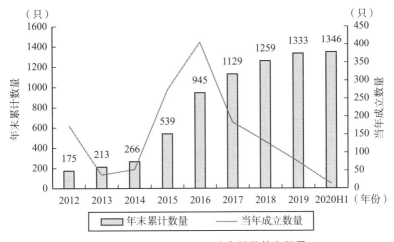

图 2 – 4　2012—2020H1 政府引导基金数量

资料来源：前瞻产业研究院.2021 年中国政府引导基金行业市场现状及竞争格局分析行业进入平稳增长期 ［R］.2021 – 01 – 13.

图 2 – 5　2012—2020H1 政府引导基金自身规模情况

资料来源：前瞻产业研究院.2021 年中国政府引导基金行业市场现状及竞争格局分析行业进入平稳增长期 ［R］.2021 – 01 – 13.

政府引导基金的运作结构一是母基金单层架构。政府独资或联合社会资本出资设立母基金，由母基金直接投资于目标项目，多以有限合伙形式设立，投资领域一般限定某个投资项目或者具体行业领域，不以盈利为目的，主要为了扶持产业，因而基金退出后，政府一般会让利30％～50％，甚至不收费退出。二是母子基金双层架构。子基金由母基金全额或部分出资设立。这种模式充分撬动各层资金杠杆，最受市场欢迎。引导基金主要有股权投资、债权投资、股债混合投资、夹层投资和融资担保五种投资方式，其中股权投资最为常见。

我国政府引导基金投资的成功案例也比比皆是。例如，深圳天使母基金成立三年来，通过积极整合国内外优质投资机构、知名高等院校、科研院所、大企业创新中心等创新主体，广纳创新资源，引导参股子基金投向战略性新兴产业和未来产业的天使阶段项目，并努力为项目提供全方位的增值服务，助力深圳打造"基础研究 + 技术攻关 + 成果产业化 + 科技金融 + 人才支撑"全过程创新生态链。一大批参股子基金已投项目在短期内获得优秀投资机构的高估值追投，截至 2021 年 4 月底，子基金已投资项目 308 个，投资金额超过 33 亿元，其中已取得后续融资的项目占比约 29%。参股子基金所投项目中已涌现出 15 家估值超 1 亿美元的"潜在独角兽企业"，其中估值最高的项目已超 4 亿美元（卓泳，2021）。

在第五届万物生长大会上发布的杭州独角兽和准独角兽企业榜单中，杭州独角兽企业共计 37 家，准独角兽企业共计 209 家。在发布的杭州独角兽企业榜单中，杭州市引导基金参股基金共投资连连、PingPong、禾连健康等 7 家独角兽企业，捕获率达 18.9%。市引导基金合作机构覆盖了 18 家独角兽企业，捕获率达 48.6%。在发布的杭州准独角兽企业榜单中，市引导基金参股基金共投资 62 家准独角兽企业，捕获率达 29.7%。市引导基金合作机构共覆盖了 138 家准独角兽企业，捕获率达 66.03%（杭州投融联盟，2021）。

2.2.10　夹层融资

夹层融资是介于风险较低的优先债务和风险较高的股本投资之间的一种融资方式。之所以被称为"夹层"，是因为它处于公司资本结构的中层。夹层融资一般采取次级贷款的形式，但也可以采用可转换票据或优先股的形式（尤其在某些股权结构可在监管要求或资产负债表方面获益的情况下）（华欧国际证券有限责任公司，2003）。如果使用了尽可能多的股权和优先级债务来融资，但还是有很大资金缺口，夹层融资就提供利率比优先债权高但同时承担较高风险的债务资金。由于夹层融资常常是帮助企业改善资产结构和迅速增加营业额，所以在发行这种次级债权形式的同时，常常会提供企业上市或被收购时的股权认购权。认股权证是公司发行的长期买权。认股权证赋予持有人按照事先申明的价格和确定的时间买入公司的普通股股份。例如，每 1000 美元的借款可以给夹层融资方提供以每股 5 美元的价格购入 20 股股票的认股权证。夹层融资的利率水平一般为 10% ~ 15% ，投资者的目标回报率是 20% ~ 30% 。一般说来，夹层利率越低，权益认购权就越多。

融资企业一般在以下情况下可以考虑夹层融资。

（1）缺乏足够的现金进行扩张和收购。

（2）已有的银行信用额度不足以支持企业的发展。

（3）企业已经有多年稳定增长的历史。

（4）起码连续一年（过去 12 个月）有正的现金流和息税折旧摊销前利润。

（5）企业处于一个成长性的行业或占有很大的市场份额。

（6）管理层坚信企业将在未来几年内有很大的发展。

（7）估计企业在两年之内可以上市并实现较高的股票价格，但是现时 IPO 市场状况不好或者公司业绩不足以实现理想的 IPO，于是先来一轮夹层融资可以降低企业的总融资成本。

夹层融资是一种非常灵活的融资方式，而夹层投资的结构可根据不同公司的募集资金的特殊需求进行调整。对于借款者及其股东而言，夹层融资具有以下几个方面的吸引力。

（1）长期融资。亚洲许多中型企业发现，要从银行那里获得三年以上的贷款仍很困难。而夹层融资通常提供还款期限为 5 ~ 7 年的资金。

（2）可调整的结构。夹层融资的提供者可以调整还款方式，使之符合借款者的现金流要求及其他特性。与通过公众股市和债市融资相比，夹层融资可以相对谨慎、快速地进行较小规模的融资。夹层融资的股本特征还使公司从较低的现金票息中受益，而且在某些情况下，企业还能享受延期利息、实物支付或者免除票息期权。

（3）限制较少。与银行贷款相比，夹层融资在公司控制和财务契约方面的限制较少。尽管夹层融资的提供者会要求拥有观察员的权利，但他们一般很少参与到借款者的日常经营中去，在董事会中也没有投票权。

（4）成本低。人们普遍认为，夹层融资的成本要低于股权融资，因为资金提供者通常不要求获取公司的大量股本。在一些情况中，实物支付的特性能够降低股权的稀释程度。

2.2.11 供应链金融

2017 年 10 月，国务院办公厅印发《关于积极推进供应链创新与应用的指导意见》，明确提出要"推动全国和地方信用信息共享平台、商业银行、供应链核心企业等开放共享信息。鼓励商业银行、供应链核心企业等建立供应链金融服务平台，为供应链上下游中小微企业提供高效便捷的融资渠道。鼓励供应链核心企业、金融机构与人民银行征信中心建设的应收账款融资服务平台对接，发展线上应收账款融资等供应链金融模式"。2020 年 9 月 22 日，人民银行联合 8 部委发布《关于规范发展供应链金融、支持供应链产业链稳定循环和优化升级的意见》，第一次明确了供应链金融的内涵和发展方向："供应链金融是指从供应链产业链整体出发，运用金融科技手段，整合物流、资金流、信息流等信息，在真实交易背景下，构建供应链中占主导地位的核心企业与上下游企业一体化的金融供给体系和风险评估体系，提供系统性的金融解决方案，以快速响应产业链上企业的结算、融资、财务管理等综合需求，降低企业成本，提升产业链各方价值。"

对于中小创业企业而言，存在大量融资需求，但是在传统信贷模式中往往需要土地、固定资产等相应的抵押物。由于资产规模有限，中小企业创业者可提供的抵押物相对较少，借贷融资的门槛相对过高，真正能够从银行拿到贷款的中小企业很少。与传统银行授信模式相比，供应链金融不再局限于对中小企业个体硬件的评判，更多以核心企业为中心，基于整个产业链的角度对供应链参与成员进行整体的资信评估，进而放宽了对中小企业融资的准入门槛，对中小创业企业更具有包容性。有银行业内人士表示："通过供应链金融，银行不仅跟单一的企业打交道，还跟整个供应链打交道，掌握的信息比较完整、及时，银行信贷风险也少得多。"在供应链金融这种服务及风险考量模式下，银行不仅会观察创业企业的企业资产，还会对其生产资产的能力以及未来的资产规模进行预估，通过供应链金融管理上下游企业之间的信息流、资金流和物流，进而将单个企业的不可控风险转变为供应链企业整体的可控风险。由于银行更关注整个供应链内部的贸易风险，对供应链伙伴间贸易往来的评估会将更多中小企业纳入银行的服务范围。即便单个企业达不到银行的某些风险控制标准，但只要这个企业与核心企业之间的业务往来稳定，银行就可以不只针对该企业的财务状况进行独立风险评估，而是对这笔业务进行授信，并促成整个交易的实现（李明思，2016）。

供应链金融的授信是基于经营的资金需求背后对应的真实的交易场景和真实的交易行为。供应链金融融资模式目前主要有三种，分别是应收账款融资模式、保兑仓融资模式和融通仓融资模式。

应收账款融资模式是指卖方企业为取得运营资金，以卖方与买方签订真实贸易合同产生的应收账款为基础，为卖方提供的、并以合同项下的应收账款作为第一还款来源的融资业务。这种融资方式快速盘活了中小微企业的主体资产——应收账款，使得中小微企业能够快速获得维持和扩大经营所必需的现金流，很好地解决这些中小微企业回款慢而且融资难的问题。

保兑仓融资模式又称为预付款融资，是下游采购商（融资企业）向银行申请贷款，用于支付上游核心供应商在未来一段时期内交付货物的款项，同时供应商承诺对未被提取的货物进行回购，并将提货权交由金融机构控制的一种融资模式。融资企业（买方）、核心企业（卖方）、仓储监管方、银行四方需要签署"保兑仓"业务合作协议书，仓储监管方提供信用担保，卖方提供回购担保，银行为融资企业开出银行承兑汇票。融资企业通过保兑仓业务获得的是分批支付货款并分批提取货物的权利，因而不必一次性支付全额货款，有效缓解了企业短期的资金压力。

融通仓融资模式又称为存货融资，是指融资人以其存货为质押，并以该存货及其产生的收入作为第一还款来源的融资业务。企业在申请融通仓进行融资时，需要将合法拥有的货物交付银行认定的仓储监管方，只转移货权不转移所有权。在发货以后，银行根据物品的具体情况按一定比例（如60%）为其融资，大大加速了资金的周转（朱锦燕，2015）。

传统供应链金融模式，即以1个优质企业为核心，多个上下游企业参与的"1+N"模式，由银行主导，采用线下模式，银行基于供应链中的核心企业"1"的信用支持为其上下游企业"N"提供融资服务。据《首席财务官》报道，随着互联网技术的推进，此模式被移植到线上，运用互联网的开放、透明、信息传播快的特点，将由银行主导的传统金融，变成全民参与的普惠金融，并通过技术手段对接供应链的上下游及各参与方，其中包括核心企业、上下游中小企业、银行等资金提供方、物流服务商等，将供应链中的商流、物流、资金流、信息流在线化，实时掌握供应链中企业经营情况从而控制融资贷款的风险。"互联网+"供应链金融有多种模式，包括：基于商业对商业（Business To Business，B2B）电商平台的供应链金融；基于企业对消费者（Business To Consumer，B2C）电商平台的供应链金融；基于支付的供应链金融；基于企业资源计划（Enterprise Resource Planning，ERP）系统的供应链金融；基于一站式供应链管理平台的供应链金融；基于大型物流企业的供应链金融等。

以 B2C 电商平台京东为例，近年来，京东频频加码互联网金融，供应链金融是其金融业务的根基。京东通过差异化定位及自建物流体系等战略，并通过多年积累和沉淀，已形成一套以大数据驱动的京东供应链体系，其中涉及从销量预测、产品预测、库存健康、供应商罗盘到智慧选品和智慧定价等各个环节。京东供应链金融利用大数据体系和供应链优势在交易各个环节为供应商提供贷款服务，具体可以分为六种类型：采购订单融资、入库环节的入库单融资、结算前的应收账款融资、委托贷款模式、京保贝模式、京小贷模式。京东有非常优质的上游的供应商、下游的个人消费者、精准的大数据，京东的供应链金融业务水到渠成。以支付公司快钱为例，2009 年开始，快钱开始探索供应链融资，2011 年快钱正式将公司定位为"支付 + 金融"的业务扩展模式，全面推广供应链金融服务。如快钱与联想签署的合作协议，帮助联想整合其上游上万家经销商的电子收付款、应收应付账款等相应信息，将供应链上下游真实的贸易背景作为融资的基本条件，形成一套流动资金管理解决方案，打包销售给银行，然后银行根据包括应收账款等信息批量为上下游的中小企业提供授信。

2.2.12　股票首次公开发行

首次公开发行（Initial Public Offerings，IPO）指企业通过证券交易所首次公开向投资者增发股票，以期募集用于企业发展资金的过程。通常，上市公司的股份根据相应证监会出具的招股书或登记声明中约定的条款通过经纪商或做市商进行销售。一般来说，一旦首次公开发行完成后，这家公司就可以申请到证券交易所或报价系统挂牌交易。

有数据显示，创业企业从天使轮走到 IPO 的概率不足 1%。IPO 的那一刻常常被当作公司发展过程中的一个里程碑。IPO 对创业企业有重要影响。首先，创业企业在快速成长阶段，通常需要大量资源支持，公开发行股票融资能帮助企业获取大量资金，扫清部分发展障碍；其次，创业企业 IPO 后能提高声誉和知名度，公众公司能够比私人公司更快和更便宜地募集到新的资金，进而以更低的成本获取其他形式的资本，如社会网络资本等，并在作为并购目标时能获得更高的估值（陈炳亮、王彩虹和湛军，2015）。首次公开发行还提供了以市场为基础的价值评估结果，可以作为兼并和收购（M&A）交易谈判的基础。当企业的业绩很清楚、需要大量的现金、缺少与其他公司潜在的协同时，首次公开发行会比私募带来更高的股票价格。最后，对于企业创办者、风险投资基金和其他投资者而言，被投资企业首次公开发行是一种最成功的退出或套现或取得流动性的途径。为获得最大投资收益，发行公司和承销商通常试图选择首次公开发行的时机，例如在市场价格普遍上涨的期间进入市场，在市场价格普遍下跌时，控制发行规模，有时甚至撤回已经计划好的首次公开发行。许多科技初创公司，包括估值超过 10 亿美元甚至百亿美元的独角兽企业，多年来，都是在风险投资的公司资助下一路狂奔。有一些公司已经创业超过七八年，也到了有限合伙人（Limited Partner，LP）要回报的时刻。创投基金也在催促着创业者，要趁热打铁，赶在市场环境还没变糟前，尽快上市（朱晓培，2018）。

尽管上市有很多好处，但在公开市场上经营有很多成本和风险。例如，IPO 过程增加了财务和运营方面的审查。IPO 公司经常会改变他们的策略与结构来应对新的投资者期望和证券交易委员会严格的报告要求。私人持股公司的所有者拥有很大的自由度，可以自行决策，不必向公共监督委员会和股东就此作出说明或者解释，很少受那些条条框框的约束。公众持股公司不能如此，它必须每个季度都向股东发布财务报表，在年度报告中还必须就全年的所有财务信息提供一份全面的综述。

创业明星埃隆·马斯克（Elon Musk）就曾声称自己在考虑让特斯拉退市。他在 Twitter 上写道：我考虑以 420 美元/股的价格将特斯拉私有化，资金已经搞定。他在公开信中提了几条应该退市的理由：特斯拉全员持股，私有化后，可以避免股价波动对他们的影响；定期发布的财报对公司造成了压力，使公司为了利润不得不做一些短视的决策；不受做空的影响，公司运行的状态会更好。但他同时也表示："这并不是说，特斯拉在长时间内保持非上市状态是合理的。未来，当特斯拉进入缓慢、可预测的增长阶段，重回公开市场可能是有意义的。"从 1998 年和彼得·蒂尔（Peter Thiel）、保罗·萨库马（Paul Sakuma）等一起创办 Paypal 至今，20 年里，埃隆·马斯克已经对要不要将公司上市、上市后的利与弊，看得越来越透彻。实际上，在 2017 年接受《滚石》杂志采访时，埃隆·马斯克就曾表示："成为一家上市公司实际上使我们效率下降了。"（朱晓培，2018）

2.3 新创企业的估值方法

经过多年的发展，传统的企业价值评估体系已经非常成熟和完善，主要的评估方法及其计算模型、特点和适用条件见表2 – 14。

表2 – 14　　　　　　　　　传统企业价值评估方法

评估方法	测度模型	优点	缺点	适用性
成本法	—	计算简单、客观性强	忽视整体获利能力和未来盈利能力	可评估有形资产较多的企业
市场法	$V = X \times \dfrac{V_0}{X_0}$	简便直观，在成熟市场中比较有效	很难确定可比企业	资本市场发展完善，财务比率可信度比较强
收益法	现金流折现模型 $$P = \sum_{t=1}^{n} \frac{F_t}{(1+r)^t}$$ 经济增加值模型 $EVA = NOPAT - TC \times WACC$	应用面广，考虑整体收益，反映企业的价值本质	没有考虑潜在盈利能力，主观性较强	可评估具有稳定经营状况的高盈利企业
实物期权法	$C(s,\ t) = SN(d_1) - Xe^{-n}N(d_2)$ $$d_1 = \ln\left(\frac{s}{x}\right) + \frac{\left(r + \frac{\sigma^2}{2}\right)t}{\sigma\sqrt{t}}$$ $d_2 = d_1 - \sigma\sqrt{t}$ $V = DCF + C(s,\ t)$	考虑未来投资时机选择创造的价值	假设条件较繁杂，推理计算流程复杂	可评估高新技术企业

资料来源：娄朝晖，江利君，俞春晓. 互联网企业估值方法：一个综述［J］. 中国杭州市委党校学报，2020（2）：88 – 96.

在实践中这些传统的估值方法得到多大程度的应用呢？平托、罗宾逊和斯托（Pinto, Robinson & Stowe, 2019）调查了特许金融分析师协会的13500会员，收到1980份有效问卷，调查结果如表2 – 15所示。表中第1列是估值方法，第2列是采用该种估值方法的受访者的百分比，由于受访者会采用多种方法，所以百分比之和高于100%，第3列表示如果受访者采用该种估值方法，在具体的评估案例中使用该方法的百分比，所以是有条件的比率。

表 2 - 15 估值方法的应用数据

估值方法	受访者采用的百分比/（%）	评估案例采用的百分比/（%）
市场乘数方法	92.8	68.6
折现值方法	78.8	59.5
基于资产的方法	61.4	36.8
期权方法	5.0	20.7
其他	12.7	58.1

资料来源：Pinto J E, Robinson T R, STOWE J D. Equity Valuation: A Survey of Professional Prac-tice [J]. *Review of Financial Economics*, 2019, 37 (2): 219 - 233.

尽管已经有一套较为成熟的公式体系来进行企业价值计算，但是一个公司的估值从来没有所谓的"正确答案"，不会让人有呼之欲出的感觉，对新创企业尤其如此。公司的估值对其早期几轮融资来说至关重要，该估值可能出人意料，非常高，或者相反，非常低。甚至可以从某种角度来说，对初创公司进行估值不是一个具体的公式，而是一个谈判的过程（艾伦·白睿、大卫·吉尔和马丁·里格比，2017）。

尽管已经发展出了一些新创企业的估值方法，但更多的还是将传统的价值评估方法进行改进。将传统的价值评估方法应用于新创企业估值面临着非常大的困难。以现金流折现方法为例，理论上，如果一个人可以正确地识别预期现金流、风险、资本成本，贴现现金流分析的结果将是"真实的现值"。但在实践中，估值需要大量的主观判断。首先，新创企业潜在的未来现金流是上下波动且更加难以预测的；其次，新创企业投资的合适的贴现率对于估值而言是个挑战。由于必须依赖估计，因此可以肯定，计算得到的结果仅仅是对真实现值的一个近似。许多商业计划书仍然需要预测盈利或现金流，从而选择合适的贴现率，这些预测来自参与交易的风险资本家以及其他投资者。但珍妮特·K. 史密斯等（2017）认为，"尽管不可能做到精确，但我们不能由此感到绝望，应该意识到不完美的现值估计将会提供一种机会。在估值上花费更大的精力将会带来相对于竞争对手而言更为丰厚的奖赏。与给定的其他条件一样，对估值始终给予重视的创业者或投资者将会胜过那些恰好处于平均水平，但具有或大或小的估值误差的那些人。"

在利用贴现现金流方法时，有两种用来估计现值的方法：一种是风险调整贴现率法；另一种是确定当量法。风险调整贴现率法更为人所知，使用得也更为广泛。对于该方法，预期未来现金流转化成现值时所采用的贴现率，既反映了货币的时间价值，也反映了未来现金流的风险。该贴现率之所以被称为风险调整贴现率，是因为风险对价值的影响被考虑进了贴现预期现金流时所采用的贴现率。该方法在公司财务学中使用最为广泛的原因在于其便利性，同时也因为其信息要求很容易得到满足，只要利用可比公众公司的数据即可。迪特曼、毛姆和肯珀（Dittmann，Maug & Kemper，2004）调查了53个德国风险投资家投资于初创企业的绩效，发现利用贴现现金流方法的风险投资，如果采用客观的贴现率的投资绩效较优。风险调整贴现率应随新创企业的不同阶段变化，因为初创公司的破产风险所产生的不确定性，在早期阶段最高，而随着初创公司进入更高级的开发阶段减少。

相对估值法利用其他具有可比性的公司或交易的市场数据作为基础，进而推断目标企业的价值。这种方法有时也被称为"乘数"或"可比"估值法。在实践中，该方法被广泛使用，尤其是对于已成立的私人公司而言。该方法可以提供快速的、大致正确的价值估计。在相对估值法中，需要收集可比公司的市场价格或来自公共/私人交易的价格，以及可比公司可观测的特征的信息。这些信息可以包括财务比率和经营数据，只要它们有助于估计私人企业或新创企业的价值即可。

基于与其他公司的可比性进行估值的想法听起来简单，但其实并非如此。相对估值法背后的逻辑是直接的，但其有效实现则充满各种挑战。可比性具有很多维度，包括行业、商业模式、发展阶段、规模和会计指标。要想为新创企业找到一个合适的、具有相同比较维度的可比公司是困难的，甚至不可能找到。理想的情况是，一个可比公司具有类似于新创企业的预期现金流和风险。选择乘数的维度也是一个问题，例如对于一个刚刚启动、尚未盈利的企业而言，市盈率这样的指标就是没有用的。由于一些乘数是基于会计数据的，需要注意盈利质量并进行一些调整以确保可比性（珍妮特·K. 史密斯、理查德·L. 史密斯和理查德·T. 布利斯，2017）。

对于一个面临收成事件，如 IPO 或者收购的公司而言，此时评估公司价值采用相对估值法更为普遍，也更有解释力。在这个阶段，可比公司和交易的信息可能更为充分，必要的类比关系也更容易生成和解释。但考虑到即使是成熟的私人公司，也可能找不到真实可比的公众公司。在选择一些关键方面具有相似性但又与目标公司不完全相同的可比公司时的差异，可能会造成估值在很大范围内波动。如何选择可比公司、如何权衡经验证据，这是估值艺术的一部分。因此，珍妮特·K. 史密斯、理查德·L. 史密斯和理查德·T. 布利斯（2017）认为，尽管大部分估值方法在概念上是简单易懂的，并且具有很强的直观性，但挑战在于这些方法的执行，以及对下列问题的回答。

（1）资本成本被当作贴现率吗？

（2）估值方法如何处理具有不同风险的现金流？

（3）模型能用来对嵌入期权和复杂财务求偿权进行估值吗？

（4）评价估值所需要的信息有多困难？

（5）在相对估值法中，我们能获得足够的数据吗？

2.4 新创企业运营和融资的协同决策

2.4.1 新创企业融资的可得性

全球知名创投研究机构 CB Insights（2018）跟踪了 1119 家总部设在美国、在 2008—2010 年筹集到了第一轮种子资金的科技公司，跟踪过程一直持续到 2018 年 8 月 31 日。选择这一跟踪期间是鉴于这些公司已经拥有大量时间来获得后续资金和退出。跟踪过程结束后发现这 1119 家公司中不到一半，即 48%，设法筹集到了第二轮资金，后续的每一轮都看到越来越少的公司获得新资本注入，向（希望中）更好的结果前进，只有 15% 的公司能继续筹集第四轮资金，这通常与 C 轮融资相对应。跟踪期结束时 67% 的公司最终要么倒闭了，要么自我维持（对公司来说可能很好，但对投资者来说却不是那么好）。最终成为独角兽的可能性仍然很低，徘徊在 1% 左右（1.07%），有 12 家公司闯入了这一俱乐部，其中一些公司是十年来最受欢迎的科技公司，包括 Uber、Airbnb、Slack、Stripe 和 Docker。具体数据见表 2-16。

表 2-16 　 **2008—2010 年成立的 1119 家科技公司的融资数据**

轮次	公司数量/家	占上一轮的比例/（%）	占全部公司的比例/（%）	平均融资额/百万美元
原始轮	1119	—	—	0.67
第 2 轮	534	48	48	4.27

轮次	公司数量/家	占上一轮的比例/(%)	占全部公司的比例/(%)	平均融资额/百万美元
第3轮	335	63	30	11.09
第4轮	172	51	15	23.57
第5轮	96	56	9	56.85
第6轮	30	31	3	119.83

资料来源：CB Insights. Venture Capital Funnel Shows Odds of Becoming A Unicorn are About 1% [EB/OL]. (2018 - 09 - 06) [2021 - 11 - 16]. https://www.cbinsights.com/research/venture-capital-funnel - 2/.

到底哪些公司更受资本青睐呢？围绕创业企业融资难现象，学界分别从融资提供方、创业企业自身和外部制度环境这三大视角出发展开了研究，见表2-17。这三大视角在逻辑前提、理论基础和关键构念上均存在一定差异。其中，制度环境视角主要考量外部融资环境对企业融资成本的影响，区域和国家间的比较分析是其重点，使用的理论包括国家制度理论和产业组织理论，新近研究开始从创业生态系统切入，考察生态系统与外部环境不确定之间的耦合关系对企业融资的影响。融资提供方视角主要关注如何从市场中筛选出优质的创业企业，内在理论机制主要来自信息经济学，考察以专利为表征的创新能力、以资产结构为表征的偿债能力和以声誉为表征的信号对融资决策的影响。创业企业视角则基于高阶理论、商业模式理论和社会网络理论等，系统分析哪种创业企业更易获得融资，研究结论包括高管团队MBA教育背景对获得风险投资机构的青睐有显著作用、政治关联有助于企业缓解融资约束等（项国鹏、娄淑珍和王节祥，2019）。

表2-17 融资可得性研究视角概览

视角	逻辑前提	主要理论基础	关键构念
制度环境	区域创业制度环境是影响创业企业融资可得性的重要变量	制度理论 产业组织理论 创业生态系统	环境不确定性 银行业竞争结构 资本市场发达程度
融资提供方	市场充斥着大量劣质投资标的，需建立信号识别出优质创业企业	资源观 资本结构理论 信息经济学	创新能力 偿债能力 声誉信号

续表

视角	逻辑前提	主要理论基础	关键构念
创业企业	外部因素难左右，创业企业融资更多需要立足自身的战略能动性	高阶理论 商业模式理论 社会网络理论	创业团队特征 商业模式创新 网络关系强度

资料来源：项国鹏，娄淑珍，王节祥. 谁更受青睐：创业企业融资可得性的定性比较分析［J］. 科学学研究，2019，37（9）：1642 - 1650.

创业者和潜在投资者之间关于他们及其企业的质量固有的信息不对称导致企业家努力去获得来自外部来源的资金经常失败。由于新企业通常涉及未经验证的技术或未完成的产品、一个未经证实的市场需求，以及关于企业质量的事实证据往往是无法获得的，因此，潜在投资者的评估可能主要是基于主观的、无法核实的创业者的观点。在这些特别具有挑战性的情况下，除非创业者能找到有效的方法克服了企业新颖性所带来的问题，否则融资将面临很高的失败可能性。有效缓解信息不对称和吸引潜在的资源提供者的方法就是利用信号来传达企业的品质（Colombo，2021）。具体有哪些信号呢？不同的学者研究了不同信号的作用，见表 2 – 18。

表 2 – 18　　　　　　　新创企业的信号

信号	关键发现	研究者
创业激情	展现企业家的热情会有助于获取外部资源	陈、姚和科塔（Chen, Yao & Kotha, 2009）；米特内斯、苏德克和卡登（Mitteness, Sudek & Cardon, 2012）
质量/专利	专利所有权是一个关键的质量信号	许和齐多尼斯（Hsu & Ziedonis, 2013）
政府补助	政府补助是认证的信号，对资助的成功起着积极作用	伊斯兰、弗雷米特和马库斯（Islam, Fremeth & Marcus, 2018）
技术能力	显示技术能力对投资者构成了一个可靠的信号	费施（Fisch, 2019）
高层管理人员、团队特征	高层管理团队特征作为可信的信号，增加了获得资金的可能性；在首次公开发行（IPO）过程中，传递高层管理团队特征有助于股票估值	科恩与迪恩（Cohen & Dean, 2005）；贝克曼、伯顿和奥雷利（Beckman, Burton & O'Reilly, 2007）

信号	关键发现	研究者
声誉	创始人的声誉是一个融资过程中的可靠信号	埃伯斯和维恩伯格（Ebbers & Wijnberg，2012）
人力资本	人力资本信号有助于说服风险资本投资者	马图西克、乔治和希利（Matusik, George & Heeley，2008）；科和麦克尔维（Ko & McKelvie，2019）
研究开发（Research & Development，R&D）	相比不投资研发的公司，投资研发的公司更有可能寻求到股权融资	赖丁、奥瑟和钱伯林（Riding, Orser & Chamberlin，2012）

资料来源：Colombo O. The Use of Signals in New-Venture Financing：A Review and Research Agenda［J］. *Journal of Management*，2021，47（1）：237 – 259.

2.4.2 以存活为目标的新创企业运营和融资的协同决策

新创企业融资可以说是面向生存的解决方案，主要满足创业企业生存所需要的现金流量需求（杰弗里·蒂蒙斯，2002）。总体来讲，越是处于早期阶段的企业，外部融资的约束越紧，融资渠道越狭窄，资金对企业发展的约束越强（迟建新，2010）。阿奇博尔德等（Archibald et al.，2002）指出，成熟企业的目标是长期平均利润最大化，几乎不需要关注短期的存活，而新创企业首先要解决存活问题，尤其是在早期阶段，新创企业的首要目标是生存而不是利润。

魏等（Wei et al.，2012）开创性地研究了以长期存活概率最大为目标的新创企业的运营决策，而不是像传统一样以利润最大或成本最低为目标，为新创企业的运营决策提供了一个新的方向。目前的运营管理理论研究中，企业存活标准主要可以分为两类。一类以能否偿还到期债务为标准。唐瑞瑟、埃尔祖鲁姆和乔格勒卡（Tanrisever, Erzurumlu & Joglekar，2012）将存活标准设置为新创企业在第一阶段必须达到某一最低利润水平，其实也可归为这一类。另一类则以可用资本作为标准。桑希尔和艾米特（2003）认为如果新创企业缺乏足够的资本以支付业务活动产生的应付款项就会破产。也有研究假设只要在某一期间多个阶段内，每个阶段的开始和结束时企业的可用资本都非负，企业即可存活；如果企业没有足够的资本来支付包括借款利息、员工工资、设备租赁费用等间接费用，就可称之为失败（Archibald, Thomas & Possani，2007；Archibald, Possani & Thomas，2015）。无论是采用哪一类标准，只要债务融资成为破产风险的来源，就不可避免地需要考虑融资和运营决策的协同性。

为分析债务的存在是如何影响创业企业的决策的，唐瑞瑟、埃尔祖鲁姆和乔格勒卡（2012）提供了一个两阶段模型，模型中新创企业在第一阶段末必须拥有最低的利润水平以保证自身的存活，作者探究了新创企业降低破产可能性的保留现金和降低成本的 R&D 投资之间的折中决策，发现创业企业的债务约束压缩了其决策空间。

相对于成熟企业，新创企业是更保守还是更愿意冒风险？分析新创企业和成熟企业在运营上的差异成为众多研究者的兴趣所在。如果存在差异，那么这种差异必定是由运营目标差异引起的。波萨尼、托马斯和阿奇博尔德（Possani，Thomas & Archibald，2003）建立了马尔科夫决策模型，考察了制造型新创企业的库存战略受到采购、短缺、运输、订货成本以及外部借款融资影响时的运营决策，发现尽管最大化长期存活概率的创业企业在采购战略上比成熟企业要更保守，但也不应过于保守。斯温尼、卡雄和奈特辛（Swinney，Cachon & Netessine，2011）将债务分为两部分，第一部分是固定的不依赖于产能的债务，第二部分是可变的、与已安装的产能线性相关的债务，在此基础上分析了一个进入新市场的新创企业与市场成熟企业竞争时的产能投资时机问题。他们假设成熟公司选择产能水平和投资时机以最大化期望利润，而新创企业的目标是最大化自己的存活概率。他们的研究发现考虑新创企业的失败风险会显著地影响新创企业的竞争态势。魏等（2012）比较分析了新创企业作为供应商时，其利润最大化的战略和存活概率最大化的战略，结果显示在供应商之间的竞争非常激烈的情形下，供应商以存活为目标时的产量要超过供应商以利润最大为目标时的产量，而且其产量随竞争激烈程度的增加而增加，由此进一步增加了市场供给，降低了其存活概率。阿奇博尔德、波萨尼和托马斯（2015）发现在库存管理与产能决策中，最大化存活概率的新创企业选择保留的产能水平要明显低于利润最大化的企业。

与大部分考虑存活概率的文献不同，巴苏和奈尔（Basu & Nair，2015）没有直接以新创企业存活概率最大化为目标，而是采用动态随机规划模型，并提供了一种新颖的决策方法来追踪一系列库存政策的收益均值和方差，他们进一步讨论了新创企业的管理者在利润驱动的增长模式和破产风险之间权衡的运营决策问题。

另外一些学者是用实证的方法来考察新创企业的运营策略和生存之间的关系。塔提康达、泰耶森和帕特尔（2013）的研究结果表明，库存周转率、毛利率和员工生产率分别在创业、成长和稳定阶段对制造型企业的生存至关重要。阿扎德甘、帕特尔和帕里达（Azadegan，Patel & Parida，2013）研究了当企业的生存受到环境威胁的严重挑战时，经营冗余对企业生存的作用。他们具体地探讨了三种类型的环境不确定性的变化，即动态性、复杂性和缺乏统一性，如何影响经营冗余与企业生存之间的关系，结果表明，随着环境不确定性的增加，经营冗余降低了企业失败的可能性。林、王和史（Lin，Wang & Shi，2021）通过对结果的回归分析和稳健性检验，发现库存周转效率与企业生存之间呈倒 U 型关系，即高库存周转效率确实使企业获得了较高的利润绩效优势，有利于企业的技术创新和可持续发展，而过高的库存周转效率所产生的低库存水平会使企业面临意想不到的干扰和生存困难的风险。一旦库存周转效率超过其最优水平，库存周转效率对企业生存的增量效应将变为负的。因此，管理者应该注意到，盲目地坚持追求更高的库存周转效率并不总是能使新创企业更好地存活，企业应尽量使库存周转效率接近最优水平，以使得库存处于一个适当的水平，使企业的生存机会最大化。他们的另一个发现是，融资约束抑制了库存周转效率对企业生存的影响。这一结果表明，外部资金的可获得性限制了大量的增值投资机会，包括更广泛的信息资源和专业技术，从而抑制了实体行业的扩张。

在服务业方面，帕特尔、格德斯和皮尔斯（Patel，Guedes & Pearce，2017）基于成立于 2006—2010 年的 15901 家葡萄牙零售企业从成立直到 2014 年的数据，评估了零售经营的特征对新零售企业生存的影响，发现库存周转较快的零售企业或者用于员工支出较高的零售企业，生存可能性更高，而无形资产投资对生存存在负的影响可以忽略不计。更高的员工支出，尽管对资金短缺的新企业而言代价高昂，但对生存而言很重要。库存管理有助于确保内部运营的精简，对于维持一个新企业零售运营的节奏是必不可少的。

2.4.3 考虑融资能力的新创企业运营和融资的协同决策

在成立的早期，新创企业是资本的吞噬者，其成长越快对现金的需求越大。而越过初期阶段之后，新创企业开始关注其融资能力的提升。新创企业的外部融资方式主要有债务融资和股权融资两种。新创企业从银行等金融机构处获得债务融资的主要方式是抵押和担保，其中抵押可以来自企业资产的内部抵押和个人资产的外部抵押。但抵押资产不足和缺少第三方担保，使得新创企业往往面临信贷约束（包括贷款申请被拒绝、不能获得足额贷款）

和信贷缺口（期望得到的贷款与实际获得的贷款之间的差额）（田晓霞，2004）。

新创企业的资产配置决策将会直接影响其债务融资能力，因为借款公司通常需要提供其流动资产，包括存货、现金和应收账款，作为担保贷款的抵押品。银行对流动资产进行估价，从而为企业设定贷款条件。布扎科特和张（Buzacott & Zhang，2004）以新创企业的留存收益为绩效指标，以避免破产为约束条件，将基于资产的借贷金额上限设置为现金、库存、应收账款和应付账款的线性函数，研究了新创企业的生产和库存决策，阐述了其运营和融资的协同决策。艾伦和高尔布（Alan & Gaurb，2018）研究了在银行和公司面临需求的不对称信息下企业作出运营投资决策，包括满足随机需求的库存订货量以及资本结构决策，试图回答以下问题：公司的运营投资如何因其资本结构而变化？银行应该向公司提供什么样的贷款条件？信息不对称和企业的经营参数（如需求不确定性和价格成本经济学）如何影响均衡结果？研究发现具有财务杠杆的企业的均衡订货数量总是大于或等于完全权益的情况。

当处于早期阶段的新创企业不是采用银行借款，而是依靠供应商的贸易信用作为融资手段时，对新创企业信息的不充分性往往成为供应商提供贸易信用的障碍。向买方提供贸易信用的卖方将置自己于道德风险之中，因为买方的信用水平可能会非常低，特别是当买方是新创企业或小企业时，卖方更是难以判断买方的信用水平。吴、史密斯和史密斯（Ng，Smith & Smith，1999）发现，当作为买方的新创企业做出可观的产业专用投资，如机器、生产设施等时，供应商对企业信用的担忧会大大降低，此外，当买方和卖方的交易较频繁时，买方更容易获得贸易信用融资。吉安内蒂、布尔卡特和埃林森（Giannetti，Burkart & Ellingsen，2011）的研究显示，规模较大的买方以及具有多个供应商的买方往往会被提供更长期限和更大支付折扣的贸易信用，因为规模较大意味着较低的风险，而具有多个供应商则意味着较强的谈判能力和买方市场权力。这些发现无疑对寻求更长贸易信用融资期限和更大折扣的新创企业在设备购置、供应商选择等决策上提供了极为有益的启示。

跨越过早期阶段后，慢慢步入成熟阶段的新创企业基本实现规模化经营、具有较稳定的市场份额、正的现金流和盈利水平、经营状况进入正常状态，其信用状况和经营性现金流使得其已经具备了通过资本市场进行直接融资的能力（迟建新，2010）。无论是通过风险投资、私募股权机构还是公开上市融资，财务状况、盈利能力和成长性等是决定新创企业直接融资能力的主要因素。巴比奇和索贝尔（Babich & Sobel，2004）考察了一个新创企业，其所有者把企业 IPO 当作变现的机会，将 IPO 所得看作一个随机变量，其大小主要受三个因素即企业规模、最近财务绩效和市场情绪的影响，其分布依赖于企业的流动资产、近期销售收入和近期利润，研究了如何进行产能扩张和生产数量的决策，从而使企业 IPO 所得的期望现值最大化。

新创企业的融资能力随企业的发展而变化，融资时机的选择成为创业者不得不考虑的问题。如果创业者过早地融资，其在 R&D 和市场上的投入过少将使其融资金额受到很大的限制；反之，如果创业者等待过久再去融资，则可能会因为运营资金用尽而损害其融资能力。乔格勒卡和伊夫斯基（Joglekar & Levesque，2009）研究了分期风险融资过程中新创企业应如何在改进产品质量的 R&D 投入和增加销售收入的市场营销投入上进行资源分配，以提高其股权融资能力。

2.4.4　企业价值最大化的运营和融资协同决策

随着价值最大化代替利润最大化成为企业目标，价值创造转变为企业财务管理、战略管理和运营管理等各个管理领域的重点（孙艳霞，2012）。对于新创企业而言，无论是为了继续融资还是股权持有者进行股份转让，都需要对新创企业进行价值评估。同时，新创企业的价值也将影响风险投资者继续投入资金或者退出的决策。常用的企业价值评估方法有股利折现法、自由现金流量折现法和价值增值法等。

采用股利折现模型时，企业价值由发放的股利所决定。如果公司通过发行新股或债务来支付股利，对公司价值的影响是相当复杂的。朱南军（2004）从理论上推断，如果公司在发行新证券前资本结构尚未达到最优，那么发行新证券可以作为优化资本结构的一种工具使公司股权资本成本降低，这在一定程度上可使股权价值增加，但是新证券的发行也可能使公司资本结构变得不合理，从而提高股权资本成本。同时，新证券的发行成本较高，该项支出也会损失公司的财富，这都会使公司股权价值降低。

运用具体的数理模型，徐和伯奇（Xu & Birge，2006）对传统的股利折现模型进行了扩展，并以企业价值最大化为目标构建了一个整合的规划模型，帮助管理者在每一个决策节点作出运营和财务的决策：终止或继续运营；贷款、股利、新股票发行数量；设置产量水平。胡和索贝尔（Hu & Sobel，2007）发现在流动性约束和企业市场价值最大化目标下，多级基本库存策略不再是最优的。张和索贝尔（Zhang & Sobel，2010）调查了企业市场价值最大化目标和流动性约束下非线性补货成本对补货政策和股利发放决策的影响。李、舒比克和索贝尔（2013）以借款金额、采购/生产数量和股利发放金额为决策变量，研究了在需求不确定、资金约束和违约风险情况下，债务和权益融资的企业在最大化股利净现值的目标下企业的运营和融资的协同决策，发现最优的目标库存水平和融资水平是库存水平和留存收益的非减函数。

在股利折现模型之外，也有一些文献用归属于股东的终期财富来衡量企业价值。徐和伯奇（Xu & Birge，2008）分析了报童模型中运营和融资行为对企业价值的影响，发现低利润边际的企业应更严格遵守最优的生产和债务融资政策，因为对最优资本结构或生产的稍许偏离会导致企业价值的重大损失。龚、赵和西姆奇－列维（Gong, Chao & Simchi-Levi，2014）考察了资本有限，能进行短期融资的企业在价值最大化下的动态库存控制策略，研究显示，每一个阶段最优的库存政策依赖于企业的资本水平总额。

乔德等（Chod et al.，2020）等发展了一个理论，表明最大化权益价值的企业通过存货交易向贷款人发出公司的基本品质（例如运营能力）的信号比通过贷款要求发出的信号更有效——它导致成本更低的运营扭曲。他们描述了效率的提高如何依赖于公司的运营特征，比如运营成本、市场规模和库存残值。他们推断只有当存货交易可以以足够低的成本进行验证时，通过存货发出的信号才能成立，并且在对存货交易验证时，区块链技术可以比传统的监控机制更有效。

稳定的供应商关系有利于企业提高产品质量、生产流程，并持续降低成本。供应商关系一旦中断，短期内将很难恢复。供应商关系的破坏将损害企业价值，因此 IPO 投资者将供应商稳定性作为评估企业价值的一个重要信息。彭、王和陈（Peng, Wang & Chan，2020）选取了 2007—2015 年在中国股票市场 IPO 的 1138 家企业数据进行研究后发现，当供应商稳定时，上市公司的 IPO 折价小于供应商不稳定时的 IPO 折价，且能表现出更高的实际盈余管理；此外，稳定的供应商关系还能在 IPO 前有助于获得监管审批，向公司传递利益。这些发现对拟 IPO 的创业企业的运营有重要的参考意义。

2.5　研究述评

在全球经济发展增速减缓、传统产业的市场需求萎靡不振的背景下，大众创新、万众创业作为经济发展的新引擎受到了政府的大力鼓励。然而创业也是高风险的行为，受到资金不足掣肘的创业企业如何突破资金瓶颈，在复杂多变的市场中存活并得到持续的发展，是一个值得深入研究的课题。尽管当前在理论和实证方面对新创企业的融资与运营协同决策的研究已经取得了较为丰富的成果，但仍然存在一些可以改进之处。

（1）对新创企业融资和运营协同决策的研究中大多忽视了新创企业具有多目标。例如以存活概率最大为目标的创业企业融资和运营协同决策研究中，忽略了创业企业的盈利目标。以利润最大化为目标的研究不能完全符合初创期创业企业的实际需要，因为如果仅考虑存活概率最大这个单一的目标，可能会使得创业企业在不确定环境中的决策过于保守，毕竟创业者的根本目标还是获取利润和创造价值。而且不同的决策者具有不同的决策风格和风险偏好，被广泛采用的期望值最大化准则不太适用。如果能建立决策模型，将融资和运营决策引起的风险及相应的收益比较全面地呈现给决策者，让决策者根据自己的偏好作出选择，这样的研究会更具有实际意义。

（2）对新经济领域中新创企业运营和融资决策方法与模型的研究存在不足。"互联网＋"商业模式的兴起几乎颠覆了传统的运营管理方法，例如一些互联网企业在初创期和扩张期，出于抢占市场的目的，经常采用"抢赛道"的方法，往往通过"大量补贴换流量"的做法打开市场，或者谋求获取垄断市场地位。58同城CEO姚劲波说："互联网社会，任何一个细分领域，做到第一能活得很好，做到第二、第三会比较辛苦，做到第四生存都成问题。"网易、京东、美团、知乎这些知名公司的背后的投资人今日资本总裁徐新直言："我这个人不太喜欢投市场第二名，一般只投第一。"资本的推波助澜加剧了行业的动荡，所以可以看到互联网企业很多命运多舛，"眼看着起高楼，眼看着楼塌了"。种种新的现象对传统的运营管理和创业融资理论研究提出了极大的挑战。现有的理论和实证方面对新经济领域中新创企业的运营和融资协调决策的研究尚不能满足现实的需要，还不能很好地指导新创企业的生存和可持续发展。

第3章 考虑破产风险的新创企业运营和融资的鲁棒决策

3.1 引　　言

当前全球经济面对多重因素带来的不确定性冲击，这些因素包括新冠肺炎疫情如何发展、国际政治经贸关系向何处去等，如此种种的不确定性笼罩着世界经济，使得市场预期变得模糊不清，未来难以预测。巨大的不确定性往往会使得经济短期内会经历一个较大的起伏，经济体中受冲击最大的往往是小微企业。只有未雨绸缪，才能基业长青。

2020 年 4 月 13 日，《疫情下的中小微经济恢复状况——基于百万量级中小微企业经营数据的分析》研究报告发布。从 2020 年 3 月各行业赛道中小微经济恢复指数来看，受新冠肺炎疫情冲击影响最大的两个行业分别是教育业和旅游业。事实上，从新冠肺炎疫情发展初期，教育培训机构发生倒闭、裁员、降薪的情况不胜枚举。2020 年 2 月 6 日，兄弟连创始人李超在自媒体上公开发布了《致兄弟连全体学员、员工、股东的一封信》，称北京校区将停止招生，员工也全部遣散，上海和广州校区独立运营，已经从集团独立出去，沈阳、西安校区将更换品牌另立山头，自负盈亏。这封公开信一经发布，阅读人数短时间就超过 10 万，被教育行业广泛关注，也成为第一个在新冠肺炎疫情期间公开承认倒闭的公众企业。在 2018 年，兄弟连的营业额还维持在 1 亿元左右，但到了 2019 年，融资的钱都用完了，没有钱继续打广告，营业收入也开始大幅缩水，2019 年的营收仅有 5000 多万元。为此，兄弟连不得不重新进行变革。李超在信中也强调 2019 年也有收获，这其中就包括改变之前的广告投放模式，而是通过改变教学模式来提升口碑，重新树立企业的口碑和信心。下半年又将这种教学模式推广到其他校区，在上海、广州校区鼓励员工创业，最终这两个校区开始独立运营，自负盈亏。2020年春节前，兄弟连的团队已经减少到不足130人，公司的资金链已经非常紧张，亏损还没有扭转。本来已经看到希望的李超希望员工可以一起"勒紧腰带，缓发工资、全体动员，压缩成本"，想在节后的招生旺季打一次翻身仗，没想到突如其来的疫情彻底击碎了这位创始人的最后一丝希望，最后只能黯然收场（赵正，2020）。

2020年2月29日，一份名为《关于公司决定关闭公司启动清算准备的通知》的百程旅行网内部文件在各社交网络平台流传。百程旅行成立于2000年8月，主打线上到线下出境游，旗下拳头产品为签证服务。百程旅行曾于2008年3月获得富达亚洲、银瑞达千万美元A轮投资；2014年，百程旅游获得阿里巴巴、宽带资本2000万美元（约合人民币1.39亿元）B轮投资。2014年百程旅行曾以"0元签证服务费，拒签退全款"与携程掀起一场签证大战。这场大战从一定程度上奠定了百程在签证市场的地位，曾经的百程旅行可以说是风光无限。不过随着众多在线旅行社（Online Travel Agency，OTA）发力出境游市场，百程旅行面对的竞争环境已经越来越激烈。2015年7月，百程旅行网首席执行官曾松公开透露，百程旅行网将完成由千合资本领投，点睛资本、飞猪资本、博雅资本等新兴投资机构跟投的近2亿元融资，同时将正式回归国内资本市场。2016年4月22日挂牌新三板，在挂牌新三板以前，百程旅行处于持续亏损的状态。2015年亏损3935.18万元，2016年亏损金额继续扩大，达4510.81万元，2017年全年亏损2795.44万元，2018年上半年亏损1285.64万元。在持续亏损环境下，百程旅行因未在2019年6月28日前（含）披露《公司2018年年度报告》，最终于2019年7月18日从新三板摘牌。2016年挂牌以来，百程旅游一直处于亏损状态，主要靠融资和贷款"续命"。财报提到，旅游行业进入壁垒低，投入资金少，新资本企业不断涌入，行业竞争日益激烈。为提高营收，公司增加目的地产品品类，围绕自由行用户需求，提供境外酒店、机票、就餐、定制游等产品。截至2018年上半年，公司已对目的地业务相当倚重。签证业务占比45.94%，目的地业务占比45.25%，两项业务收入占比达九成。而这虽令公司营收增加、亏损收窄，也导致大量资金消耗。据界面援引知情人士透露，目的地业务需要较大现金流投入，公司没有足够现金，只能依靠融资和贷款。百程旅行CEO曾松称，公司债务过高，在疫情影响下，旅游消费需求几乎为零，公司已经无法支撑（张虹蕾，2020）。

从兄弟连和百程旅行网的例子不难看出，该类创业企业的生命周期具有大致相同的轨迹：成立初期快速成长→获资本青睐→大量融资→大肆扩张→市场需求坍塌→融资困难→倒闭。市场需求不及预期成为导火索，新的资本都是锦上添花，而不是雪中送炭，现金流成为压垮新创企业的最后一根稻草。可以预见，这一条轨迹还将被大量的新创企业不断地重复。2018 年娃哈哈集团董事长宗庆后在接受 21 世纪经济报道记者独家专访时总结其经营哲学为"专注主业，小步快跑"。所谓"小步"，是指在决策上要小心谨慎，小步扩张，发现不对立刻撤退止损。"快跑"是指机会一旦出现，就迅速行动，把握机遇，不能犹豫。疫情下的危机时刻，很多企业面临的最大问题是现金流不足，撑不到疫情结束后报复性消费的那一天。这个问题在娃哈哈则不存在。2020 年在全面停摆的 2 月，娃哈哈亏损不过 1 亿元，但其银行账户上一如既往地趴着 100 多亿元的现金，这样计算，娃哈哈可以停摆 10 年都不会倒闭。而事实上，娃哈哈在 3 月就恢复了八成产能，4 月销售已经比去年同期增长三成（包慧，2020）。

一个系统在面临内部结构或外部环境的不利变化时仍能够维持其功能的能力，就是我们常说的鲁棒性（邱若臻，2006）。如果拿娃哈哈与兄弟连相比，显然娃哈哈具有更为强大的鲁棒性，在面对新冠肺炎疫情突发所导致的需求大幅萎缩和企业运作无法正常开展甚至全面停摆时，娃哈哈能挺过去并能快速恢复，而兄弟连却不得不在一片叹息声中倒闭，令人扼腕。当然，对广大的新创企业而言，娃哈哈的经验无法也不能进行简单复制，但其经营策略中值得借鉴之处就是，在企业决策中要将系统应对不确定性和抵御风险的能力，也就是鲁棒性作为其重要目标之一。

过去大量的研究利用随机规划模型来解决不确定环境下风险规避的决策问题，但使用标准优化模型的一个缺点是，在许多情况下，创业者更关心的是确定一个在各种情况下，包括极端不利环境下可能产生积极结果的决策，而不是使期望价值最大化的决策。这类问题的一种正式处理方法是鲁棒优化，这种方法假定决策者的知识不足，然后制定决策规则，以防范可能出现的最糟糕的意外情况。了解如何作出决策或制定政策，使结果对各种可能出现的情况更加稳健，这可能会为创业企业提供巨大的优势并降低风险（Phan & Chambers，2013）。

白、卡朋特和穆维（Bai，Carpenter & Mulvey，1997）通过两个例子说明了传统的随机线性规划方法在处理鲁棒解时的不足。鲁棒优化不要求知道未知参数的概率分布，只需了解未知参数所在的不确定集。穆维、范德贝和泽尼奥斯（1995）集成鲁棒优化和随机规划，提出了随机鲁棒优化模型来处理决策者的风险规避问题，该模型能产生一系列的解，这些解对情景集中输入数据的实现很不敏感。穆维等提出的模型后来被广泛应用到不确定环境下的生产规划、物流、供应链网络设计等领域。例如，梁和吴（Leung & Wu，2004）针对一个面临多国进出口配额规制的香港跨国公司多点生产的实际问题，以总成本最小化为目标，建立鲁棒优化模型，通过调整惩罚参数，管理者可以在不同的经济增长情景中确定最优的中期生产规划。潘和纳吉（Pan & Nagi，2010）考虑了物流和生产的集成鲁棒优化，提出了基于 K 最短路径算法的启发式算法。阿沙耶里和索蒂罗夫（Ashayeri & Sotirov，2014）定义了破产风险下的供应链缩减问题，即为了平衡企业生存和长期盈利能力而精简供应链网络，建立了具有特定缩减特征的混合整数规划（Mixed Integer Programming，MIP）模型，该模型通过需求选择和生产资产再分配的组合操作使投资资源的利用率最大化。阿拉维和贾巴尔扎德（Alavi & Jabbarzadeh，2018）在供应链网络设计中考虑到贸易信用和银行信用作为融资来源，以利润最大化为目标，用拉格朗日松弛解法来求解鲁棒优化模型。哈加哈等（Hajiagha et al.，2021）提出了一个基于场景的稳健优化模型，用于处理问题的时间、成本和风险权衡问题，以反映全球 COVID - 19 大流行对供应链项目管理的影响。

本章探讨具有破产风险的新创企业运营和融资的鲁棒决策问题。因为产品的市场需求难以预料，加上新创企业抗风险能力较弱，因此其产能、产量、融资的决策中需要考虑结果的鲁棒性。首先介绍穆维、范德贝和泽尼奥斯（1995）、于和李（2000）的鲁棒优化模型，其次针对要研究的具体问题构建了相应的鲁棒优化模型，最后通过算例来考察新创企业的决策行为与结果。

3.2 随机鲁棒优化模型

考虑以下一个随机规划模型

$$\min \sum_{s \in \Omega} P_s \left(c^T x + d_s^T y_s \right) \tag{3-1}$$

s. t.

$$Ax = b \tag{3-2}$$

$$B_s x + C_s y_s = e_s, \ s \in \Omega \tag{3-3}$$

$$x \geqslant 0, \ y_s \geqslant 0, \ s \in \Omega \tag{3-4}$$

式中，$\Omega = \{1, 2, 3, \cdots, S\}$ 是 S 种不同情景的集合，P_s 代表情景 $s \in \Omega$ 发生的概率，有 $\sum_{s \in \Omega} P_s = 1$。$d_s^T$，$B_s$，$C_s$ 和 e_s 分别代表在情景 $s \in \Omega$ 下不确定参数的值，x 和 y_s 分别代表第一阶段和第二阶段的决策。随机规划模型中的决策目标是不同情境下目标值的期望值最小。

鲁棒优化的目标是通过建立鲁棒模型获得一组解决方案，这些解决方案对场景集中输入数据实现的变化具有鲁棒性。如果鲁棒优化模型提供的最优解在输入数据发生变化时仍能保持"接近"最优解，称为解的鲁棒性；如果解决方案对于输入数据中的小变化"几乎"都是可行的，则称为模型的鲁棒性。穆维、范德贝和泽尼奥斯（1995）提出的鲁棒优化模型利用反映决策者偏好的参数将解的鲁棒性和模型的鲁棒性融入一个目标函数中。鲁棒优化包括两类不同的约束：结构约束和控制约束。结构约束是根据线性规划的概念来制定的，其输入数据不受任何噪声的影响；而控制约束则作为受噪声数据影响的辅助约束。这两类不同的约束相应地定义了两组不同的变量：设计变量和控制变量。设计变量即使未知数据的具体实现被观察到也不能被调整，控制变量一旦被观察到不确定的参数就会被调整。

为了降低模型的解对不同情景下输入数据的变化的敏感程度，穆维、范德贝和泽尼奥斯（1995）建立了以下鲁棒优化模型

$$\min \ \sigma(x, y_1, y_2, \cdots, y_s) + \omega \rho(\delta_1, \delta_2, \cdots, \delta_s) \quad (3-5)$$

s. t.

$$Ax = b \quad (3-6)$$

$$B_s x + C_s y_s + \delta_s = e_s, \ s \in \Omega \quad (3-7)$$

$$x \geq 0, \ y_s \geq 0, \ s \in \Omega \quad (3-8)$$

式中，变量 δ_s 测度的是情景 $s \in \Omega$ 下解不可行性的程度。$\sigma(x, y_1, y_2, \cdots, y_s)$ 和 $\rho(\delta_1, \delta_2, \cdots, \delta_s)$ 分别代表对解的鲁棒性和模型的鲁棒性的测度。目标函数中 $\sigma(x, y_1, y_2, \cdots, y_s)$ 和 $\rho(\delta_1, \delta_2, \cdots, \delta_s)$ 为

$$\sigma(x, y_1, y_2, \cdots, y_s) = \sum_{s \in \Omega} P_s \xi_s + \lambda \sum_{s \in \Omega} P_s (\xi_s - \sum_{s' \in \Omega} P_{s'} \xi_{s'})^2 \quad (3-9)$$

$$\rho(\delta_1, \delta_2, \cdots, \delta_s) = \sum_{s \in \Omega} P_s \delta_s \quad (3-10)$$

式中，ξ_s 代表情景 $s \in \Omega$ 下决策目标的值，例如 $c^T x + d_s^T y_s$，参数 λ 是决策者决定的一个常数，可称为偏差权重。

鲁棒优化模型中目标函数（3-5）的第二项 $\rho(\delta_1, \delta_2, \cdots, \delta_s)$ 是一个惩罚函数，用于惩罚在某些场景下违反控制约束的解。控制约束的违背意味着在某些情形下得到了问题的不可行解。参数 ω 可称作惩罚参数，反映决

策者在这两个相互冲突的测度之间的偏好。通过变换参数 ω 的大小，解的鲁棒性测度 $\sigma(\cdot)$ 和模型鲁棒性测度的惩罚项 $\rho(\cdot)$ 取得折中。例如，如果 $\omega = 0$，目标是最小化 $\sigma(\cdot)$，解决方案可能是不可行的；同时，如果 ω 分配足够大，$\omega\rho(\cdot)$ 在目标函数占主导地位，会导致一个更高的成本。穆维、范德贝和泽尼奥斯（1995）提出的 $\sigma(x, y_1, y_2, \cdots, y_s)$ 是平均值加上一个方差的常数倍。随着参数 λ 的增加，模型的解对所有情况下的数据变化越不敏感。

但是，式（3-9）中 $\sum_{s \in \Omega} P_s(\xi_s - \sum_{s' \in \Omega} P_{s'}\xi_{s'})^2$ 是二次型，为了使目标最小化，鲁棒优化模型需要大量的计算，大大增加了解的复杂性，于和李（2000）提出了一个替换的形式，即

$$\sigma(x, y_1, y_2, \cdots, y_s) = \sum_{s \in \Omega} P_s\xi_s + \lambda \sum_{s \in \Omega} P_s \left| \xi_s - \sum_{s' \in \Omega} P_{s'}\xi_{s'} \right| \quad (3-11)$$

尽管式（3-11）是一个非线性函数，但是于和李（2000）提出了一种有效的方法，就是通过引入一个非负的偏差变量 θ_s 将其转化为线性的。与式（3-11）取绝对偏差值不同，于和李（2000）设计的模型框架是为了最小化式（3-12）中的目标函数，即

$$\min \sum_{s \in \Omega} P_s\xi_s + \lambda \sum_{s \in \Omega} P_s \left[\left(\xi_s - \sum_{s' \in \Omega} P_{s'}\xi_{s'} \right) + 2\theta_s \right] \quad (3-12)$$

相应增加的约束条件为

$$\left(\xi_s - \sum_{s' \in \Omega} P_{s'}\xi_{s'} \right) + 2\theta_s \geq 0, \ s \in \Omega \quad (3-13)$$

$$\theta_s \geq 0, \ s \in \Omega \quad (3-14)$$

由式（3-12）~（3-14）可验证，关于变量 θ_s 的取值，可分为以下两种情况。

（1）如果 $\xi_s - \sum_{s' \in \Omega} P_{s'}\xi_{s'} \geq 0$，则 $\theta_s = 0$，式（3-12）中目标函数为

$$\min \sum_{s \in \Omega} P_s\xi_s + \lambda \sum_{s \in \Omega} P_s \left(\xi_s - \sum_{s' \in \Omega} P_{s'}\xi_{s'} \right)$$

（2）如果 $\xi_s - \sum_{s' \in \Omega} P_{s'}\xi_{s'} < 0$，则 $\theta_s = \sum_{s' \in \Omega} P_{s'}\xi_{s'} - \xi_s$，式（3-12）中目标函数为

$$\min \sum_{s \in \Omega} P_s\xi_s + \lambda \sum_{s \in \Omega} P_s \left(\sum_{s' \in \Omega} P_{s'}\xi_{s'} - \xi_s \right)$$

由式（3-9）中的二次规划问题转化为式（3-11）中的均值绝对偏差最小化问题，再到式（3-12）中的线性规划公式，虽然经历多次变换，但解始终是相同的。

3.3 问题描述

考虑由 OEM 供应商、新创企业和需求市场组成的二级供应链中新创企业在 T 个阶段的运营和债权融资决策。新创企业为制造型企业，提供短生命周期的产品，这类产品在电子行业，或者食品、服装，以及一些服务行业普遍存在，它们无法长期储存，当季无法以正常价格销售的产品只能在销售末期打折出售或低价处理掉（Angelus & Porteus，2002）。新创企业的初始自有资金有限，当资金不足时可以从银行或其他金融机构处借贷短期资金。每个期间短期借款存在一个上限。新创企业的产能只能在每个阶段开始进行调整，即决定增加或降低，或者维持不变，这一决策且需在真实市场需求信息实现之前作出，一旦确定后在本阶段不能再调整。产能投资的资金来源可以是自有资金也可以是借贷资金。新创企业产能总投资是产能的线性函数。如果新创企业决定降低其产能，单位产能能够收回一定的投资价值。一共考察 T 个时期，在时期 T 末，如果新创企业不能偿还借款，则要进行破产清算。新创企业自建产能之后，通过自身的生产和从 OEM 供应商处紧急采购产品，向市场销售来满足市场需求。新创企业自身的生产具有完全的确定性。新创企业在市场需求信息显示之后确定自制数量。当新创企业自制数量不足以满足市场需求时，可以从 OEM 供应商处紧急采购完全相同的产品。相应事件的发生时序如图 3-1 所示。

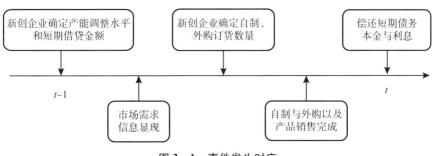

图 3-1 事件发生时序

因此在整个时期，在面对该期间市场需求和外部融资成本不确定时，新创企业需要作出以下决策。

（1）在每个时期期初的产能决策，包括在第 1 个时期期初的新建产能大小，在后续各个周期期初的产能调整决策，即产能增加、减少还是维持不变。

（2）在每个时期期初的短期借款金额的决策。

（3）在每个时期中期需求信息显示后的自制、外购数量的决策。

（4）在每个时期期末决定是否偿还短期债务本金与利息。

本章采用以下基本假设。

（1）产品的生命周期较短，在当期若未销售出去也不能留至下期再出售，残值为零。

（2）如果在每个时期期末，新创企业持有的现金不足以完全支付当期的短期借款及利息时，新创企业可以通过借新债或者处置固定资产获得现金来偿还。

（3）产能调整在每个期末就能够实现，当然作出产能调整的决策需要一定的提前期。

（4）当期未能满足的市场需求不能累积到下一期来延迟满足。

（5）处理过多的产能带来的收入远低于其投资成本。

由于未来的市场和融资环境都是不确定的，新创企业在进行运营和融资的决策时不能仅考虑在有利的环境下如何使自身的价值达到最大，还需要关注在那些不利的环境下各期期末时自身能否存活，即偿还金融机构的借款本金及利息。新创企业在偿还借款时首先利用自己的流动资金，当流动资金不足时才考虑处置部分固定资产，避免资不抵债，否则可能就要被金融机构要求进行破产清算。所以新创企业在决策时需要考虑方案在各种可能的不同情景下的鲁棒性。

3.4 多周期的运营和融资鲁棒决策模型

3.4.1 符号定义

1. 集合和索引

t 为计划期中各个时期的编号，$t = 1$，2，3，$\cdots$，T；

s 为情景的编号，$s = 1$，2，3，$\cdots$，S；

Ω 为情景 s 的集合。

2. 参数和常数

D_s^t 为情景 s 下时期 t 的市场需求；

P_s 为情景 s 发生的概率；

Z 为新创企业的初始自有资金水平；

γ_{ds}^t 为情景 s 下 t 时期短期借款的利率；

c_k 为新创企业单位产能的建设和维持成本；

ν 为产能出售时单位产能能够收回的资金；

c_p 为新创企业自制的单位可变成本；

c_b 为新创企业从 OEM 供应商处紧急采购的单位成本；

γ_k 为运营一期后固定资产的净值率；

K_t 为新创企业在时期 t 期初经过调整后（规模增加或缩减）后可得的产能水平；

p 为新创企业产品的销售单价；

$\overline{L}$ 为银行等金融机构对新创企业短期借款设定的上限；

FA_t 为新创企业在时期 t 期初产能调整实现后的固定资产价值；

CA_s^t 为新创企业在情景 s 下时期 t 期初在产能调整实现后持有的现金水平；

NA_s^t 为新创企业在情景 s 下时期 t 期末的净资产（产能水平调整之前）；

λ 为偏差权重；

ω 为分配给惩罚模型不可行性的权重。

3. 决策变量

k_t 为新创企业在时期 t 期初产能的调整量，k_t 若为正值则增加产能，若为负值则缩减产能，若为 0 则意味着不作调整；

l_t 为新创企业在时期 t 期初新增的借贷资金金额；

Q_s^t 为新创企业在情景 s 下时期 t 的自制数量；

B_s^t 为新创企业在情景 s 下时期 t 的外购数量。

以上决策变量可分为两类。每个周期第一阶段的决策变量，在确定的需求信息实现之前就需要决定，所以它们的值不依赖于情景的实现，例如 k_t 和 l_t；第二阶段的决策变量是需求情景依赖的，在情景实现之后作出，例如 Q_s^t、B_s^t。

3.4.2 单一情景下的优化模型

考虑时间范围为 T 期，未来只有一种情景的情况，用 s 来表示，这意味着新创企业面临的市场需求和融资成本不存在不确定性，决策问题为确定性问题。新创企业的目标为在时期 T 期末时的净资产最大，因为净资产越大，越有利于新创企业的股权或债权融资。此种情形下目标函数为

$$\max NA_s^T \qquad (3-15)$$

s. t.

$$NA_s^t = \gamma_k FA_t + CA_s^t + p\min(Q_s^t + B_s^t,\ D_s^t) - c_p Q_s^t - c_b B_s^t - l_t(1 + \gamma_{ds}^t),\quad \forall t \qquad (3-16)$$

$$FA_t = \begin{cases} c_k k_1 & t=1 \\ \gamma_k FA_{t-1} + c_k \max(k_t,\ 0) + \gamma_k c_k \min(k_t,\ 0) & t=2,\ 3,\ \cdots,\ T \end{cases} \qquad (3-17)$$

$$CA_s^t = \begin{cases} Z + l_1 - c_k k_1 & t=1 \\ CA_s^{t-1} + p\min(Q_s^{t-1} + B_s^{t-1},\ D_s^{t-1}) - c_p Q_s^{t-1} - c_b B_s^{t-1} + l_t \\ \quad - c_k \max(k_t,\ 0) + v\max(-k_t,\ 0) - l_{t-1}(1 + \gamma_{ds}^{t-1}) & t=2,\ 3,\ \cdots,\ T \end{cases} \qquad (3-18)$$

$$CA_s^t - c_p Q_s^t - c_b B_s^t \geq 0,\quad \forall t \qquad (3-19)$$

$$K_t = \begin{cases} k_1 & t=1 \\ K_{t-1} + k_t & t=2,\ 3,\ \cdots,\ T \end{cases} \qquad (3-20)$$

$$Q_s^t \leq K_t,\quad \forall t \qquad (3-21)$$

$$Q_s^t + B_s^t \leq D_s^t,\quad \forall t \qquad (3-22)$$

$$c_k k_1 \leq Z + l_1 \qquad (3-23)$$

$$l_t \leq \overline{L},\quad \forall t \qquad (3-24)$$

$$k_1,\ K_t,\ l_t,\ Q_s^t,\ B_s^t \geq 0,\quad \forall t \qquad (3-25)$$

约束（3-16）表示情景 s 下时期 t 期末净资产的计算式，即固定资产与流动资产之和。因为没有存货，所以现金资产即全部的流动资产。

约束（3-17）表示时期 t 期初固定资产的价值为上期固定资产净值与本期产能水平调整引起的固定资产价值变化之和。若在 t 期初产能增加，即 $k_t > 0$，则固定资产价值增加；若在 t 期初产能缩减，即 $k_t < 0$，则固定资产价值减少。

约束（3-18）为情景 s 下时期 t 期初在产能调整完成后现金资产的构成，即上期同期的现金水平加上现金流入包括销售收入与缩减产能带来的收入，以及新的借款，再扣除掉现金流出包括生产和外购产品支付的现金、偿还的债务及利息。

约束（3-19）表示情景 s 下时期 t 期中应有足够的现金支付生产成本和外购成本。

约束（3-20）表示时期 t 期的产能水平为 $t-1$ 期的产能水平与 t 期产能水平调整量之和。当 $t=1$ 时，产能水平即新建产能水平。

约束（3-21）表示新创企业自制的数量不能超过其产能水平。

约束（3-22）表示自制与外购的数量之和不能超过市场需求水平。

约束（3-23）表示期初产能投资水平不能超过自有资金水平与借款之和。

约束（3-24）表示每期的借款都不能超过金融机构设定的上限。

约束（3-25）表示期初新建产能水平、产能水平、借款数量、自制和外购数量都不能为负值。

3.4.3 多种情景下的随机鲁棒优化模型

在多种不同的情景下，未来每个期间产品的市场需求和金融市场的资金利率都是不确定的，事先无法确切地知道。相对于单一情景，建模时需要调整目标函数和增加一些约束。根据穆维、范德贝和泽尼奥斯（1995）、于和李（2000）等提供的鲁棒优化建模方法，新的目标函数为

$$\max \sum_{s\in\Omega} P_s NA_s^T - \lambda \sum_{s\in\Omega} P_s\left[NA_s^T - \sum_{s\in\Omega} P_s NA_s^T + 2\theta_s^T \right] - \omega \sum_{s\in\Omega} \sum_{t=1}^{T-1} P_s \varepsilon_s^t \tag{3-26}$$

s. t.

$$CA_s^t + p\min(Q_s^t + B_s^t, \ D_s^t) - c_p Q_s^t - c_b B_s^t - l_t(1+\gamma_{ds}^t) + \varepsilon_s^t \geqslant 0,$$
$$\forall s, \ t=1, \ 2, \ 3, \ \cdots, \ T-1 \tag{3-27}$$

$$NA_s^T - \sum_{s\in\Omega} P_s NA_s^T + \theta_s^T \geqslant 0, \ \forall s \tag{3-28}$$

$$\lambda, \ \omega, \ \varepsilon_s^t, \ \theta_s^T \geqslant 0 \tag{3-29}$$

式（3-26）目标函数中第一项为时期 T 期末时净资产的均值，第二项为各种情景下期末净资产对均值的绝对偏差，前两项之和测度的是解的鲁棒性，第三项是用解的不可行性来测度模型的鲁棒性。

约束（3-27）是控制性约束，其中 ε_s^t 代表模型的不可行性，表示在情景 s 下 $t=1$，2，3，…，$T-1$ 每个时期期末未能偿还的借款及利息总额。如果 $CA_s^t + p\min(Q_s^t + B_s^t,\ D_s^t) - c_pQ_s^t - c_bB_s^t - l_t(1+\gamma_{ds}^t) \geqslant 0$，则 $\varepsilon_s^t = 0$，表示新创企业没有破产风险；如果 $CA_s^t + p\min(Q_s^t + B_s^t,\ D_s^t) - c_pQ_s^t - c_bB_s^t - l_t(1+\gamma_{ds}^t) < 0$，则 $\varepsilon_s^t > 0$，表示新创企业有破产风险。

约束（3-28）和（3-29）为非负约束。

3.5　算　例

本节主要通过一些算例来说明模型的灵活性及较为直观地展示在不同情境下新创企业的鲁棒决策，发现一些内在的规律。考虑新创企业三个时期即 $T=3$ 的运营和融资决策。假设每个时期经济发展走势只有三种可能，即经济繁荣、稳定或衰退，概率分别为 0.3、0.5 和 0.2，绘制出情景树如图 3-2 所示，因此在决策期内可能出现的情景总数为 $S=3^3=27$，即情景树中从第 1 个周期开始至第 3 个周期末一共有 27 种不同的路径。

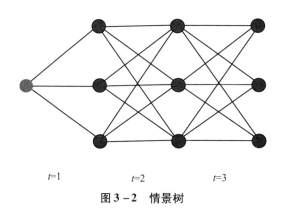

$t=1$ $\qquad$ $t=2$ $\qquad$ $t=3$

图 3-2　情景树

不管未来一期经济发展呈现哪种态势，都会影响到产品市场的需求状况和金融市场的利率等，一般而言，经济繁荣时，产品需求更加旺盛，假设在上期的基础上增加 50%，对资金的需求会推动市场利率走高，经济形势稳定时，市场需求和市场利率维持不变，而经济衰退时市场需求在上期的基础上降低 50%，对资金的需求降低，加之政府部门会制定一些政策降低企业融资成本，使得市场利率下行（Alavi & Jabbarzadeh，2018）。例如，2020年2月1日，为更好地发挥金融对疫情防控工作和实体经济的支持作用，中国人民银行、财政部、银保监会、证监会、外汇局联合出台了《关于进一步强化金融支持防控新型冠状病毒感染肺炎疫情的通知》（以下简称《通知》）。《通知》中与大家最息息相关的政策包括：对受疫情影响严重的企业到期还款困难的，可予以展期或续贷；通过适当下调贷款利率、增加信用贷款和中长期贷款等方式，支持相关企业战胜疫情灾害影响。本算例采用的 27 种不同情景下的市场需求和利率水平，以及每种情景发生的概率见表 3-1。

表 3-1 不同情景下的市场需求与利率

s	$t=1$		$t=2$		$t=3$		P_s
	D	γ_d	D	γ_d	D	γ_d	
1	1200	0.14	1800	0.16	2700	0.18	0.027
2	1200	0.14	1800	0.16	1800	0.16	0.045
3	1200	0.14	1800	0.16	900	0.14	0.018
4	1200	0.14	1200	0.14	1800	0.16	0.045
5	1200	0.14	1200	0.14	1200	0.14	0.075
6	1200	0.14	1200	0.14	600	0.12	0.030
7	1200	0.14	600	0.12	900	0.14	0.018
8	1200	0.14	600	0.12	600	0.12	0.030
9	1200	0.14	600	0.12	300	0.10	0.012
10	800	0.12	1200	0.14	1800	0.16	0.045
11	800	0.12	1200	0.14	1200	0.14	0.075
12	800	0.12	1200	0.14	600	0.12	0.030
13	800	0.12	800	0.12	1200	0.14	0.075
14	800	0.12	800	0.12	800	0.12	0.125

续表

s	t = 1		t = 2		t = 3		P_s
	D	γ_d	D	γ_d	D	γ_d	
15	800	0.12	800	0.12	400	0.10	0.050
16	800	0.12	400	0.10	600	0.12	0.030
17	800	0.12	400	0.10	400	0.10	0.050
18	800	0.12	400	0.10	200	0.08	0.020
19	400	0.10	600	0.12	900	0.14	0.018
20	400	0.10	600	0.12	600	0.12	0.030
21	400	0.10	600	0.12	300	0.10	0.012
22	400	0.10	400	0.10	600	0.12	0.030
23	400	0.10	400	0.10	400	0.10	0.050
24	400	0.10	400	0.10	200	0.08	0.020
25	400	0.10	200	0.08	300	0.10	0.012
26	400	0.10	200	0.08	200	0.08	0.020
27	400	0.10	200	0.08	100	0.06	0.008

新创企业的初始资金水平等参数取值见表 3-2。

表 3-2　　　　　　　　　初始资金水平等参数取值

Z	c_k	c_p	c_b	p	ν	γ_k
2000	10	3	8	10	4	0.90

1. 偏差权重 λ 的影响

首先固定 $\omega = 1.0$，$\bar{L} = 6000$，对参数 λ 赋予不同值以考察其对新创企业决策和绩效的影响。λ 分别取值为 0.2、1 和 2，利用软件对 4.3 节的鲁棒优化模型求最优解。表 3-3 列出了决策变量 k_t 和 l_t（$t=1$，2，3）的最优解。

从表 3-3 可以看出，k_t 都是非负数，表示新创企业不会通过缩减产能来获得流动资金；不论 λ 取值大小，k_t 都是随时期逐期递减，意味着决策者对固定资产的投资是渐次进行的，而随着 λ 的增加 k_t 减少，这是因为 λ 越大，意味着决策者的风险规避程度越高，决策者越不愿意投资于建设固定资产，而愿意保留更多的流动性。不论 λ 取值大小，各个时期借款都是递减的。

表 3-3　　　　　　　　　　　　λ 不同取值下的鲁棒解

决策变量		λ		
		0.2	1.0	2.0
k_t	k_1	505	424	402
	k_2	220	176	0
	k_3	156	0	0
l_t	l_1	5997.00	6000.00	4874.00
	l_2	4851.64	3602.00	914.36
	l_3	4197.87	1306.28	0.00

表 3-4 列出了 $\omega = 1.0$，$\overline{L} = 6000$，λ 分别取值 0.2、1 和 2，k_t 和 l_t（$t = 1, 2, 3$）取最优解时，27 种不同情景下期末净资产 NA_s^3（$s = 1, 2, \cdots, 27$）的数值，及其期望值、最大值和最小值。参数 λ 通过影响决策变量 k_t 和 l_t 最优解的大小进而影响不同情景下决策结果的大小。为了更直观地展示结果，用 Matlab 软件对表 3-4 中数据绘制折线图，得到图 3-3。从表 3-4 和图 3-3 可以看出，随着 λ 的增加，NA_s^3（$s = 1, 2, \cdots, 27$）的期望值变小，在 27 种不同情景下期末净资产值的最大值减少了，而净资产值的最小值增加了。从图形上来看表现为，λ 越大，曲线越平缓，期末净资产值在不同情景下的波动幅度越小，λ 对新创企业的运营绩效削峰填谷的作用越明显。虽然在经济形势较好的情形下期末净资产值变小了，但一旦未来的经济形势较差，例如情景 $s = 24, 25, 26, 27$ 时，结果也不至于非常糟糕，这正是追求决策方案的鲁棒性的意义所在。

表 3 - 4　　　　　　　　　　　　λ 不同取值下的期末净资产

期末净资产	λ		
	0.2	1.0	2.0
NA_1^3	13494. 99	11497. 11	9501. 92
NA_2^3	13578. 95	11523. 24	9503. 92
NA_3^3	13146. 91	11549. 36	9503. 92
NA_4^3	13699. 98	11613. 28	9526. 21
NA_5^3	13783. 94	11639. 40	9312. 21
NA_6^3	11322. 90	11143. 53	9383. 21
NA_7^3	12345. 97	11557. 44	9484. 50
NA_8^3	10424. 93	11077. 57	9426. 50
NA_9^3	8408. 89	9003. 69	8316. 50
NA_{10}^3	13887. 92	11801. 28	9677. 69
NA_{11}^3	13971. 88	11827. 40	9677. 69
NA_{12}^3	11472. 84	11293. 53	9529. 69
NA_{13}^3	14090. 91	11917. 44	9595. 98
NA_{14}^3	12969. 87	11765. 57	9380. 98
NA_{15}^3	10253. 83	9991. 69	9137. 98
NA_{16}^3	9241. 90	9869. 61	9470. 26
NA_{17}^3	7925. 86	8495. 73	9060. 26
NA_{18}^3	6609. 82	7121. 86	7660. 26
NA_{19}^3	11492. 85	10869. 44	9182. 46
NA_{20}^3	9571. 81	10527. 57	9137. 46
NA_{21}^3	7555. 77	8453. 69	8027. 46
NA_{22}^3	8268. 84	9199. 61	9141. 74

期末净资产	λ		
	0.2	1.0	2.0
NA_{23}^3	6952.80	7825.73	8731.74
NA_{24}^3	5636.76	6451.86	7331.74
NA_{25}^3	4249.83	5139.77	6650.03
NA_{26}^3	4333.79	5123.90	5950.03
NA_{27}^3	3717.75	4450.02	5250.03
期望值	11312.00	10508.43	9137.98
最大值	14090.91	11917.44	9677.69
最小值	3717.75	4450.02	5250.03

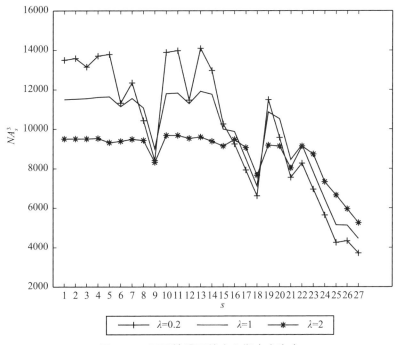

图 3 - 3　不同情景下的企业期末净资产

2. 惩罚参数 ω 对决策的影响

固定 $\lambda = 1$，$\bar{L} = 6000$，考察 ω 的变化对新创企业决策及运营绩效的影响。对 ω 分别赋值 0.2、0.3、0.4、0.5、0.8、1.0 和 2.0，利用 Lingo 软件对随机鲁棒优化模型求最优解，其中决策变量 k_t 和 l_t（$t = 1$，2，3）的最优解见表 3–5。

表 3–5 ω 不同取值下的鲁棒解

决策变量	ω						
	0.2	0.3	0.4	0.5	0.8	1.0	2.0
k_1	600	525	523	506	505	424	420
k_2	0	75	77	94	95	176	118
k_3	0	0	0	0	0	0	62
l_1	6000.00	5993.00	5999.00	5994.00	5997.00	6000.00	5996.00
l_2	3600.00	3600.16	3599.90	3599.40	3602.64	3602.00	2795.52
l_3	1288.00	1290.31	1290.89	1291.21	1287.91	1306.28	1223.24

从表 3–5 可以看出，无论 ω 取值多少，新创企业在三个时期初的借款金额与产能调整上都是逐期递减的，且新创企业没有出现缩减产能的行为。ω 的增加对借款金额没有明显的影响。随着 ω 的增加，新创企业在产能设置上越趋于谨慎，即不是将产能一步到位，而是分为多个阶段来实施。这是由于权重 ω 代表的是对模型不可行性的惩罚，模型不可行性是前两个阶段末新创企业的流动资金不足以偿还借款及利息的额度，新创企业更愿意保留更多的流动资金以降低破产的风险。

表 3–6 列出了 ω 分别取值 0.2、0.3、0.4、0.5、0.8、1.0 和 2.0 时决策变量取最优解时相应的变量 NA_s^3（$s = 1$，2，$\cdots$，27）大小。从表 3–6 可以看出，ω 的增加对新创企业运营绩效的作用类似于 λ，即减少了运营绩效的波动幅度，同时也降低了其期望值。这是因为 ω 的增加意味着模型不可行的程度降低了，即运营和融资的决策会更加安全，破产风险更低，相应的以降低运营绩效为代价。

表 3 - 6 ω 不同取值下的企业期末净资产

期末净资产	ω						
	0.2	0.3	0.4	0.5	0.8	1.0	2.0
NA_1^3	12384.16	12004.45	11995.17	11908.66	11904.12	11497.11	11144.69
NA_2^3	12409.92	12030.25	12020.98	11934.48	11929.88	11523.24	11169.16
NA_3^3	12329.68	12038.06	12030.80	11960.31	11955.64	11549.36	11193.62
NA_4^3	12499.92	12120.26	12110.98	12024.47	12019.93	11613.28	11239.07
NA_5^3	12525.68	12146.06	12136.80	12050.29	12045.69	11639.40	11263.53
NA_6^3	11827.44	11535.87	11528.62	11462.12	11459.45	11143.53	10872.00
NA_7^3	12171.68	11946.07	11938.80	11872.28	11867.75	11557.44	11321.44
NA_8^3	11597.44	11375.87	11370.61	11320.11	11317.50	11077.57	10917.91
NA_9^3	9523.20	9301.68	9296.43	9245.93	9243.26	9003.69	8842.37
NA_{10}^3	12685.92	12308.12	12298.96	12212.35	12207.87	11801.28	11426.99
NA_{11}^3	12711.68	12333.92	12324.78	12238.17	12233.63	11827.40	11451.45
NA_{12}^3	11977.44	11685.73	11678.60	11612.00	11609.39	11293.53	11021.92
NA_{13}^3	12801.68	12423.93	12414.78	12328.16	12323.69	11917.44	11521.36
NA_{14}^3	12449.44	12157.73	12150.59	12083.99	12081.44	11765.57	11477.83
NA_{15}^3	10675.20	10383.54	10376.41	10309.81	10307.20	9991.69	9702.29
NA_{16}^3	10389.44	10167.74	10162.59	10111.98	10109.50	9869.61	10003.74
NA_{17}^3	9015.20	8793.54	8788.41	8737.80	8735.26	8495.73	8628.20
NA_{18}^3	7640.96	7419.35	7414.23	7363.62	7361.01	7121.86	7252.67
NA_{19}^3	10725.68	10786.79	10787.76	10802.04	10800.63	10869.44	10497.28
NA_{20}^3	10387.44	10448.59	10449.57	10463.87	10464.38	10527.57	10259.75
NA_{21}^3	8313.20	8374.40	8375.39	8389.69	8390.14	8453.69	8184.21
NA_{22}^3	9059.44	9120.60	9121.57	9135.86	9136.44	9199.61	9349.66
NA_{23}^3	7685.20	7746.40	7747.39	7761.68	7762.20	7825.73	7974.12
NA_{24}^3	6310.96	6372.21	6373.21	6387.50	6387.95	6451.86	6598.59
NA_{25}^3	4957.20	5025.41	5026.39	5040.67	5034.25	5139.77	5230.03

续表

期末净资产	ω						
	0.2	0.3	0.4	0.5	0.8	1.0	2.0
NA_{26}^3	4982.96	5044.21	5045.21	5059.49	5060.01	5123.90	5254.50
NA_{27}^3	4308.72	4370.02	4371.02	4385.32	4385.76	4450.02	4578.96
期望值	11082.01	10838.44	10832.40	10776.46	10773.55	10508.43	10293.97
最大值	12801.68	12423.93	12414.78	12328.16	12323.69	11917.44	11521.36
最小值	4308.72	4370.02	4371.02	4385.32	4385.76	4450.02	4578.96

表 3 - 7 列出了惩罚参数 ω 分别取值 0.2、0.3、0.4、0.5、0.8、1.0 和 2.0 时最优解对应的部分 $\varepsilon_s^t(t=1,2,3;s=1,2,\cdots,27)$ 的大小，表格中未列出的 ε_s^t 皆为 0。需要注意，$\varepsilon_s^t>0$ 表示模型给出的解在情景 s 下时期 t 期末新创企业的现金资产不足以偿还借款本金及利息，新创企业面临破产清算的风险。可以看出，随着惩罚参数 ω 的增加，$\varepsilon_s^t>0$ 出现的次数减少，新创企业面临的破产风险降低。当 $\omega=2.0$ 时，在 27 种不同的情景中 $\varepsilon_s^t>0$ 仅出现了 3 次，即当 $s=25$，26，27 时，从表 3 - 1 可知，这三种情景发生的概率之和为 0.04，即如果新创企业根据表 3 - 5 中 $\omega=2.0$ 所对应的方案进行决策时，未来破产的概率仅为 4%。

表 3 - 7　　　　　　　　　ω 不同取值下的 ε_s^t 值

ω	0.2	0.3	0.4	0.5	0.8	1.0	2.0
ε_1^1	590.00	122.02	108.86	3.16	0.00	0.00	0.00
ε_2^1	590.00	122.02	108.86	3.16	0.00	0.00	0.00
ε_3^1	590.00	122.02	108.86	3.16	0.00	0.00	0.00
ε_4^1	590.00	122.02	108.86	3.16	0.00	0.00	0.00
ε_5^1	590.00	122.02	108.86	3.16	0.00	0.00	0.00
ε_6^1	590.00	122.02	108.86	3.16	0.00	0.00	0.00
ε_7^1	590.00	122.02	108.86	3.16	0.00	0.00	0.00
ε_8^1	590.00	122.02	108.86	3.16	0.00	0.00	0.00
ε_9^1	590.00	122.02	108.86	3.16	0.00	0.00	0.00
ε_{10}^1	470.00	2.16	0.00	0.00	0.00	0.00	0.00

续表

ω	0.2	0.3	0.4	0.5	0.8	1.0	2.0
ε_{11}^1	470.00	2.16	0.00	0.00	0.00	0.00	0.00
ε_{12}^1	470.00	2.16	0.00	0.00	0.00	0.00	0.00
ε_{13}^1	470.00	2.16	0.00	0.00	0.00	0.00	0.00
ε_{14}^1	470.00	2.16	0.00	0.00	0.00	0.00	0.00
ε_{15}^1	470.00	2.16	0.00	0.00	0.00	0.00	0.00
ε_{16}^1	470.00	2.16	0.00	0.00	0.00	0.00	0.00
ε_{17}^1	470.00	2.16	0.00	0.00	0.00	0.00	0.00
ε_{18}^1	470.00	2.16	0.00	0.00	0.00	0.00	0.00
ε_{19}^1	1800.00	1049.30	1029.90	859.40	849.70	40.00	0.00
ε_{20}^1	1800.00	1049.30	1029.90	859.40	849.70	40.00	0.00
ε_{21}^1	1800.00	1049.30	1029.90	859.40	849.70	40.00	0.00
ε_{22}^1	1800.00	1049.30	1029.90	859.40	849.70	40.00	0.00
ε_{23}^1	1800.00	1049.30	1029.90	859.40	849.70	40.00	0.00
ε_{24}^1	1800.00	1049.30	1029.90	859.40	849.70	40.00	0.00
ε_{25}^1	1800.00	1049.30	1029.90	859.40	849.70	40.00	0.00
ε_{26}^1	1800.00	1049.30	1029.90	859.40	849.70	40.00	0.00
ε_{27}^1	1800.00	1049.30	1029.90	859.40	849.70	40.00	0.00
ε_{25}^2	688.00	687.31	687.89	687.35	687.91	688.16	3.24
ε_{26}^2	688.00	687.31	687.89	687.35	687.91	688.16	3.24
ε_{27}^2	688.00	687.31	687.89	687.35	687.91	688.16	3.24

用 $\sum_{s \in \Omega} p_s NA_s^T - \lambda \sum_{s \in \Omega} p_s \left| NA_s^T - \sum_{s \in \Omega} p_s NA_s^T \right|$ 表示解的鲁棒性，其越大表示解的鲁棒性越强；用 $\sum_{s \in \Omega} \sum_{t=1}^{T-1} p_s \varepsilon_s^t$ 表示模型的鲁棒性，其越小表示模型的鲁棒性越强。用 Matlab 软件对表 3-6 和表 3-7 中的数据进行处理，得到解和模型的鲁棒性的图形，如图 3-4 所示。从图 3-4 中可以看出，随着 ω 的增加，解的鲁棒性单调递减，而模型的鲁棒性单调递增。这是因为 ω 越大意味着对模型不可行性的惩罚越重，新创企业在产能设置和借款上会更谨慎一些，以降低无法偿还借款的风险，相应的也付出期望绩效降低的代价。

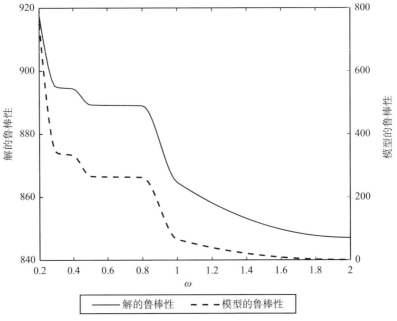

图 3 - 4　解的鲁棒性和模型的鲁棒性

3. 借款上限 $\overline{L}$ 的影响

固定 $\lambda = 1$，$\omega = 1$，考察借款上限 $\overline{L}$ 的变化对新创企业决策及运营绩效的影响。对 $\overline{L}$ 分别赋值 1000、2000、3000、4000、5000、6000、7000 和 8000，利用软件对随机鲁棒优化模型求最优解，其中决策变量 k_t 和 l_t（$t = 1$，2，3）见表 3 - 8。可以看出，当借款上限逐渐提高时，新创企业在各时期的借款需求是上升的，但上升到一定幅度后就保持稳定，即此时再提高借款上限水平对企业并无意义，因而对企业决策及绩效不再有任何影响。

表 3 - 8　　　　　　　不同借款上限时新创企业的最优决策

决策变量	$\overline{L}$							
	1000	2000	3000	4000	5000	6000	7000	8000
k_1	230	307	384	460	488	424	416	416
k_2	114	144	175	140	112	176	184	184

续表

决策变量	$\overline{L}$							
	1000	2000	3000	4000	5000	6000	7000	8000
k_3	149	149	41	0	0	0	0	0
l_1	998.00	1999.00	3000.00	3996.00	5000.00	6000.00	6480.00	6480.00
l_2	999.80	1999.90	2997.00	3399.60	3500.00	3602.00	3649.60	3649.60
l_3	997.78	1705.89	1350.64	1077.57	1180.00	1306.28	1340.54	1340.54

图 3 - 5 描绘了当借款金额上限提高时新创企业期末的企业资产净值期望值的变化情况。可以看出，当上限从 1000 开始上升时，期末企业净资产总体上是逐渐提升的，达到高点之后会出现小幅波动。尽管当借款金额上限从 5000 增加到 6000 时，从期末企业净资产上来看是降低了，但是模型的不可行性也降低了。在大多数情景下增加借款上限对新创企业是有利的，但是在少数几种需求萎靡的情景下更多的借款会使新创企业付出更多的利息，会降低企业的运营绩效，如图 3 - 6 所示。

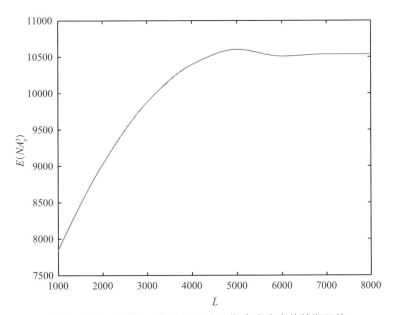

图 3 - 5　不同借款金额上限下企业期末资产净值的期望值

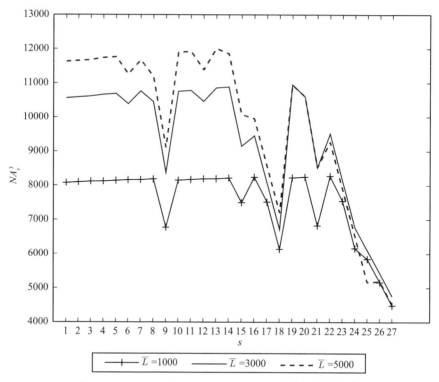

图 3-6　在不同借款上限和不同情景下的企业期末资产净值

3.6　结　　论

　　本章探讨了不确定环境下新创企业多个周期中的运营与债权融资的协同决策。新创企业的目标是期末的净资产最大化,并兼顾目标实现的鲁棒性,以规避极端恶劣环境下新创企业的破产风险。为此建立了鲁棒优化模型,发现了参数 λ、ω 和 $\overline{L}$ 对新创企业的最优决策和运营绩效的影响,λ、ω 的增加实际上会减少新创企业价值在不同可能情境之间的差距。借由这些数据,决策者可以根据自己的风险偏好,作出最适合自己的选择。

　　本章采用的随机鲁棒规划模型适用于各情景概率已知的情形。当外部环境更加复杂多变难以预测时,可能无法估计未来各情景发生的概率,即当认知不确定或深度不确定时,此时就需要使用其他的不确定性建模方法,如区间方法或模糊方法等。另外,还可以考虑其他的不确定因素,如新创企业生产的不确定性等对新创企业决策的影响。

第4章 基于 CVaR 准则的新创企业运营和融资协同决策

4.1 引　言

　　"新生弱性"与"小而弱性"导致新创企业的资源约束无处不在，相较于成熟企业，新创企业面临着更大的失败风险（祝振铎，李新春，2016）。据腾讯研究院发布的《2017 中国创新创业报告》显示，2017 年 150 家"死亡"的新创企业中存活时间只有 4 年的达到 46.67%，存活 5 年的占比 17.33%，存活 3 年的占比 12.67%。新创企业经营历史较短，通常采购规模较小，被供应商认为是高风险的买家，且缺乏资源投资于供应链关系管理，因而无法形成和供应商的战略伙伴关系，使得新创企业在供应商关系中往往处于弱势地位。以小米为例，该公司成立于 2010 年，目前被认为是中国领先的移动电话公司。它成立之初面临的最大挑战之一是进入成熟而竞争激烈的手机组件市场。小米公司创立初期接触 100 家手机组件的供应商，就会被其中的 85 家拒绝，一些供应商不想为小米公司提供产能，一些供应商甚至要求 5 倍于正常水平的价格，而这按照小米联合创始人林斌的话说就是："这就意味着'不'"（Ellegaard，2006；Chod，Trichakis & Tsoukalas，2019）。

　　瑞士国际管理发展学院战略管理与创新学教授霍华德·于（Howard Yu，2014）在《小米如何赢得顶级供应商？》一文中，尝试对小米最终靠什么赢得了与顶级供应商合作做出解答。中国手机制造商小米科技成立于 2010 年 4 月，创始人为雷军。雷军自 20 世纪 90 年代后期以来先后与他人联合创立了三家成功的科技创业公司。除雷军之外，小米的创始团队还包括微软、谷歌和摩托罗拉的几位中国籍前高管。作为初创企业，小米进入的是一块日渐成熟、竞争日趋激烈的市场，它需要在关键部件上吸引一流的供应商。但说服此类供应商相信自己的信誉并非易事，因为小米没有品牌、没有工厂、没有销售记录，更别说利润了。大多数大型部件供应商都对既有客户极为忠实，根据后者的需求建造工厂。普遍的看法是，中国手机企业只生产苹果产品的廉价仿制品。一些大型供应商之前与中国科技企业有过不愉快的合作经历——这些企业采购大量部件，生产出根本销售不完的手机，然后倒闭。果不其然，小米一开始就被全球100强供应商中的85家回绝了。但小米采取了一些特立独行的举措，来展现对潜在供应商的诚意。小米的一部分高管放下其他事情，重点解决部件供应问题。2011年3月，日本福岛遭遇地震、海啸和核泄漏。两周后，雷军、林斌和另一名高管刘德飞赴日本，希望与夏普公司敲定显示屏的供应。当时，大多数外国游客在逃离日本，小米几名高管搭乘的航班几乎空无一人。夏普公司高管被三人展现出的诚意打动，与三人从早上8点一直谈到晚上11点，直到他们会晤的场所、也就是大阪的那家星巴克打烊才作罢。小米的努力在2011年年初至年中收获成效。在日本的那次会晤之后，夏普同意供应液晶显示（Liquid-crystal Display，LCD）触屏。高通也决定供应处理器，因为它认为小米的开放创新式 MIUI 操作系统前途无量。在关键部件的供应敲定后，代工 iPhone 的台湾富士康也同意装配新款小米手机。

在雷军看来，轻模式是小米的核心竞争力。因为没有自己的工厂，所以小米才有了更多的优势去寻找全球最好的供应商。小米的角色则是负责连接，将用户需求更精准地传达给上游供应商，从而使得供应链体系更加可控。但是作为一个新创企业，控制供应链谈何容易？此外，小米公司因为产能不足导致新产品的发售屡次跳票或者依靠抢购，引起很多消费者的不满和故意玩饥饿营销的指责。

新创企业在运营决策中必须要考虑到多方面的资源约束和失败风险，体现在产能设置问题上，如果新创企业选择较少配置，甚至完全不拥有自己的产能而主要借助于外包来向市场提供产品或服务，则可能会面临供应上的风险和更高的采购成本，从上述小米公司的例子即可以看出这一点。如果新创企业将过多的资金用于自建产能，导致流动性缺乏，抵御风险能力不足，一旦出现市场需求大幅下跌、收入不及预期和融资困难就会面临资金链断裂的风险，现实中当经济出现衰退时很多新创企业倒闭即是由于此种原因，而因此新创企业在运营上就需要在自建产能和外包之间进行仔细权衡。

因为受到资金约束，大部分新创企业都要通过外部融资来满足资金需求，在运营决策中就必须考虑到融资的影响。使用外部债权融资的企业必须履行到期偿债义务，经营不善的企业面临着破产清算的潜在风险，需要使用股权融资的企业则要考虑到运营对股权融资规模等的影响，因此新创企业的决策目标不能仅仅是期望利润，还应包含存活概率或企业价值等。波萨尼、托马斯和阿奇博尔德（2003）考察了不同成本对新创企业存活概率的影响，发现尽管最大化长期存活概率的新创企业在采购战略上应比成熟企业保守，但也不应过于保守。唐瑞瑟、埃尔祖鲁姆和乔格勒卡（2012）探究了新创企业在保留现金以降低破产可能性和进行 R&D 投资以降低成本之间的折中决策，发现新创企业的债务约束压缩了其决策空间。曹国昭和齐二石（2016）研究了最大化生存概率的新创企业与利润最大化目标的成熟企业相互竞争时新创企业的产量柔性技术选择及产能投资决策。于辉和王宇（2018）基于传统的市净率估值方法，探讨了投融资双方博弈下的成长性企业最优估值，考察了企业的最优努力水平以及固定资产的变化对企业估值产生的影响。上述这些文献都假定决策者是风险中性的。

相较于成熟企业，新创企业面临着更大的风险，很多创业者和管理者也表现出不同程度的风险规避特征（Miner & Raju，2004）。作为一种风险管理工具，条件风险价值（Conditional Value-at-Risk，CVaR）准则具有许多优点，现已被广泛地应用到运营与供应链管理研究中。杨磊、王明征和李文立（2008）采用了下游风险度量和 CVaR 风险度量两种方法，研究了风险厌恶的零售商在能力约束条件下的最优订货策略。禹海波（2013）研究具有条件风险价值约束和缺货惩罚的框架下得到了最优订货批量和最优利润的解析表达式，并系统地研究了需求不确定性对系统补货策略和最优利润的影响。吴、朱和特朗特（Wu，Zhu & Teunter，2013）研究了产能不确定对风险厌恶报童的订购决策的影响，发现在 CVaR 准则下产能不确定性降低了报童的最优订货数量。陈志明和陈志祥（2015）基于 CVaR 风险度量准则建立了一个风险厌恶的品牌企业和一个风险中性的 OEM 供应商的斯坦克尔伯格（Stackelberg）博弈模型，提出了一种有别于传统收益分享契约的协调机制。朱传波、季建华和曾顺秋（2015）引入 CVaR 值刻画了在供应突发事件下零售商的运营目标，着重研究了零售商最优订货量对供应商可靠性及对其自身的风险规避系数的敏感性。肖吉军、师亚玲和郑颖琦（2018）探讨了一个风险厌恶的制造企业和一个风险中性的生产性服务企业组成的供应链中，在生产性服务企业的供应和市场需求都随机的情况下，生产性服务企业和制造企业分别在分散与集中决策时的最优定价与订货策略。有些文献还考虑到了供应链成员的资金约束问题，例如李、安和宋（Li，An & Song，2018）及陈、袁和周（Chen，Yuan & Zhou，2019）研究了风险厌恶的供应商和风险中性的零售商组成的供应链中，供应商能为资金约束的零售商提供贸易信用情况下供应商最优的产量和零售商最优的订货量。

在当前创新创业正如火如荼开展的时代背景下，如何通过运营来促进我国新创企业的成长具有重要的研究意义。新创企业面临的关键运营问题之一就是在不确定的环境里和自身资源短缺情况下如何确定自己的资产配置，例如将多少资金投资于不易变现的固定资产。现有的关于新创企业运营决策的研究都假定决策者是风险中性的，因而皆以期望值最大作为决策准则，考虑到新创企业相较于成熟企业面临着更大的经营风险和决策者具有不同的风险态度，本章利用 CVaR 风险度量准则来探讨决策者风险规避下新创企业在产能配置、订货量方面的最优决策，以及风险规避程度等因素对最优决策的影响。此外，本章还考虑到新创企业的股权融资需求，因而不再以最常见的利润最大，而是以企业股东权益价值的条件风险价值最大作为决策目标，更能符合新创企业的实际。

4.2　VaR 模型和 CVaR 模型概述

为了便于读者更好地理解本章的模型，本节简要介绍风险值（Value-at-Risk，VaR）模型和条件风险值模型的基本概念。

作为管理与控制风险工具的 VaR 模型，由威廉·鲍莫尔（William J Baumol）于 1963 年首次提出，他提出了考虑期望收益置信水平的证券组合选择模型。VaR 是指在一定概率置信水平下，某一金融资产或证券组合在一定的持有期内预期的最大可能损失值。VaR 模型由于能够提供衡量市场风险的实用指标，不仅便于金融机构进行风险管理，而且有助于监管部门进行有效监管而得到了广泛应用。许多金融机构都将 VaR 作为防范金融风险的第一道防线，并且开发了利用进行风险管理的软件。VaR 方法除了被金融机构、金融监管部门广泛采用之外，它也逐渐被一些大的非金融机构采用，如西门子、IBM 等公司也都采用此方法来管理其风险（蒋敏，2005）。

假设损失函数为 $L(x,\varphi)$，其中 x 是一个 n 维决策向量，φ 是一个 m 维的随机向量。对于任意一个给定的 x，损失函数 $L(x,\varphi)$ 是一个随机变量，其概率密度函数等于随机向量 φ 的联合概率密度函数 $f(\varphi)$。假设 $\psi(x,\alpha)$

表示损失 $L(x, \varphi)$ 不超过阈值 α 概率,那么

$$\psi(x, \alpha) = \int_{L(x, \varphi) \leq \alpha} f(\varphi) \, \mathrm{d}\varphi$$

对于任意一个在 (0,1) 上给定的概率水平 β,定义风险价值 β – VaR 为

$$\alpha_\beta(x) = \min\{\alpha \in R: \psi(x, \alpha) \geq \beta\}$$

风险价值表示在给定的置信水平 β 下,某一决策组合 x 可能导致的最大损失是 $\alpha_\beta(x)$,或可理解为损失 $L(x, \varphi)$ 超过 $\alpha_\beta(x)$ 的概率为 $(1 - \beta) \times$ 100%。参数 β 对应决策者的风险厌恶水平,β 越大则风险厌恶的程度越高。

虽然 VaR 是一种广泛使用的、容易理解和掌握的计算与控制金融市场风险的方法,然而经过很多学者的不断探索和实际运用部门的实践证明,VaR 无论在理论上还是应用上,都存在较大缺陷,主要表现在以下几个方面。

(1)在 VaR 的计算上有许多种方法,如方差—协方差方法、历史模拟方法、蒙特卡罗模拟方法,但是各种方法计算结果相差甚大。

(2)VaR 不满足一致性公理。首先,以 VaR 为目标函数的规划问题一般不是凸规划,其局部最优解不一定是全局最优解,因此在求解时将遇到很大困难。其次,VaR 不一定满足次可加性,这使得投资组合的 VaR 值可能大于组合中各成分的 VaR 值之和。

(3)VaR 将注意力集中在一定置信度下的分位点上(即最大的预计损失),而该分位点下面的情况则完全被忽略了。这就使得我们忽略了小概率发生的巨额损失情形,例如金融危机事件,而这恰恰是风险管理所必须关注的情形。例如在 95% 的置信水平下,VaR 会忽略置信水平 95% 以上的下方风险,这个被忽略了的下方风险只有在将置信水平提高到 99% 才会被观测到(蒋敏,2005)。

针对 VaR 的上述弱点,罗卡费拉和乌里亚舍夫(Rockafellar & Uryasev,2000)提出了一种 VaR 的修正方法:CVaR。CVaR 不是指金融资产或证券组合在一定置信水平下和持有期限内预期的最大可能损失值,而是指损失额超过部分的期望值。它具有 VaR 的优点,同时在理论上又具有良好的性质,如具有次可加性、凸性等。

在风险价值的基础上,定义条件风险价值 β – CVaR 为

$$\phi_\beta(x) = (1 - \beta)^{-1} \int_{L(x, \varphi) \geq \alpha_\beta(x)} L(x, \varphi) f(\varphi) \, \mathrm{d}\varphi$$

条件风险价值表示在给定的置信水平 β 下,当损失超过 $\alpha_\beta(x)$ 时的平均损失是 $\phi_\beta(x)$。风险厌恶型决策者的目标就是确定最优的决策向量 x 以使

$\phi_\beta(x)$ 最小，因为最小化 $\phi_\beta(x)$ 十分困难，可以通过另外一种方式求解：

$$\min_x \phi_\beta(x) = \min_{(x,\alpha)} F_\beta(x, \alpha)$$

式中，$F_\beta(x, \alpha)$ 的具体形式为

$$F_\beta(x, \alpha) = \alpha + (1 - \beta)^{-1} E\left[\left[L(x, \varphi) - \alpha\right]^+\right]$$

式中，$E[\cdot]$ 表示数学期望，$[t]^+$ 表示 $\max(0, t)$。$F_\beta(x, \alpha)$ 是 α 的凸函数，当且仅当 $L(x, \varphi)$ 是 α 的凸函数时，$F_\beta(x, \alpha)$ 也是 α 的凸函数。凸函数的特征便于求解出使 $F_\beta(x, \alpha)$ 最小化的 (x^*, α^*)，同时 x^* 是使 $\phi_\beta(x)$ 最小化的最优决策向量，α^* 是对应的风险价值 $\alpha_\beta(x^*)$。

4.3　问题描述与基本假设

考虑由一个风险中性的 OEM 供应商、一个风险规避的新创企业和需求市场组成的供应链。新创企业在资金不足时可以从银行或其他机构借贷。新创企业的自有产能投资决策需在真实市场需求信息显示之前作出。新创企业在市场需求信息显示之后作出自制和外购订货数量决策。当新创企业自制数量不足以满足市场需求时，可以从 OEM 供应商处紧急采购相同的产品或服务来供应市场。新创企业的生产具有完全的可靠性，而 OEM 供应商的供应具有不确定性，也就是当新创企业从 OEM 供应商处紧急采购时，OEM 供应商不能保证全部满足新创企业的需求。新创企业的目标为一个运营周期结束时在给定的置信水平下股东权益价值的条件风险价值最大化。按照发生时间的先后顺序，可将新创企业的决策分为三个阶段，第一个阶段确定产能，第二个阶段在市场需求信息显示后确定最优的自制、外购订货数量，最后在第三阶段确定借贷金额。采用的符号及说明见表 4 - 1。

表 4 - 1　　　　　　　　　　　　　符号及说明

符号	说明
Z	新创企业的初始自有资金水平
γ_b	借贷利率
e	借贷金额
K	新创企业自建的产能水平
D	市场需求

符号	说明
$f(D)$（$F(D)$）	市场需求的概率密度函数（分布函数）
Q	新创企业的自制数量
B	从 OEM 供应商处紧急采购的订货数量
ξ	OEM 供应商对新创企业的订货满足率
$g(\xi)$（$G(\xi)$）	订货满足率 ξ 的概率密度函数（分布函数）
c_k	新创企业单位产能的投资成本
c_b	从 OEM 供应商处紧急采购的单位成本
c_p	新创企业自制的单位成本
p	新创企业产品或服务的市场销售单价
γ_k	运营一期结束时产能投资形成资产的净值率，$\gamma_k \in (0, 1)$
$\prod(B, \xi)$、$\pi(K)$	新创企业分别在外购订货数量和产能决策节点时的股东权益价值
β	新创企业决策者的风险规避程度或置信水平，$\beta \in [0, 1]$

本章采用以下假设。

（1）新创企业的自有资金非常有限，不管市场需求高低，总需要进行债权融资。

（2）产能建设总投资是产能水平的线性函数，产能建设总投资为 $c_k K$，同样的假设可见博亚巴特利和托克泰（Boyabatli & Toktay，2011）等。

（3）市场需求 D 服从 $[\underline{D}, \overline{D}]$ 的均匀分布，供应商的订单满足率 ξ 服从 $[0, 1]$ 的均匀分布，类似的假设可见伯克、卡里略和瓦哈里亚（Burke，Carrillo & Vakharia，2009）等。

（4）不失一般性，c_k、c_p、c_b 和 p 之间满足 $c_k + c_p < c_b < p$。

（5）若新创企业自制数量与外购获得数量之和超过市场需求时，未销售出去的产品残值为 0；当低于需求时，无缺货成本。

（6）借贷市场是完全竞争的，借贷利率为常数，且有 $\gamma_b < \dfrac{p - c_b}{2c_b}$，这样可以保证借款对新创企业而言是有利可图的。

4.4 模型分析

本节主要分析新创企业的自有产能设置、自制数量、外购订货数量、借款金额等的最优决策。采用逆向归纳法首先确定借贷金额，然后求得最优的自制、外购订货数量，最后再推导出最优产能设置。在股东权益价值评估方法上，采用基于净资产的相对估值方法。

4.4.1 最优借贷金额的确定

由于新创企业的实际借贷金额是在市场需求信息和 OEM 供应商的供给信息都显露之后做出的，所以新创企业的最优借贷金额与决策者的风险态度无关。由于对新创企业借贷数量未设限制，所以在给定自有产能 K、市场需求 Q 和外购实际获得数量 ξB 的前提下最优借贷金额为 $e^* = c_k K + c_p Q + \xi c_b B - Z$。

4.4.2 最优自制和订购数量的确定

在需求信息显示之后，给定 K，新创企业需要作出自制数量 Q 和向 OEM 供应商订购数量 B 的决策。显然当 $D \leqslant K$ 即实际需求低于或等于自有产能时，新创企业选择的产量为 $Q = D$，此时外购数量为 0。当 $D > K$ 即市场需求大于自有产能时，新创企业选择的产量为 $Q = K$，超出产能的部分需要外购。因此借贷金额进一步可写为

$$e^* = \begin{cases} c_k K + c_p D - Z & \text{若 } D \leqslant K \\ (c_k + c_p) K + \xi c_b B - Z & \text{若 } D > K \end{cases} \tag{4-1}$$

与成熟企业关注期望利润有所不同，具有股权融资需求的新创企业会更关注在充满风险和融资约束的环境下企业价值的大小。给定自有产能 K，在第一个运营期末时新创企业的全部股东权益价值为

$$\prod (B, \xi) = p\min(Q + \xi B, D) + (Z - c_p Q - \xi c_b B) - (1 - \gamma_k) c_k K - \gamma_b e^* \tag{4-2}$$

本章采用条件风险价值 CVaR 这一工具来衡量新创企业的股东权益价值。按照蒋敏（2005）等提供的方法，定义损失 $L(B, \xi)$ 为全部股东权益

价值的相反数，即 $L(B, \xi) = -\prod(B, \xi)$。在置信水平 β 下 $L(B, \xi)$ 关于决策 B 的 $\beta - \text{CVaR}$ 值为

$$\phi_\beta(B) = (1-\beta)^{-1} \int_{L(B,\xi) \geqslant \alpha_\beta(B,\xi)} L(B, \xi) \, \mathrm{d}(\xi) \, \mathrm{d}\xi$$

式中，β 代表决策者的风险规避程度，β 越大表示风险规避程度越高；$\alpha_\beta(B, \xi)$ 为对应的 $\beta - \text{VaR}$ 损失值，即在置信水平 β 下的最大损失，可以理解为损失超过 $\alpha_\beta(B, \xi)$ 的概率为 $(1-\beta) \times 100\%$，或者股东权益价值超过 $-\alpha_\beta(B, \xi)$ 的概率为 $\beta \times 100\%$。$\phi_\beta(B)$ 表示当损失超过 $\alpha_\beta(B, \xi)$ 时的平均损失。为求得 $\phi_\beta(B)$ 的最小值引入函数

$$F_\beta(B, \alpha) = \alpha + (1-\beta)^{-1} \mathrm{E}\left[\left[L(B, \xi) - \alpha\right]^+\right] \tag{4-3}$$

式中，$\mathrm{E}[\cdot]$ 表示数学期望，$[t]^+$ 表示 $\max\{0, t\}$。由于 $L(B, \xi) = -\prod(B, \xi)$ 为 B 的凸函数，所以有 $\min\limits_{(B,\alpha)} F_\beta(B, \alpha) = \min\limits_B \phi_\beta(B)$。$\min\limits_{(B,\alpha)} F_\beta(B, \alpha)$ 意味着满足条件 $\prod(B, \xi) \leqslant -\alpha_\beta(B, \xi)$ 的 $\prod(B, \xi)$ 均值尽可能大。通过求解出使 $F_\beta(B, \alpha)$ 最小的 (B^*, α^*)，可以发现最优的订货数量 B^* 和对应的风险价值 $\alpha_\beta(B^*, \xi)$。

命题 4 – 1 在 CVaR 度量准则下，新创企业向 OEM 供应商的最优订货数量为

$$B^* = \begin{cases} (D-K) \sqrt{\dfrac{p^2}{c_b(1+\gamma_b)\left[p(1-\beta^2) + c_b(1+\gamma_b)\beta^2\right]}} & \text{若 } D > K \\ 0 & \text{若 } D \leqslant K \end{cases}$$

$$\tag{4-4}$$

证明： 为求解出使 $F_\beta(B, \alpha)$ 最小的 (B^*, α^*)，按市场需求的大小分为两种情况分别进行讨论。

（1）当 $D \leqslant K$ 时，新创企业自制数量为 $Q = D$，无须外购，所以有 $B^* = 0$。

（2）当 $D > K$ 时，有 $Q = K$，产能不足部分需要向 OEM 供应商紧急采购。按订购数量大小分两种情形分别进行讨论。记 $B_0 = \dfrac{p}{c_b(1+\gamma_b)}(D-K)$，当 $B = B_0$ 时，有 $L(B_0, \xi)\big|_{\xi=0} = L(B_0, \xi)\big|_{\xi=1}$。

①首先，考察当 $B \leqslant B_0$ 时的情形。记 $\xi_1 = \dfrac{D-K}{B}$，有 $K + \xi_1 B = D$ 且 $\dfrac{c_b(1+\gamma_b)}{p} \leqslant \xi_1 \leqslant 1$。从式（4 – 2）可以看出，随着 ξ 的增加，$L(B, \xi)$ 先

减后增，在 $\xi = \xi_1$ 处 $L(B, \xi)$ 取极小值。记 $\alpha_1 = L(B, \xi)\big|_{\xi=\xi_1} = -pD + c_b(1+\gamma_b)(D-K) - Z(1+\gamma_b) + K(1+\gamma_b)(c_p+c_k) - \gamma_k c_k K$，$\alpha_2 = L(B, \xi)\big|_{\xi=1} = c_b B(1+\gamma_b) - pD - Z(1+\gamma_b) + K(1+\gamma_b)(c_k+c_p) - \gamma_k c_k K$，$\alpha_3 = L(B, \xi)\big|_{\xi=0} = -pK - Z(1+\gamma_b) + K(1+\gamma_b)(c_k+c_p) - \gamma_k c_k K$，有 $\alpha_1 < \alpha_2 \leqslant \alpha_3$。仅当 $B = B_0$ 时，$\alpha_2 = \alpha_3$。由于损失函数 $L(B, \xi)$ 为分段函数，故将 α 分为四个区间 $(-\infty, \alpha_1]$、$(\alpha_1, \alpha_2]$、$(\alpha_2, \alpha_3]$、$(\alpha_3, +\infty)$ 分别进行讨论。

a. 当 $\alpha \leqslant \alpha_1$ 时，有

$$
\begin{aligned}
F_\beta(B, \alpha)\big|_{\alpha \leqslant \alpha_1} = &\ \alpha + (1-\beta)^{-1} \Big\{ \int_0^{\xi_1} \big[\xi B(-p + (1+\gamma_b)c_b) - Z(1+\gamma_b) \\
&+ K(-p + (1+\gamma_b)(c_k+c_p)) - \gamma_k c_k K - \alpha \big] f(\xi) \mathrm{d}\xi \\
&+ \int_{\xi_1}^1 \big[\xi c_b B(1+\gamma_b) - pD - Z(1+\gamma_b) + K(1+\gamma_b)(c_k+c_p) \\
&- \gamma_k c_k K - \alpha \big] f(\xi) \mathrm{d}\xi \Big\} \\
= &\ \alpha + (1-\beta)^{-1} \Big[-Z(1+\gamma_b) + K(1+\gamma_b)(c_k+c_p) - \gamma_k c_k K \\
&- \xi_1 pK - pD(1-\xi_1) + \frac{1}{2} c_b B(1+\gamma_b) - \frac{1}{2} pB\xi_1^2 - \alpha \Big]
\end{aligned}
$$

由于 $\dfrac{\partial F_\beta(B, \alpha)\big|_{\alpha \leqslant \alpha_1}}{\partial \alpha} = 1 - (1-\beta)^{-1} < 0$，$F_\beta(B, \alpha)\big|_{\alpha \leqslant \alpha_1}$ 是 α 的减函数，所以在此区间使 $F_\beta(B, \alpha)\big|_{\alpha \leqslant \alpha_1}$ 最小的 α 满足 $\alpha = \alpha_1$。由一阶条件 $\dfrac{\partial F_\beta(B, \alpha)\big|_{\alpha \leqslant \alpha_1}}{\partial B} = 0$ 可得 $B = (D-K)\sqrt{\dfrac{p}{(1+\gamma_b)c_b}}$。代入式（4-3）可得

$$
\begin{aligned}
\min_{(B, \alpha)} F_\beta(B, \alpha)\big|_{\alpha \leqslant \alpha_1} = &\ -D(p - c_b - \gamma_b c_b) - Z(1+\gamma_b) - K(1+\gamma_b)(c_b - c_p - c_k) \\
&- \gamma_k c_k K + (1-\beta)^{-1} \big[pD - c_b(1+\gamma_b)(D-K) \\
&+ (D-K)\sqrt{c_b p(1+\gamma_b)} \big]
\end{aligned}
$$

b. 当 $\alpha_1 < \alpha \leqslant \alpha_2$ 时，为便于计算记 ξ_2 和 ξ_3 为 $L(B, \xi) - \alpha = 0$ 的两个解，其中 $\xi_2 = \dfrac{pD + Z(1+\gamma_b) - K(1+\gamma_b)(c_k+c_p) + \gamma_k c_k K + \alpha}{c_b B(1+\gamma_b)}$，$\xi_3 = \dfrac{-Z(1+\gamma_b) + K[-p + (1+\gamma_b)(c_k+c_p)] - \gamma_k c_k K - \alpha}{B[p - c_b(1+\gamma_b)]}$，且有 $0 \leqslant \xi_3 < \xi_1 < \xi_2 \leqslant 1$。

因而有

$$
\begin{aligned}
F_\beta(B, \alpha)\big|_{\alpha_1 < \alpha \leqslant \alpha_2} &= \alpha + (1-\beta)^{-1}\Big\{\int_0^{\xi_3}\big[\xi B(-p + c_b(1+\gamma_b)) - Z(1+\gamma_b)\\
&\quad + K(-p + (1+\gamma_b)(c_k + c_p)) - \gamma_k c_k K - \alpha\big]f(\xi)\mathrm{d}\xi\\
&\quad + \int_{\xi_2}^1\big[\xi c_b B(1+\gamma_b) - pD - Z(1+\gamma_b)\\
&\quad + K(1+\gamma_b)(c_k + c_p) - \gamma_k c_k K - \alpha\big]f(\xi)\mathrm{d}\xi\Big\}\\
&= \alpha + (1-\beta)^{-1}\Big\{(1+\xi_3-\xi_2)\big[-(1+\gamma_b)Z\\
&\quad + K(1+\gamma_b)(c_k + c_p) - \gamma_k c_k K - \alpha\big] - \xi_3 pK - pD(1-\xi_2)\\
&\quad + c_b B(1+\gamma_b)\frac{1+\xi_3^2-\xi_2^2}{2} - pB\frac{\xi_3^2}{2}\Big\}
\end{aligned}
$$

由于 $F_\beta(B, \alpha)\big|_{\alpha_1 < \alpha \leqslant \alpha_2}$ 是 α 和 B 的凸函数，由一阶条件 $\dfrac{\partial F_\beta(B, \alpha)\big|_{\alpha_1 < \alpha \leqslant \alpha_2}}{\partial B} = 0$，$\dfrac{\partial F_\beta(B, \alpha)\big|_{\alpha_1 < \alpha \leqslant \alpha_2}}{\partial \alpha} = 0$，可得令 $F_\beta(B, \alpha)\big|_{\alpha_1 < \alpha \leqslant \alpha_2}$ 最小的 (B, α) 满足

$$
B = (D-K)\sqrt{\frac{p^2}{c_b(1+\gamma_b)\big[p(1-\beta^2) + c_b(1+\gamma_b)\beta^2\big]}} \tag{4-5}
$$

$$
\begin{aligned}
\alpha &= \beta c_b(1+\gamma_b)\big[p - c_b(1+\gamma_b)\big]\frac{B}{p} - D\big[p - c_b(1+\gamma_b)\big]\\
&\quad + K(1+\gamma_b)(c_k + c_p - c_b) - \gamma_k c_k K - Z(1+\gamma_b)
\end{aligned} \tag{4-6}
$$

进而有

$$
\begin{aligned}
\min F_\beta(B, \alpha)\big|_{\alpha_1 < \alpha \leqslant \alpha_2} &= -Z(1+\gamma_b) + K(1+\gamma_b)(c_k + c_p) - \gamma_k c_k K - pD + (D-K)\cdot\\
&\quad \frac{\sqrt{c_b(1+\gamma_b)\big[p(1-\beta^2) + c_b(1+\gamma_b)\beta^2\big]} - \beta c_b(1+\gamma_b)}{1-\beta}
\end{aligned}
$$
$$
\tag{4-7}
$$

c. 当 $\alpha_2 < \alpha \leqslant \alpha_3$ 时，$L(B, \xi) - \alpha = 0$ 只有一个解即 ξ_3。此时

$$
\begin{aligned}
F_\beta(B, \alpha)\big|_{\alpha_2 < \alpha \leqslant \alpha_3} &= \alpha + (1-\beta)^{-1}\int_0^{\xi_3}\{\xi B[-p + c_b(1+\gamma_b)] - Z(1+\gamma_b)\\
&\quad + K[-p + (1+\gamma_b)(c_k + c_p)] - \gamma_k c_k K - \alpha\}f(\xi)\mathrm{d}\xi\\
&= \alpha + (1-\beta)^{-1}\Big\{\xi_3\big[-Z(1+\gamma_b) + K(-p + (1+\gamma_b)(c_k + c_p))\\
&\quad - \gamma_k c_k K - \alpha\big] + B[-p + c_b(1+\gamma_b)]\frac{(\xi_3)^2}{2}\Big\}
\end{aligned}
$$

由于 $\dfrac{\partial F_\beta(B, \alpha)\big|_{\alpha_2 < \alpha \leqslant \alpha_3}}{\partial B} = (1-\beta)^{-1}\big[-p + c_b(1+\gamma_b)\big]\dfrac{(\xi_3)^2}{2} < 0$，所以

使得 $F_\beta(B, \alpha)|_{\alpha_2 < \alpha \leqslant \alpha_3}$ 最小的 B 满足 $B = B_0$。由于 $\dfrac{\partial F_\beta(B, \alpha)|_{\alpha_2 < \alpha \leqslant \alpha_3, B = B_0}}{\partial \alpha} > 0$，所以当 $B = B_0$，α 无限接近于 α_2 时 $F_\beta(B, \alpha)|_{\alpha_2 < \alpha \leqslant \alpha_3}$ 取极小值。此时有

$$\min_{(B, \alpha)} F_\beta(B, \alpha)|_{\alpha_2 < \alpha \leqslant \alpha_3} = -Z(1 + \gamma_b) + K(1 + \gamma_b)(c_k + c_p) - \gamma_k c_k K - pK$$
$$- (D - K)\frac{(1 - \beta)p[p - c_b(1 + \gamma_b)]}{2(1 + \gamma_b)c_b}$$

d. 当 $\alpha > \alpha_3$ 时，$F_\beta(B, \alpha)|_{\alpha > \alpha_3} = \alpha$，$\dfrac{\partial F_\beta(B, \alpha)|_{\alpha > \alpha_3}}{\partial \alpha} = 1$，当 α 无限接近于 α_3 时 $F_\beta(B, \alpha)|_{\alpha > \alpha_3}$ 取极小值 α_3。

比较 α 在以上四个不同区间时 $F_\beta(B, \alpha)$ 的极小值可以发现，当 $B \leqslant B_0$ 时，令 $F_\beta(B, \alpha)$ 取极小值的 (B, α) 由式（4-5）式（4-6）确定，其极小值由式（4-7）确定。

②其次，考察当 $B > B_0$ 时的情形。采用和上一步同样的方法可得，当 $B > B_0$ 时使得 $F_\beta(B, \alpha)$ 取极小值的 B 无限接近于 B_0，而 α 无限接近于

$$\alpha^* = \left(-1 + \frac{1}{2}\beta\right)(D - K)[p - c_b(1 + \gamma_b)] - [pK + Z(1 + \gamma_b) - K(1 + \gamma_b) \cdot (c_k + c_p) + \gamma_k c_k K]，且有$$

$$\min F_\beta(B, \alpha)|_{B > B_0} = -Z(1 + \gamma_b) + K(1 + \gamma_b)(c_k + c_p) - \gamma_k c_k K - pK$$
$$+ (D - K)\frac{(2 - \beta)(-2 + 3\beta)[p - c_b(1 + \gamma_b)]}{8(1 - \beta)}$$

$$(4-8)$$

比较式（4-7）和式（4-8）可以发现 $\min F_\beta(B, \alpha)|_{B \leqslant B_0} \leqslant \min F_\beta(B, \alpha)|_{B > B_0}$。所以当 $D > K$ 时，最优订货数量、$L(B, \xi)$ 的风险值、条件风险值分别如式（4-5）~式（4-7）所示。命题 4-1 证毕。

从命题 4-1 可以看出，当 $D > K$ 时，单位订货价格、销售单价、风险规避程度、借贷利率等因素都会影响新创企业向 OEM 供应商的订货数量。为使计算简化，记

$$\delta = \sqrt{\frac{p^2}{c_b(1 + \gamma_b)[p(1 - \beta^2) + c_b(1 + \gamma_b)\beta^2]}} \qquad (4-9)$$

式中，δ 为新创企业向 OEM 供应商的订货数量相对于自有产能与市场需求缺口的倍数，以下简称为订货放大倍数。由命题 4-1 可得推论 4-1。

推论 4-1 当 $D > K$ 时，新创企业向 OEM 供应商的订货数量超过自有产能相对于市场需求的缺口，且新创企业的订货数量随着风险规避程度、产

品销售价格的增加而增加，随紧急订货价格、借贷利率的增加而降低。

证明：由式（4-9）和前述假设可以看出 $\delta>1$，所以当 $D>K$ 时 $B^*>D-K$，且 $\frac{\partial\delta}{\partial\beta}>0$，$\frac{\partial\delta}{\partial p}>0$，$\frac{\partial\delta}{\partial c_b}<0$，$\frac{\partial\delta}{\partial\gamma_b}<0$，因此推论 4-1 证毕。

推论 4-1 中现象产生的主要原因在于 OEM 供应商对新创企业的供给不能完全保证，且具有不确定性，当市场需求信息显示后新创企业决策者不得不增加向 OEM 供应商的订货数量。新创企业决策者的风险规避程度越高，越是不愿意冒失去潜在销售机会的风险，因而订货数量越多。

4.4.3 最优产能的确定

回到第一个阶段的决策问题，即确定新创企业最优的自有产能。根据假设显然 $\underline{D}\leqslant K^*\leqslant\overline{D}$。在运营一期结束时，给定 e^* 和 B^*，新创企业偿还债务本金和利息后的全部股东权益价值为

$$\pi(K)=p\min(Q+\xi B^*,\ D)+(Z-c_pQ-\xi c_bB^*)-(1-\gamma_k)c_kK-\gamma_be^*$$

$$(4-10)$$

式中，e^* 和 B^* 分别由式（4-1）和式（4-4）决定。依然使用 CVaR 准则，记损失函数为 $L'(K)=-\pi(K)$。引入函数 $F'_\beta(K,\chi)=\chi+(1-\beta)^{-1}E[[L'(K)-\chi]^+]$。求解 $\min_{(K,\chi)}F'_\beta(K,\chi)$，可得命题 4-2。

命题 4-2 在 CVaR 风险度量准则下，新创企业的最优产能为

$$K^*=\underline{D}+(1-\beta)(\overline{D}-\underline{D})\left[1-\frac{c_k(1+\gamma_b-\gamma_k)}{p-c_p(1+\gamma_b)}\right]\qquad(4-11)$$

证明： 由于损失函数 $L'(K,\xi)$ 为分段函数，故需要按照 χ 大小分区间来进行讨论。记

$$\chi_1=L'(K)|_{\xi=\frac{1}{\delta},D=\overline{D}}=-\overline{D}[p-c_b(1+\gamma_b)]-Z(1+\gamma_b)$$
$$+K(1+\gamma_b)(-c_b+c_k+c_p)-\gamma_kc_kK$$

$$\chi_2=L'(K)|_{\xi=1,D=\overline{D}}=\delta c_b(1+\gamma_b)(\overline{D}-K)-p\overline{D}-Z(1+\gamma_b)$$
$$+K(1+\gamma_b)(c_k+c_p)-\gamma_kc_kK$$

$$\chi_3=L'(K)|_{D=K}=K[-p+(1+\gamma_b)(c_k+c_p)]-Z(1+\gamma_b)-\gamma_kc_kK$$

$$\chi_4=L'(K)|_{D=\underline{D}}=-\underline{D}[p-(1+\gamma_b)c_p]-Z(1+\gamma_b)+c_kK(1-\gamma_k+\gamma_b)$$

有 $\chi_1<\chi_2<\chi_3<\chi_4$。将 χ 分为五个区间 $(-\infty,\chi_1)$、(χ_1,χ_2)、(χ_2,χ_3)、(χ_3,χ_4)、$(\chi_4,+\infty)$ 来分别展开讨论。

（1）当 $\chi \leqslant \chi_1$ 时，有

$$F'_\beta(K, \chi)|_{\chi \leqslant \chi_1} = \chi + \frac{(1-\beta)^{-1}}{\overline{D} - \underline{D}} \left\{ \frac{(K-\underline{D})^2}{2} [p - c_p(1+\gamma_b)] + \frac{(\overline{D}-K)^2}{4} \cdot \right.$$

$$\left. \left[\frac{1}{\delta} p + \delta c_b(1+\gamma_b) - 2p \right] + (\overline{D} - \underline{D})(\chi_3 - \chi) \right\}$$

由于 $\dfrac{\partial F'_\beta(K, \chi)|_{\chi \leqslant \chi_1}}{\partial \chi} = 1 - (1-\beta)^{-1} < 0$，所以使得 $F'_\beta(K, \chi)|_{\chi \leqslant \chi_1}$ 最小的 χ 满足 $\chi = \chi_1$。

（2）当 $\chi_1 < \chi \leqslant \chi_2$ 时，有

$$F'_\beta(K, \chi)|_{\chi_1 < \chi \leqslant \chi_2} = \chi + \frac{(1-\beta)^{-1}}{\overline{D} - \underline{D}} \left\{ \frac{(K-\underline{D})^2}{2} [p - c_p(1+\gamma_b)] \right.$$

$$+ \frac{(\overline{D}-K)^2 [p - (1+\gamma_b)c_b \delta]^2}{4(1+\gamma_b)c_b \delta} + (\overline{D} - \underline{D})(\chi_3 - \chi)$$

$$- \frac{p(\overline{D}-K)(\chi_3 - \chi)}{\delta c_b(1+\gamma_b)} + \frac{p(\chi_3 - \chi)^2}{2\delta c_b(1+\gamma_b)[p - (1+\gamma_b)c_b]} \cdot$$

$$\left. \left[\frac{3}{2} - \ln \frac{\chi_3 - \chi}{(p - c_b(1+\gamma_b))(\overline{D}-K)} \right] \right\}$$

由于 $\dfrac{\partial F'^2_\beta(K, \chi)|_{\chi_1 < \chi \leqslant \chi_2}}{\partial \chi^2} = \dfrac{-p(1-\beta)^{-1}}{\delta c_b(1+\gamma_b)(\overline{D} - \underline{D})[p - c_b(1+\gamma_b)]}$

$\ln \dfrac{\chi_3 - \chi}{(\overline{D}-K)[p - c_b(1+\gamma_b)]} > 0$，所以 $F'_\beta(K, \chi)|_{\chi_1 < \chi \leqslant \chi_2}$ 是 χ 的凸函数。

$F'_\beta(K, \chi)|_{\chi_1 < \chi \leqslant \chi_2}$ 对 χ 的一阶偏导数为

$$\frac{\partial F'_\beta(K, \chi)|_{\chi_1 < \chi \leqslant \chi_2}}{\partial \chi} = 1 + (1-\beta)^{-1} \left\{ -1 + \frac{p(\overline{D}-K)}{\delta c_b(1+\gamma_b)(\overline{D} - \underline{D})} \right.$$

$$- \frac{p(\chi_3 - \chi)}{\delta c_b(1+\gamma_b)(\overline{D} - \underline{D})[p - c_b(1+\gamma_b)]} \cdot$$

$$\left. \left[1 - \ln \frac{\chi_3 - \chi}{(p - c_b(1+\gamma_b))(\overline{D}-K)} \right] \right\}$$

由于 $\dfrac{\partial F'_\beta(K, \chi)|_{\chi_1 < \chi \leqslant \chi_2}}{\partial \chi} < 0$，$F'_\beta(K, \chi)|_{\chi_1 < \chi \leqslant \chi_2}$ 单调递减，当 $\chi = \chi_2$ 时 $F_\beta(K, \chi)|_{\chi_1 < \chi \leqslant \chi_2}$ 取极小值。

（3）当 $\chi_2 < \chi \leqslant \chi_3$ 时，有

$$F'_\beta(K, \chi)\big|_{\chi_2 < \chi \leqslant \chi_3} = \chi + \frac{(1-\beta)^{-1}}{2(\overline{D} - \underline{D})}\bigg\{[p - c_p(1+\gamma_b)](K - \underline{D})^2$$

$$+ 2(K - \underline{D})(\chi_3 - \chi) + \frac{3(\chi_3 - \chi)^2}{2\delta[p - c_b(1+\gamma_b)]}$$

$$- \frac{(\chi_3 - \chi)^2}{\delta[p - c_b(1+\gamma_b)]}\ln\frac{\chi_3 - \chi}{(\overline{D} - K)[p - c_b(1+\gamma_b)]}$$

$$- \frac{(\chi_3 - \chi)^2}{\delta c_b(1+\gamma_b)}\ln\frac{p - \delta c_b(1+\gamma_b)}{p - c_b(1+\gamma_b)}\bigg\}$$

由于 $\dfrac{\partial F'_\beta(K, \chi)\big|_{\chi_2 < \chi \leqslant \chi_3}}{\partial \chi} < 0$，使得 $F'_\beta(K, \chi)\big|_{\chi_2 < \chi \leqslant \chi_3}$ 取极小值的 χ 为 $\chi =$

χ_3。又由一阶条件 $\dfrac{\partial F'_\beta(K, \chi)\big|_{\chi = \chi_3}}{\partial K} = 0$ 可知使得 $F'_\beta(K, \chi)\big|_{\chi_2 < \chi \leqslant \chi_3}$ 取极小值的

K 为 $K = \underline{D} + (1-\beta)(\overline{D} - \underline{D})\left[1 - \dfrac{c_k(1+\gamma_b - \gamma_k)}{p - c_p(1+\gamma_b)}\right]$，并且有

$$\min F'_\beta(K, \chi)\big|_{\chi_2 < \chi \leqslant \chi_3} = K[-p + (1+\gamma_b)(c_k + c_p)] - Z(1+\gamma_b) - \gamma_k c_k K$$

$$+ (1-\beta)^{-1}[p - c_p(1+\gamma_b)]\frac{(K - \underline{D})^2}{2(\overline{D} - \underline{D})} \qquad (4-12)$$

（4）当 $\chi_3 < \chi \leqslant \chi_4$ 和 $\chi > \chi_4$ 时，有 $\dfrac{\partial F'_\beta(K, \chi)\big|_{\chi_3 < \chi \leqslant \chi_4}}{\partial \chi} = \dfrac{\partial F'_\beta(K, \chi)\big|_{\chi > \chi_4}}{\partial \chi} =$

1，所以使得 $F'_\beta(K, \chi)\big|_{\chi > \chi_4}$ 取极小值的 χ 必定无限接近于 χ_3。

综上所述，$F'_\beta(K, \chi)$ 的最小值由式（4-12）决定，对应的风险值为

$\chi = \chi_3$。证毕。

推论 4-2 在 CVaR 风险度量准则下，新创企业的最优产能水平 K^* 与自有资金水平无关，而随着产品销售价格、资产净值率的增加而增加，随着决策者风险规避程度、单位产能投资成本、单位自制成本、借贷利率的增加而降低。

证明： 由前述假设和式（4-11）可得 $\dfrac{\partial K^*}{\partial Z} = 0$，$\dfrac{\partial K^*}{\partial p} > 0$，$\dfrac{\partial K^*}{\partial \gamma_k} > 0$，

$\dfrac{\partial K^*}{\partial \beta} < 0$，$\dfrac{\partial K^*}{\partial c_k} < 0$，$\dfrac{\partial K^*}{\partial c_p} < 0$，$\dfrac{\partial K^*}{\partial \gamma_b} < 0$。证毕。

推论 4-2 表明，决策者越是风险规避，在产能建设投资上越是保守。向 OEM 供应商紧急采购的价格并不会影响到最优产能水平，而是通过紧急采购的订货数量来间接影响新创企业的运营。

命题 4 - 3 在 CVaR 风险度量准则下，损失不超过相应风险价值 χ^* 的概率，即股东权益价值超过 $-\chi^*$ 的概率为 $\beta \times 100\%$，其中

$$\chi^* = -\underline{D}[p - (1 + \gamma_b)(c_p + c_k) + \gamma_k c_k] - Z(1 + \gamma_b)$$
$$- (1 - \beta)(\overline{D} - \underline{D})\frac{[p - (1 + \gamma_b)(c_p + c_k) + \gamma_k c_k]^2}{p - c_p(1 + \gamma_b)} \qquad (4 - 13)$$

证明： 由命题 4 - 2 的证明过程可知使得 $F'_\beta(K, \chi)$ 取极小值的 χ 为 $\chi^* = \chi_3$。将式（4 - 11）代入 $\chi^* = \chi_3$ 即可得式（4 - 13）。证毕。

式（4 - 13）也可将 β 看作置信水平，与期望值决策准则只能获得股东权益价值的期望值相比，在 CVaR 风险度量准则下，通过令置信水平 β 取不同值，然后据式（4 - 13）决策者可以获得股东权益价值更多的分布信息，从而能更好地帮助决策者作出满意的决策。

4.5　算　例

本节首先通过数值计算来显示风险规避程度和借贷利率对新创企业订货放大倍数和最优产能的影响。对市场需求、单位成本、单位销售价格和资产净值率各参数赋值以下并始终维持不变：$\underline{D} = 20$，$\overline{D} = 30$，$c_k = 2$，$c_p = 0.5$，$c_b = 4$，$p = 8$，$\gamma_k = 0.80$。取 $\gamma_b \in [0, 0.5]$，$\beta \in [0, 1]$，根据式（4 - 9）和式（4 - 11），利用 Matlab 软件得到在不同风险规避程度和不同借贷利率下的订货放大倍数和最优产能水平，如图 4 - 1 和图 4 - 2 所示。从图 4 - 1 可以看出，订货放大倍数 δ 总是随着风险规避程度 β 的增加而增加，表明面对同样的需求缺口时，风险规避程度更高的新创企业更愿意增加对供应商的订货数量，企业更不愿意冒失去潜在销售机会的风险，而在同一风险规避程度下债权融资的成本越高，新创企业的订货放大倍数越低。从图 4 - 2 可以看出，新创企业最优产能水平随着风险规避程度和借贷利率的增加而降低，这表明新创企业越是风险规避，债权融资的成本越高，在产能建设投资上越是保守。相对于借贷利率，风险规避程度对产能投资的影响要更显著一些。

随后考察新创企业股权价值的风险值与初始自有资金和风险规避程度之间的关系。取 $\gamma_b = 0.20$，$Z \in [0, 50]$，其他参数赋值不变。根据式（4 - 13），利用 Matlab 软件得到在不同风险规避程度和不同初始自有资金下股东权益价值的风险值（$-\chi^*$），如图 4 - 3 所示。从图中可以看出，新创企业股权价值的风险值随着风险规避程度的增加而降低，这表明新创企业越是风险规避，初始自有资金水平越低，相应的股东权益价值的风险值也越小。

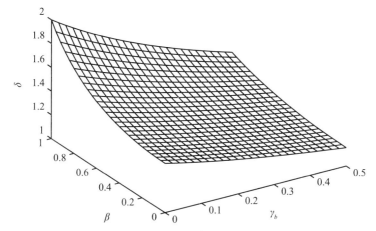

图 4-1　不同风险规避程度和借贷利率下的订货放大倍数

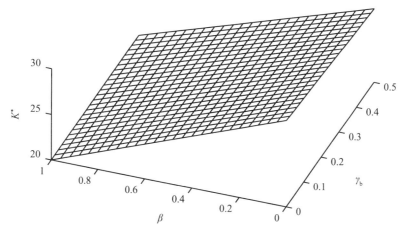

图 4-2　不同风险规避程度和借贷利率下的最优产能

　　最后考察一下经营期结束时实际股东权益价值的大小。取 $\beta = 0.30$，$\gamma_b = 0.20$，$Z = 50$，其他参数取值保持不变。由式（4-9）可得订货放大倍数为 $\delta = 1.315$，由式（4-11）可得最优产能水平为 $K^* = 26.24$。由式（4-1）和式（4-2）可得在实际需求、供应商的订货满足率信息显示后的借贷金额和一期经营结束时的股东权益价值。图 4-4 描绘了在不同的市场需求和订货满足率下股东权益价值的大小。从图中可以看出当实际市场需求不超过产能水平时，因为不需要向供应商订货，股东权益价值和订货满足率无关，而随市场需求的增加而增加。当实际市场需求超过产能水平时，股东权益价值随市场需求的增加而增加，而当订货满足率 $\xi \geqslant \frac{1}{\delta} = 0.76$
时，股东权益价值随订货满足率的增加而降低；当 $\xi < 0.76$ 时，股东权益价值随订货满足率的增加而增加，即订货满足率 $\xi = \frac{1}{\delta}$ 时对新创企业是最有利的。总体而言，当 $D = \overline{D}$，$\xi = \frac{1}{\delta}$ 时股东权益价值取得最大值，当 $D = \underline{D}$ 时股东权益价值取得最小值。

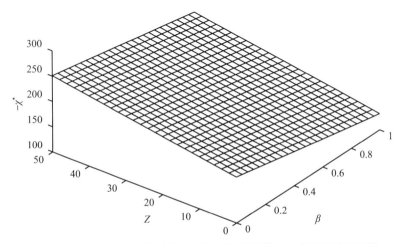

图 4-3　不同风险规避程度和不同自有资金下股东权益价值的风险值

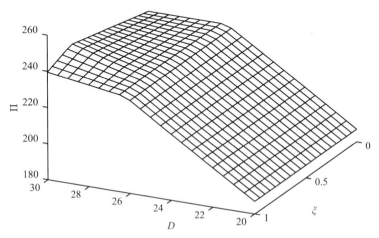

图 4-4　不同需求和订货满足率下的股东权益价值

4.6 结　论

本章研究了由一个风险中性的 OEM 供应商、一个风险规避的新创企业和需求市场组成的供应链中，在 CVaR 风险度量准则下资金约束的新创企业在产能设置、订购数量、借款金额等方面的最优决策。得出以下研究结论和管理启示。

（1）在向 OEM 供应商紧急订货时，由于供应的不确定性新创企业的订货数量要超出自身产能相对于市场需求的缺口，订货放大倍数主要受到决策者风险规避程度、产品销售价格、紧急采购价格、借贷利率这四个因素的影响。决策者风险规避程度、市场销售价格越高，订货放大倍数应越大；而紧急采购价格、借贷利率越高，订货放大倍数则应越低。

（2）在设置新创企业的最优产能时，应综合考虑决策者风险规避程度、单位产能投资成本、单位自制成本、资产保值率等因素的影响。最优产能水平应随风险规避程度、单位产能投资成本、单位自制成本的增加而降低，而随资产保值率的增加而提高。

（3）在 CVaR 度量准则下，股东权益价值的风险价值与决策者的风险规避程度负相关。决策者可以据此发现一个经营期结束时股东权益价值在不同的置信水平下的最小值，并做出与自己的风险承受能力相适应的产能投资、外购订货数量等运营方面的选择。

本章的研究只考察了新创企业运营一期的最优决策，如果将研究拓展为多周期时就需要考虑不同期间新创企业的产能是否可动态调整、库存和销售订单能否保留至下一期等问题。此外，还假设新创企业的借贷金额无限制以及借贷利率是外生变量，后续的研究中还可以考虑借贷机构和新创企业之间的博弈是否会影响到利率的大小以及借贷条件等。

第5章 供需随机和资金约束下新创企业的运营决策

5.1 引　　言

当前，创新与创业作为经济发展的重要引擎正受到我国政府的大力鼓励与扶持，民众的创业热情日渐高涨。一方面，每年新创企业数量呈现大幅增长之势；另一方面，大量新创企业正在走向失败。相较于成熟企业，新创企业尤其是进入新兴产业的新企业，面临着更不确定的外部环境、更难以预测的市场需求和更为严重的资金约束。对具有资金约束的新创企业而言，如何进行产能等方面的运营决策是摆在其面前的重要问题（彭鸿广、聂雪丽和刘云霞，2021）。

以新能源汽车产业为例。有关选择代工模式还是自建工厂的话题一直就争论不休。新造车企业如雨后春笋般进入市场，尤其是在互联网跨界之后，很多新造车者试图复制手机发展模式，以代工的方式，寻求一条发展新能源汽车的捷径。有观点认为代工模式有很多好处，毕竟与成熟汽车企业共享产能，不仅可以提高投入产出效率，也可以缓解公司投资新工厂的财务压力，更是可以绕过政策的门槛，从而快速进入市场。"在全国已有那么多多余优质产能的情况下我们再去重复建设生产厂，这就是浪费了。"蔚来汽车创始人李斌曾在多个公开场合阐释选择代工而非自建工厂的逻辑。蔚来是全球化的智能电动汽车品牌，于2014年11月成立。2016年4月，蔚来汽车与江淮汽车签署了《制造合作框架协议》。根据蔚来汽车与江淮汽车签署的协议，双方将全面推进新能源汽车、智能网联汽车产业链合作，预计整体合作规模约100亿元。同时双方明确，江淮汽车负责进行蔚来汽车新能源汽车的生产，初步确认产销量计划为5万辆/年。在李斌看来，采用代工模式具有以下三点优势：新创公司从头开始去做制造不会比现有汽车企业做得好；尊重制造行业，选择自己擅长的事情；国内汽车制造产能过剩，共用产能可以提高投入效率，同时也缓解公司投资新工厂的财务压力。不过，很快传出蔚来汽车自建工厂将落户上海市嘉定区外冈镇的消息。相关信息显示，新工厂规划土地 800 亩左右。2019 年 3 月 5 日，蔚来汽车（纽约交易所代码：NIO）公布其 2018 年度未经审计的财务报告。蔚来 2018 年年度总收入为 49.51 亿元，2018 年全年经营性亏损为 95.96 亿元，同 2017 年相比增长 93.7%。2019 年外部的形势和环境对于它而言，并不乐观。一方面，中国的新能源汽车补贴政策正酝酿更大比例的退坡，这已经在一定程度上引发了市场的动荡；另一方面，特斯拉在全球范围内的价格下调以及即将国产，在业内看来是对包括蔚来在内的造车新企最大的挑战。对于蔚来这类在规模和成本上尚未形成一定优势的企业而言，补贴的退坡以及外来力量的夹击都将使得其面临一定的资金和市场压力。在 2018 年度财报发布的同时，其宣布将暂停在上海嘉定的自建工厂项目。背后的原因蔚来解释为，一方面，政府在新的产业投资管理政策中对"代工"模式的首肯和认可；另一方面，从投资效率的角度看，现有的合作伙伴产能，能满足 2~3 年内蔚来汽车的产品需求。在发布会上，蔚来表示第三款车也将有望在江淮进行生产。在发布中，李斌还表示，基于上述策略调整，蔚来会有中长期的开支节省，这能使得该公司整个业务现金流更加丰富（杨海艳、武子晔，2019）。

与蔚来形成对照的是，2020 年 10 月 20 日，小鹏汽车官方公开透露，其量产车型 P7 的第 10000 台在肇庆智能工厂正式下线，这距离第一辆小鹏 P7 下线仅过去 160 天。2020 年 5 月 19 日，工业和信息化部（以下简称工信部）发布的第 332 批《道路机动车辆生产企业及产品公告》（以下简称公告）中，小鹏汽车已经具备了整车生产许可。小鹏汽车自此告别"代工模式"，并表示肇庆工厂主要用于生产其第二款量产车型小鹏 P7。肇庆工厂是小鹏汽车的首个自建工厂。早在 2017 年 5 月，小鹏汽车就投资 20 亿元自建了肇庆工厂，总产能 10 万辆。该工厂于 2019 年竣工，不久后完成小鹏 P7 工程试制车的小批量试生产。小鹏汽车成立于 2014 年，总部位于广州，是广州橙行智动汽车科技有限公司旗下的互联网电动汽车品牌，由何小鹏、夏珩、何涛等发起，团队主要成员来自广汽、福特、宝马、特斯拉、德尔福、法雷奥等知名整车与大型零部件公司，以及阿里巴巴、腾讯、小米、三星、华为等知名互联网科技企业。小鹏汽车联合创始人何小鹏曾表示，未来智能电动汽车的基础在于制造，核心在于运营，电动和汽车核心是硬件，而硬件体系里面的研发、生产、制造、品质是基础。因此，即使此前小鹏汽车和海马汽车已经共同打造了一个智能工厂，何小鹏仍坚持寻找资质，自建工厂。自主生产模式下，产品的效率、成本和质量都可以完全受车企掌控，自主生产对于产品生产的节奏把控和品质把控则更有优势。此外，自建工厂也是一项和资本市场谈判的利器。2020 年 9 月，小鹏 P7 单月交付 2573 辆，环比增长 25.56%，并且自 6 月底启动交付以来，连续 3 个月实现增长。交付量正处于稳步爬坡的造车新势力，提前预备产能也显得分外重要。2020 年 9 月 28 日，肇庆工厂仅投产 3 个月后，小鹏汽车智能网联汽车智造基地（以下简称"广州智造基地"）奠基开建，并引入广州国资 40 亿元融资，计划于 2022 年年底建成投产。长远来看，广州智造基地与肇庆工厂是小鹏汽车未来发展战略布局中不可或缺的一部分。而作为坚定的"自建工厂派"代表，威马创始人、董事长兼 CEO 沈晖的观点较有代表性。在他看来，只有自建工厂，才能从源头控制产品品质，而把生产交给别人会"睡不着"。全国乘用车联合会秘书长崔东树表示，"相比较而言，布局自建工厂可以更容易获得消费者和投资者的信任，有助于提升企业估值；而地方政府也特别乐于引进这样的公司，在土地、税收等方面容易获得更多支持；同时也是为了储备产能，为后期推出的车型做量产准备。"（张家振和陈茂利，2018）

从上述蔚来和小鹏汽车的例子可以看出，企业在制造模式、产能决策问题上受到诸多因素的影响，包括宏观政策、市场竞争、品控、资金等。实践中也发现，在新能源汽车行业，完全代工模式、部分代工模式和完全自制模式并存，企业也在根据需要不断调整自身的策略。本章从理论上研究受资金约束的新创企业，在上游供应和下游市场需求都存在不确定性的情形下，如何进行产能和融资的决策，以及资金水平对决策的影响。和第 4 章假设决策者是风险规避以及资金水平很低不同的是，本章讨论的决策者是风险中性的，资金水平也呈现出不同的水平。

据格里高利等（Gregory et al.，2005）的调查，新创企业在初创期的资本主要来自内部人融资即创业者自有资金、家庭及朋友等，越过初创期后新创企业开始成长壮大，资金需求量剧增，其主要融资渠道逐渐向外部转变。如果新创企业能够通过外部债权融资来满足资金需求，在产能和生产决策中就必须考虑债权融资的影响。波萨尼、托马斯和阿奇博尔德（2003）发现尽管最大化长期存活概率的新创企业在采购战略上应比成熟企业保守，但也不应过于保守。曹国昭和齐二石（2016）研究了最大化生存概率的新创企业与利润最大化目标的成熟企业相互竞争时新创企业的产量柔性技术选择及产能投资决策。

除了债权融资，受资金约束的新创企业在成长壮大的过程中通常还会谋求多轮股权融资，例如均成立于 2012 年的滴滴出行和快的打车，为抢占移动出行市场份额，两者先后各进行了 5 轮（含天使轮）股权融资以拓展市场（路璐，2019）。在股权融资中企业估值是股权投资者和企业所有者之间讨论的关键问题之一，而企业管理者的运营策略无疑对企业估值有至关重要的影响。巴比奇和索贝尔（2004）考察了当 IPO 所得主要受规模和财务绩效影响时，企业应当如何进行产能扩张和生产数量决策使企业 IPO 所得最大化。于辉和王宇（2018）基于传统的市净率估值方法，探讨投融资双方博弈下的企业最优估值，考察了企业的最优努力水平以及固定资产的变化对企业估值产生的影响。

和上述研究产能与融资协同决策问题的文献都有所不同，本书将研究对象聚焦于面临自制和外包模式选择的新创企业，同时考虑市场需求和 OEM 供应的不确定性，为更符合新创企业往往受初始自有资金约束和具有强烈融资需求的实际，将股权价值最大化作为企业运营目标，研究新创企业在不同的初始自有资金水平下产能和外购订货数量的最优决策，发现新创企业初始资金的大小、OEM 供应的不确定性等因素对最优产能设置和外购订货数量的影响。以下首先进行问题描述，提出基本假设，然后分析新创企业在三种不同的初始资金水平下的最优产能和订货数量决策，并通过数值实验进行验证，最后总结并给出未来研究方向的建议。

5.2 问题描述与基本假设

考虑由 OEM 供应商、新创企业和需求市场组成的供应链。新创企业的初始自有资金水平为 Z，当资金不足时可以从银行或其他机构处以利率 γ_b 借贷资金 e。新创企业的产能决策需在真实市场需求信息实现之前作出。产能投资的资金来源可以是自有资金也可以是借贷资金。新创企业产能总投资是产能的线性函数，单位产能的投资成本为 c_k（Ni, Chu & Li, 2017）。新创企业自建产能 K 之后，通过自身的生产或从 OEM 供应商处采购产品，以价格 p 向市场销售来满足市场需求。新创企业自身的生产具有完全的确定性。新创企业的自制数量为 Q，自制的单位可变成本为 c_p。当新创企业自制数量不足以满足市场需求时，可以从 OEM 供应商处以单位成本 c_b 紧急采购完全相同的产品。用 γ_k 表示运营一期后固定资产的净值率，也就是当运营一期结束时新创企业产能建设形成固定资产的净值为 $\gamma_k c_k K$。相应事件的发生时序如图 5 – 1 所示。

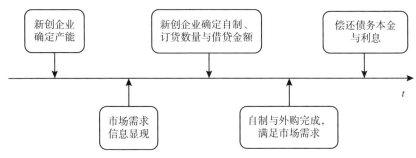

图 5 – 1　相应事件的发生时序

考虑到运营期末的融资目的，新创企业的目标为一个运营期结束时全部股东权益价值的最大化。按照发生时间的先后顺序，新创企业的决策问题依次为：产能决策；实际需求信息显示后的外购订货数量决策。采用以下假设。

（1）考虑到现今在消费电子行业、新能源汽车行业、按需定制、时尚相关行业中的一些新产品，消费者需要先预订，待产品完成后再交付，这样的现象已经越来越常见，因此假设新创企业可以在真实的市场需求信息显示之后确定自制数量。

（2）不失一般性，新创企业的单位产能投资成本 c_k、自制的单位可变成本 c_p、外购单位成本 c_b、单位销售价格 p 之间满足 $c_k + c_p < c_b < p$。

（3）市场需求 D 服从 $\left[\underline{D}, \overline{D}\right]$ 的均匀分布，分别用 $f(\cdot)$ 和 $F(\cdot)$ 表示市场需求的概率密度函数和分布函数。

（4）OEM 供应商对新创企业的供应具有不确定性，当新创企业从 OEM 供应商处紧急采购数量 B 时，OEM 供应商不能保证全部满足。这是因为新创企业在供应链中的弱势地位，也可能是因为供应商的产能不足引起的。供应商的订货满足率 ξ 服从 $\left[\xi_1, \xi_2\right]$ 的均匀分布，$0 \leqslant \xi_1 < \xi_2 \leqslant 1$。分别用 $g(\cdot)$ 和 $G(\cdot)$ 表示订单满足率 ξ 的概率密度函数和分布函数。

（5）当向 OEM 供应商紧急订货数量为 B 时，为保证供应新创企业必须至少保有资金 $\xi_2 c_b B$。新创企业在供应商关系中往往处于弱势地位，在向比较强势的供应商订货时有时甚至不得不预付全款。

（6）当运营一期结束时若新创企业自制数量与外购获得数量之和低于

需求时，无缺货成本。当超过市场需求，未销售出去的产品残值为 0。

（7）借贷总金额无上限，借贷行为可分多次进行。借贷市场是完全竞争的，借贷利率为常数，且有 $\gamma_b < \dfrac{(\xi_1 + \xi_2)(p - c_b)}{2\xi_2 c_b}$，这样可以保证借款对新创企业而言是有利可图的。

（8）决策者是风险中性的。

5.3　模型分析

本节主要分析在不同初始自有资金水平下新创企业的产能水平、外购订货数量和债权融资的最优决策。可将新创企业的决策分为两个阶段，即采用逆向归纳法首先求得最优的订货数量，然后再推导出最优产能设置。在股东权益价值评估方法上，采用基于净资产的相对估值方法。基于 5.2 节假设，在运营一期结束时，新创企业的全部股东权益价值为

$$\prod(K, B, e) = p\min(Q + \xi B, D) + (Z - c_p Q - \xi c_b B) - (1 - \gamma_k)c_k K - \gamma_b e \tag{5-1}$$

股东权益价值越大，越有利于新创企业开展后续的股权或债权融资，因而最优产能由式（5-2）确定，即

$$K^* \in \arg\max_K E\left[\prod(K, B, e)\right] \tag{5-2}$$

按照新创企业初始自有资金的大小分为三种情形来分别进行讨论：Ⅰ. 当 $Z < Z_1$ 时，初始资金非常匮乏，无论产品的市场需求大小，新创企业都需要通过借贷来筹集用于产能建设、自制或外购的资金[①]；Ⅱ. 当 $Z_1 \leq Z < Z_2$ 时，资金比较紧张，只有当市场需求较低时新创企业不需要借贷；Ⅲ. 当 $Z_2 \leq Z < Z_3$ 时，资金较充分，只有当市场需求较高时才需要借贷。其中 Z_1、Z_2、Z_3 为初始自有资金的不同临界值，且 $Z_1 < Z_2 < Z_3$。以下分别用 e_i^j、B_i^j、$\prod_i^j$、$\pi_i^j(i = 1, 2, 3, 4; j = Ⅰ, Ⅱ, Ⅲ)$ 来表示在情形 j 下市场需求位于第 i 个区间时的借贷数量、外购订货数量、股东权益价值及股东权益价值的期望值，用 $K^j(j = Ⅰ, Ⅱ, Ⅲ)$ 表示在情形 j 下新创企业的产能。

---

① 当初始资金非常紧张时，新创企业是否会采用这样一种较保守的策略：设置极低或根本不设置自己的产能，使得在市场需求较少时不需要借贷资金？在作出这样的假设并进行验证后发现不会出现此种情形，证明过程略。

用 K_1 和 K_2 分别表示初始自有资金为 Z_1 和 Z_2 时的产能。

5.3.1 初始自有资金非常紧张时新创企业的最优决策

当初始资金 $Z < Z_1$，当 $D \geqslant \underline{D}$ 时新创企业就需要借贷，所以有 $Z_1 = c_k K^{\mathrm{I}} + c_p \underline{D}$。将市场需求分为以下两个不同区间来讨论股东权益价值的大小。

(1) 当 $D \in [\underline{D}, K^{\mathrm{I}}]$ 时，由于 $c_b > c_p$，新创企业会选择自制来满足市场需求，因而市场需求总能由自制满足，不需要外购，此时的借贷数量 $e_1^{\mathrm{I}} = c_k K^{\mathrm{I}} + c_p D - Z$。由式（5-1），运营一期结束时股东权益价值为

$$\prod{}_1^{\mathrm{I}} = D(p - c_p - \gamma_b c_p) + Z(1 + \gamma_b) - c_k K^{\mathrm{I}}(1 - \gamma_k + \gamma_b) \quad (5-3)$$

(2) 当 $D \in (K^{\mathrm{I}}, \overline{D}]$ 时，由于市场需求大于新创企业产能，新创企业需要外购。新创企业面临的问题为向 OEM 供应商订购多少数量的产品。此时有

$$\prod{}_2^{\mathrm{I}} = [p\min(K^{\mathrm{I}} + \xi B_2^{\mathrm{I}}, D) - \xi c_b B_2^{\mathrm{I}}] + (Z - c_k K^{\mathrm{I}} - c_p K^{\mathrm{I}}) + \gamma_k c_k K^{\mathrm{I}} - \gamma_b e_2^{\mathrm{I}}$$
$$(5-4)$$

由于 OEM 供应商的订货满足率是随机的，因此对式（5-4）求期望得

$$\pi_2^{\mathrm{I}} = \int_{\xi_1}^{\xi_2} \prod{}_2^{\mathrm{I}} g(\xi)\mathrm{d}\xi = -\frac{1}{B_2^{\mathrm{I}}} \frac{p(D - K^{\mathrm{I}})^2}{2(\xi_2 - \xi_1)} - B_2^{\mathrm{I}} \frac{c_b \xi_2^2 - c_b \xi_1^2 + p\xi_1^2}{2(\xi_2 - \xi_1)} + \frac{\xi_2 p D - \xi_1 p K^{\mathrm{I}}}{\xi_2 - \xi_1}$$
$$+ (Z - C_k K^{\mathrm{I}} - c_p K^{\mathrm{I}}) + \gamma_k c_k K^{\mathrm{I}} - \gamma_b e_2^{\mathrm{I}} \quad (5-5)$$

当外购订货数量为 B_2^{I} 时，因有假设（5-4），借款金额应为 $e_2^{\mathrm{I}} = \xi_2 c_b B_2^{\mathrm{I}} + K^{\mathrm{I}}(c_k + c_p) - Z$，代入式（5-5），容易推出 π_2^{I} 是 B_2^{I} 的凹函数，由一阶条件 $\frac{\partial \pi_2^{\mathrm{I}}}{\partial B_2^{\mathrm{I}}} = 0$，可得最优外购订货数量为

$$B_2^{\mathrm{I}*} = (D - K^{\mathrm{I}}) \sqrt{\frac{p}{c_b \xi_2^2 - c_b \xi_1^2 + p\xi_1^2 + 2\gamma_b \xi_2 c_b(\xi_2 - \xi_1)}} \quad (5-6)$$

记 $\xi_0 = \sqrt{\dfrac{p}{c_b \xi_2^2 - c_b \xi_1^2 + p\xi_1^2 + 2\gamma_b \xi_2 c_b(\xi_2 - \xi_1)}}$，式（5-6）可写为 $B_2^{\mathrm{I}*} = \xi_0(D - K^{\mathrm{I}})$。由假设（5-5），可推出 $\dfrac{1}{\xi_2} < \xi_0 < \dfrac{1}{\xi_1}$，且 $\xi_0 > 1$，即新创企业向 OEM 供应商订货的数量会大于自身产能相对于市场需求的缺口，ξ_0 可以看作订货数量对这一缺口的放大倍数。将 $B_2^{\mathrm{I}*}$ 代入式（5-5），并结合式（5-2）和式（5-3）可得情形 I 下的最优产能。

命题 5 – 1 当 $Z < Z_1$ 时，新创企业的最优产能为

$$K^{\mathrm{I}*} = \overline{D} - \frac{c_k(1 - \gamma_k + \gamma_b)(\overline{D} - \underline{D})}{\dfrac{p(1 - \xi_1\xi_0)^2}{2\xi_0(\xi_2 - \xi_1)} + \xi_0 c_b\left(\dfrac{\xi_1 + \xi_2}{2} + \gamma_b\xi_2\right) - c_p(1 + \gamma_b)} \quad (5-7)$$

证明：情形 I 下进行产能决策时股东权益价值的期望值为 $\pi^{\mathrm{I}} = \int_{\underline{D}}^{K^{\mathrm{I}}} \prod_1^{\mathrm{I}} f(D)\,\mathrm{d}D + \int_{K^{\mathrm{I}}}^{\overline{D}} \pi_2^{\mathrm{I}} f(D)\,\mathrm{d}D$。容易推出 π^{I} 是 K^{I} 的凹函数，由一阶条件 $\dfrac{\partial \pi^{\mathrm{I}}}{\partial K^{\mathrm{I}}} = 0$，可得式（5-7）。证毕。

推论 5 – 1 当 $Z < Z_1$ 时，$K^{\mathrm{I}*}$ 和初始自有资金 Z 的大小无关，且有 $\underline{D} < K^{\mathrm{I}*} < \overline{D}$。

证明：从式（5-7）可看出 $\dfrac{\partial K^{\mathrm{I}*}}{\partial Z} = 0$，由于 $\dfrac{(1 - \xi_1\xi_0)^2}{2\xi_0(\xi_2 - \xi_1)} + \xi_0\left(\dfrac{\xi_1 + \xi_2}{2} + \gamma_b\xi_2\right) > 1 + \gamma_b$，且有 $0 < \dfrac{c_k(1 - \gamma_k + \gamma_b)}{\dfrac{p(1 - \xi_1\xi_0)^2}{2\xi_0(\xi_2 - \xi_1)} + \xi_0 c_b\left(\dfrac{\xi_1 + \xi_2}{2} + \gamma_b\xi_2\right) - c_p(1 + \gamma_b)} < 1$，

进而可得 $\underline{D} < K^{\mathrm{I}*} < \overline{D}$。证毕。

从命题 5 – 1 和推论 5 – 1 可以看出，即使新创企业初始资金非常匮乏，即 $Z < Z_1$，也要利用债权融资来形成一定水平的产能 $K^{\mathrm{I}*}$ 以利用自制的低成本和可靠性。同时因为自有资金较少，产能只需达到 $K^{\mathrm{I}*}$ 这一底线即可。此时，影响最优产能 $K^{\mathrm{I}*}$ 的有市场需求、资产折旧率、借贷利率、订货满足率、外购成本等众多因素，且单位产能投资成本越高，最优产能水平越低。如果与假设不同，新创企业产能建设需要投入一笔与产能大小无关的较大固定费用，当固定费用高到一定程度，且初始自有资金较紧张时，新创企业的最优策略将和命题 1、推论 1 中的结论有所不同，不再是总会建设自己的产能，而是会选择完全外包。

5.3.2 初始自有资金比较紧张时新创企业的最优决策

当初始资金 $Z_1 \leqslant Z < Z_2$ 时，相较于情形 I，初始资金要充分一些，当市场需求较低即市场需求介于 $\underline{D}$ 与低于 K^{II} 的需求水平之间时，新创企业不需要借贷，因此可取 $Z_2 = (c_k + c_p)K^{\mathrm{II}}$。将市场需求分为以下 3 个不同区间来讨论股东权益价值的大小。

（1）当 $D \in \left[\underline{D}, \dfrac{Z - c_k K^{\text{II}}}{c_p}\right]$ 时，由于 $\underline{D} \leqslant D < K^{\text{II}}$，所以市场需求完全可以由自制满足，新创企业不需要向外采购，也不需要借贷。运营一期结束时股东权益价值为

$$\prod_1^{\text{II}} = D(p - c_p) + Z - c_k K^{\text{II}}(1 - \gamma_k) \tag{5-8}$$

（2）当 $D \in \left(\dfrac{Z - c_k K^{\text{II}}}{c_p}, K^{\text{II}}\right]$ 时，新创企业依靠自制就完全可以满足市场需求，因而无须外购，但由于有 $c_p D > Z - c_k K^{\text{II}}$，新创企业需要借贷，借贷金额为 $e_2^{\text{II}} = c_k K^{\text{II}} + c_p D - Z$。此时股东权益价值为

$$\prod_2^{\text{II}} = D(p - c_p - \gamma_b c_p) + Z(1 + \gamma_b) - c_k K^{\text{II}}(1 - \gamma_k + \gamma_b) \tag{5-9}$$

（3）当 $D \in (K^{\text{II}}, \overline{D}]$ 时，新创企业依靠自制不足以满足市场需求，因而需要外购。此时股东权益价值为

$$\begin{aligned}
\prod_3^{\text{II}} = {} & \left[p\min(K^{\text{II}} + \xi B_3^{\text{II}}, D) - \xi c_b B_3^{\text{II}}\right] + (Z - c_k K^{\text{II}} - c_p K^{\text{II}}) \\
& + \gamma_k c_k K^{\text{II}} - \gamma_b e_3^{\text{II}}
\end{aligned} \tag{5-10}$$

与式（5-6）的推导方法一样，可得此时最优订货数量 $B_3^{\text{II}*} = \xi_0(D - K^{\text{II}})$，借贷金额为 $e_3^{\text{II}} = \xi_2 \xi_0 c_b(D - K^{\text{II}}) + K^{\text{II}}(c_k + c_p) - Z$。代入式（5-10）可得

$$\begin{aligned}
\pi_3^{\text{II}} = {} & \int_{\xi_1}^{\xi_2} \prod_3^{\text{II}} g(\xi) \mathrm{d}\xi \\
= {} & -\frac{p(D - K^{\text{II}})}{2\xi_0(\xi_2 - \xi_1)} - \xi_0(D - K^{\text{II}}) \frac{c_b \xi_2^2 - c_b \xi_1^2 + p\xi_1^2}{2(\xi_2 - \xi_1)} + \frac{\xi_2 pD - \xi_1 pK^{\text{II}}}{\xi_2 - \xi_1} \\
& - \gamma_b \xi_2 \xi_0 c_b(D - K^{\text{II}}) + \gamma_k c_k K^{\text{II}} - (1 + \gamma_b)\left[(c_k + c_p)K^{\text{II}} - Z\right] \tag{5-11}
\end{aligned}$$

由式（5-2）、式（5-8）、式（5-9）、式（5-11）可得情形 II 下的最优产能。

命题 5-2 当 $Z_1 \leqslant Z < Z_2$ 时，新创企业的最优产能为

$$K^{\text{II}*} = \overline{D} - \frac{c_k \overline{D}\left(1 + \gamma_b - \gamma_k + \gamma_b \dfrac{c_k}{c_p}\right) - c_k \underline{D}(1 - \gamma_k) - \gamma_b Z \dfrac{c_k}{c_p}}{\gamma_b \dfrac{c_k^2}{c_p} + \dfrac{p(1 - \xi_1 \xi_0)^2}{2\xi_0(\xi_2 - \xi_1)} + \xi_0 c_b\left(\dfrac{\xi_1 + \xi_2}{2} + \gamma_b \xi_2\right) - c_p(1 + \gamma_b)} \tag{5-12}$$

证明： 在情形 II 下，产能决策时新创企业的期望股东权益价值为

$$\pi^{\text{II}} = \int_{\underline{D}}^{\frac{Z - c_k K^{\text{II}}}{c_p}} \prod_1^{\text{II}} f(D) \mathrm{d}D + \int_{\frac{Z - c_k K^{\text{II}}}{c_p}}^{K^{\text{II}}} \prod_2^{\text{II}} f(D) \mathrm{d}D + \int_{K^{\text{II}}}^{\overline{D}} \pi_3^{\text{II}} f(D) \mathrm{d}D$$

容易验证 π^{II} 为 K^{II} 的凹函数，由一阶条件 $\frac{\partial \pi^{\text{II}}}{\partial K^{\text{II}}} = 0$ 可得式 (5-12)。证毕。

推论 5-2 当 $Z_1 \leqslant Z < Z_2$ 时，最优产能 $K^{\text{II}*}$ 随初始自有资金 Z 的增加而增加。

证明： 由于 $\xi_0 \geqslant 1$，以及 $\dfrac{(1 - \xi_1 \xi_0)^2}{2 \xi_0 (\xi_2 - \xi_1)} + \xi_0 \left(\dfrac{\xi_1 + \xi_2}{2} + \gamma_b \xi_2 \right) > 1 + \gamma_b$，可以推出 $\dfrac{\partial K^{\text{II}*}}{\partial Z} > 0$。证毕。

从命题 5-2 和推论 5-2 可以看出，当 $Z_1 \leqslant Z < Z_2$ 时，新创企业的产能投资完全依靠自有资金就可完成，且随着自有资金增加，新创企业对债权融资的潜在需求会降低，可能的借贷资金利息支出相应会变少，可以将更多的资金投资在产能建设上。

推论 5-3 当初始自有资金位于临界值 Z_1 处时，新创企业的最优产能为 $K_1^* = K^{\text{I}*}$，且有 $Z_1 = c_k K_1^* + c_p \underline{D}$。

证明： 经过比较后发现 $K^{\text{II}*}|_{z=z_1} = K^{\text{I}*}|_{z=z_1}$，可以看出 K^* 在初始资金的临界点 Z_1 处是连续的，由于 $K^{\text{I}*}$ 与 Z 大小无关，所以 $K_1^* = K^{\text{I}*}$。将其代入 $Z_1 = c_k K^{\text{I}} + c_p \underline{D}$ 中，即可得 $Z_1 = c_k K_1^* + c_p \underline{D}$。证毕。

5.3.3 初始自有资金比较充分时新创企业的最优决策

情形 III 下新创企业的资金较为充分，只有当需求超过高于产能的某需求点时才需要借贷。而当初始资金进一步提高到超过 Z_3 时，新创企业则完全不存在资金约束问题，即依靠自有资金就可以满足产能投资、自制和外购的需要。将市场需求分为以下 4 个不同区间来分别展开讨论。

（1）当 $D \in [\underline{D}, K^{\text{III}}]$ 时，自有资金足以用来建设产能和自制产品满足市场需求，不需要向外部融资和采购。运营一期结束时全部股东权益价值可写为

$$\prod_1^{\text{III}} = D(p - c_p) + Z - c_k K^{\text{III}}(1 - \gamma_k) \tag{5-13}$$

（2）存在市场需求水平 D_1 满足 $K^{\text{III}} < D_1 \leqslant \overline{D}$，当 $D \in (K^{\text{III}}, D_1]$ 时，新创企业依然不需要通过借贷资金就能满足全部市场需求。由于此时 $D > K^{\text{III}}$，新创企业需要外购。采用与式 (5-6) 相同的推导方法可得最优外购订货数量为

$$B_2^{\text{III}*} = (D - K^{\text{III}}) \sqrt{\frac{p}{c_b \xi_2^2 - c_b \xi_1^2 + p \xi_1^2}} \qquad (5-14)$$

记 $\xi' = \sqrt{\dfrac{p}{c_b \xi_2^2 - c_b \xi_1^2 + p \xi_1^2}}$，式（5-14）可写为 $B_2^{\text{III}*} = \xi'(D - K^{\text{III}})$。容易发现 $\dfrac{1}{\xi_2} < \xi' < \dfrac{1}{\xi_1}$ 以及 $\xi' > \xi_0$，可见相对于需要借贷资金时，此时的外购订货数量会将产能相对于市场需求缺口的放大倍数进一步变大，主要是因为无须考虑借贷资金的使用成本。D_1 是临界值意味着当 $D = D_1$ 时新创企业在投资产能和自制产品后剩余的资金正好全部用来订购数量为 $\xi'(D_1 - K^{\text{III}})$ 的产品，因此 $D_1 = K^{\text{III}} + \dfrac{Z - c_k K^{\text{III}} - c_p K^{\text{III}}}{\xi' \xi_2 c_b}$。此时

$$\begin{aligned}
\pi_2^{\text{III}} &= \int_{\xi_1}^{\xi_2} \big[p\min(K^{\text{III}} + \xi B_2^{\text{III}*}, D) + (Z - c_k K^{\text{III}} - c_p K^{\text{III}} - c_b \xi B_2^{\text{III}*}) \\
&\quad + \gamma_k c_k K^{\text{III}} \big] g(\xi) \mathrm{d}\xi \\
&= -(D - K^{\text{III}}) \frac{p}{\xi'(\xi_2 - \xi_1)} + \frac{\xi_2 pD - \xi_1 pK^{\text{III}}}{\xi_2 - \xi_1} + Z + K^{\text{III}}(\gamma_k c_k - c_k - c_p)
\end{aligned}$$

$$(5-15)$$

（3）存在市场需求水平 D_2 满足 $D_1 < D_2 \leqslant \overline{D}$，当 $D \in (D_1, D_2]$ 时，新创企业可以有两种不同的选择：一是选择从外部借贷资金，按照式（5-6）确定的订购数量 $\xi_0(D - K^{\text{III}})$ 向 OEM 供应商订货，但是由于 $\xi_0(D - K^{\text{III}}) < \xi'(D - K^{\text{III}})$，借贷的资金并不能发挥其应有的杠杆作用；二是选择不借贷，但是因资金问题外购数量达不到订购数量 $\xi'(D - K^{\text{III}})$。经过比较可以发现第二种选择对新创企业更优一些，因而 $D_2 = K^{\text{III}} + \dfrac{Z - c_k K^{\text{III}} - c_p K^{\text{III}}}{\xi_0 \xi_2 c_b}$。当 $D \in (D_1, D_2]$ 时实际的外购订货数量为 $\dfrac{Z - c_k K^{\text{III}} - c_p K^{\text{III}}}{\xi_2 c_b}$。从而

$$\pi_3^{\text{III}} = \int_{\xi_1}^{\xi_2} \big[p\min(K^{\text{III}} + \xi B_3^{\text{III}*}, D) - c_b \xi B_3^{\text{III}*} + (Z - c_k K^{\text{III}} - c_p K^{\text{III}}) + \gamma_k c_k K^{\text{III}} \big] g(\xi) \mathrm{d}\xi$$

$$\begin{aligned}
&= -\frac{p(D - K^{\text{III}})^2}{2(\xi_2 - \xi_1)} \frac{\xi_2 c_b}{Z - c_k K^{\text{III}} - c_p K^{\text{III}}} - \frac{c_b \xi_2^2 - c_b \xi_1^2 + p \xi_1^2}{2(\xi_2 - \xi_1)} \frac{Z - c_k K^{\text{III}} - c_p K^{\text{III}}}{\xi_2 c_b} \\
&\quad + \frac{\xi_2 pD - \xi_1 pK^{\text{III}}}{\xi_2 - \xi_1} + Z + K^{\text{III}}(\gamma_k c_k - c_k - c_p)
\end{aligned}$$

$$(5-16)$$

（4）当 $D \in (D_2, \overline{D}]$ 时，新创企业需要通过借贷来满足资金需求。与

式 (5-5) 和式 (5-11) 的推导方法相同, 可得

$$\pi_4^{\text{III}} = \left[-\frac{p}{2(\xi_2 - \xi_1)\xi_0} - \frac{\xi_0(c_b\xi_2^2 - c_b\xi_1^2 + p\xi_1^2)}{2(\xi_2 - \xi_1)} - \gamma_b\xi_0\xi_2 c_b \right] (D - K^{\text{III}})$$
$$+ \frac{p(\xi_2 D - \xi_1 K^{\text{III}})}{\xi_2 - \xi_1} + (1 + \gamma_b)Z + K^{\text{III}} \left[\gamma_k c_k - (1 + \gamma_b)(c_k + c_p) \right]$$

$$(5-17)$$

据式 (5-2)、式 (5-13)、式 (5-15)~式 (5-17) 可得情形 III 下新创企业的最优产能。

命题 5-3 当 $Z_2 \leqslant Z < Z_3$ 时, 新创企业的最优产能为

$$K^{\text{III}*} = \overline{D} - \frac{\left[\gamma_b - \frac{p(c_k + c_p)}{3(\xi_2 - \xi_1)\xi_2^2 c_b^2} \left(\frac{1}{\xi_0^3} - \frac{1}{\xi'^3} \right) \right] \left[Z - (c_k + c_p)\overline{D} \right] - c_k(1 - \gamma_k)(\overline{D} - \underline{D})}{\frac{p(c_k + c_p)^2}{3(\xi_2 - \xi_1)\xi_2^2 c_b^2} \left(\frac{1}{\xi_0^3} - \frac{1}{\xi'^3} \right) + \frac{p(1 - \xi_1\xi_0)^2}{2\xi_0(\xi_2 - \xi_1)} + \xi_0 c_b \left(\frac{\xi_1 + \xi_2}{2} + \gamma_b\xi_2 \right) - c_p - 2\gamma_b(c_k + c_p)}$$

$$(5-18)$$

证明: 在情形 III 下, 新创企业的期望股东权益价值为

$$\pi^{\text{III}} = \int_{\underline{D}}^{K^{\text{III}}} \prod_1^{\text{III}} f(D)\mathrm{d}D + \int_{K^{\text{III}}}^{D_1} \pi_2^{\text{III}} f(D)\mathrm{d}D + \int_{D_1}^{D_2} \pi_3^{\text{III}} f(D)\mathrm{d}D + \int_{D_2}^{\overline{D}} \pi_4^{\text{III}} f(D)\mathrm{d}D$$

容易验证 π^{III} 为 K^{III} 的凹函数, 由一阶条件 $\frac{\partial \pi^{\text{III}}}{\partial K^{\text{III}}} = 0$ 可得式 (5-18)。证毕。

推论 5-4 当 $Z_2 \leqslant Z < Z_3$ 时, 最优产能 $K_3^{\text{III}*}$ 随初始自有资金 Z 的增加而减少。

证明: 由于 $\gamma_b - \frac{p(c_k + c_p)}{3(\xi_2 - \xi_1)\xi_2^2 c_b^2} \left(\frac{1}{\xi_0^3} - \frac{1}{\xi'^3} \right) > 0$, $\frac{p(c_k + c_p)^2}{3(\xi_2 - \xi_1)\xi_2^2 c_b^2} \cdot$ $\left(\frac{1}{\xi_0^3} - \frac{1}{\xi'^3} \right) + \frac{p(1 - \xi_1\xi_0)^2}{2\xi_0(\xi_2 - \xi_1)} + \xi_0 c_b \left(\frac{\xi_1 + \xi_2}{2} + \gamma_b\xi_2 \right) - c_p - 2\gamma_b(c_k + c_p) > 0$, 由式 (5-18) 可以推出 $\frac{\partial K^{\text{III}*}}{\partial Z} < 0$。证毕。

从命题 5-3 和推论 5-4 可以看出, 当 $Z_2 \leqslant Z < Z_3$ 即新创企业自有资金比较充分时, 自有资金越多, 最优产能水平反而越低, 因为此时产能水平已较高, 再增加产能的意义已不大, 新创企业宁愿保留更多的资金以应对可能的产能不足风险, 降低利息支出。

推论 5-5 当 $Z = Z_2$ 时新创企业的最优产能水平为 $K_2^* = \overline{D} -$

$$\frac{c_k(1-\gamma_k)(\overline{D}-\underline{D})}{\dfrac{p(1-\xi_1\xi_0)^2}{2\xi_0(\xi_2-\xi_1)}+\xi_0 c_b\left(\dfrac{\xi_1+\xi_2}{2}+\gamma_b\xi_2\right)-\gamma_b c_k-c_p(1+\gamma_b)}, \text{ 且有 } \underline{D} < K_2^* < \overline{D},$$

$Z_2 = (c_k + c_p)K_2^*$。

证明： 通过计算可以发现 $K^{\text{III}*}\big|_{z=z_2} = K^{\text{II}*}\big|_{z=z_2}$，表明最优产能在资金的临界值 Z_2 处也是连续的。因为产能函数在 $Z=Z_2$ 处连续，将 $Z_2=(c_k+c_p)K^{\text{II}}$ 代入式（5-12），即可得到 K_2^* 和 Z_2 的表达式。证毕。

由命题 5-1、命题 5-2、命题 5-3 和推论 5-4、推论 5-5 可知新创企业最优产能始终处于 $\underline{D}$ 和 $\overline{D}$ 之间。将 $Z_3 = \xi_0\xi_2 c_b(\overline{D} - K_3) + (c_k+c_p)K_3$ 代入式（5-18）可得 $K^{\text{III}*}\big|_{z=z_3}$，进而可得到初始资金的临界值 Z_3。经比较有 $Z_2 < (c_k+c_p)\cdot\overline{D} < Z_3$，这意味着即使新创企业初始自有资金充裕到完全依靠自给自足就可以满足最大需求 $\overline{D}$，但将产能水平设置为 $\overline{D}$ 并不是企业的最优选择。

5.4　算　例

本节通过算例来说明新创企业的初始资金水平、OEM 供应商供应的不确定性对新创企业最优产能设置的影响。设 $c_k = 3$，$c_p = 2$，$c_b = 7$，$p = 8$，$\gamma_k = 0.9$，$\gamma_b = 0.08$，$\underline{D} = 30$，$\overline{D} = 60$。当 $\xi_1 = 0.4$、$\xi_2 = 1.0$ 时，初始自有资金的 3 个临界值分别为 $Z_1 = 231.47$、$Z_2 = 291.78$ 和 $Z_3 = 303.53$；当 $\xi_1 = 0.9$、$\xi_2 = 1.0$ 时有 $Z_1 = 231.08$，$Z_2 = 291.36$ 和 $Z_3 = 303.63$。图 5-2 分别描绘了 $\xi_1 = 0.4$、$\xi_2 = 1.0$ 和 $\xi_1 = 0.9$、$\xi_2 = 1.0$ 两种情形下新创企业的最优产能随初始资金从 0 增加到 Z_3 而变化的情况。可以看出，随着初始自有资金的增加，新创企业的最优产能曲线是分段连续的，最优产能先是维持不变，然后逐渐增加，达到峰值之后掉头向下。在 $\xi_1 = 0.9$、$\xi_2 = 1.0$ 情形下最优产能曲线始终位于 $\xi_1 = 0.4$、$\xi_2 = 1.0$ 下的最优产能曲线之下，表明 OEM 供应商供应的不确定性越强，新创企业应设置的产能越高。

考察三种不同资金水平下外购订货数量随市场需求变化的情况。设 $\xi_1 = 0.6$，$\xi_2 = 1.0$，$c_k = 4$，$c_p = 2$，$c_b = 7$，$p = 8$，$\gamma_k = 0.90$，$\gamma_b = 0.10$，$\underline{D} = 30$，$\overline{D} = 60$。取 $Z = 150$，300，360 分别代表初始自有资金的 3 种不同水平。据式（5-6）和式（5-14）可求出有借贷时和无借贷时的订单放大倍数分别为 $\xi_0 = 1.005$，$\xi' = 1.043$。据式（5-7）、式（5-12）、式（5-18）可得

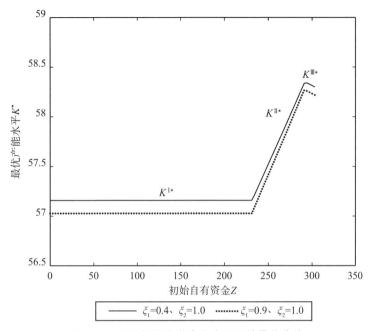

图 5 - 2   不同初始自有资金水平下的最优产能

这 3 种不同初始资金水平下最优的产能分别为 $K^{I*} = 55.79$、$K^{II*} = 56.31$ 和 $K^{III*} = 57.69$。利用 Matlab 软件绘制出最优订货数量和市场需求之间的关系得到图 5 - 3。可以看出，在前两种资金水平较低的情形下当市场需求超过产能时，由于新创企业都需要借贷，外购订货数量始终是产能缺口的 1.005 倍。在 $Z = 360$ 时，当市场需求超过产能时，与前两种情形明显不同，随着市场需求逐渐增加，外购订货数量曲线可分为三段，表现为曲线首先以斜率 1.043 呈直线上升，至 $D = 59.59$ 时开始保持水平，至 $D = 59.66$ 后又继续以斜率 1.005 上升。显然自有资金较充裕时订货数量曲线走势较为复杂的主要原因在于债权融资与否会影响到订货放大倍数。

最后考察 ξ_2 不变，最优产能 K^* 随 ξ_1 变化的情况。设 $\xi_1 \in [0.4, 1.0]$，$\xi_2 = 1.0$，$c_k = 3$，$c_p = 2$，$c_b = 7$，$p = 8$，$\gamma_k = 0.90$，$\gamma_b = 0.08$，$\underline{D} = 30$，$\overline{D} = 60$。图 5 - 4 分别描绘了 $Z = 100$，260，300 三种情形下最优产能随 ξ_1 变化的情况，其中 $Z = 100$，260，300 分别代表了 5.3 节所讨论的初始自有资金的三种不同水平。可以看出，无论初始自有资金位于哪一个区间，最优产能都随 ξ_1 的增加而递减。可见随着 OEM 供应商供应不确定性的降低，新创企业更倾向于从 OEM 供应商处多采购，而减少对自身产能的投资。

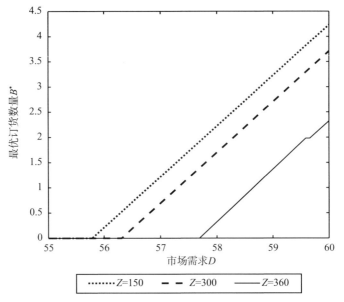

图 5-3 不同市场需求下的最优订货数量

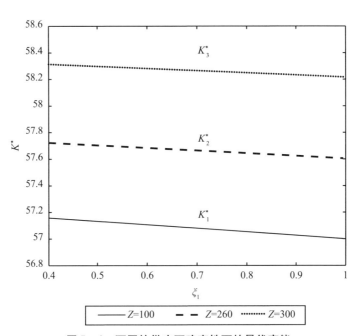

图 5-4 不同的供应不确定性下的最优产能

5.5 结　　论

本章研究了一个受资金约束、以股权价值最大化为目标的新创企业，在下游市场需求和 OEM 的供应都具有不确定性的环境下如何作出产能设置和采购的决策，主要探讨了新创企业初始自有资金的大小、市场需求和 OEM 供应商供应的不确定性、借贷利率、生产和采购成本等众多因素与最优产能设置之间的关系，以及产能不足以满足市场需求时最优的外购订货数量。

通过假设和模型构建分析，得到了以下研究结论和管理启示。

（1）新创企业的最优产能始终介于市场需求的最小值和最大值之间，且最优产能的大小并非总是随新创企业初始自有资金的增加而增加。随着初始自有资金从零开始逐渐增加，新创企业的最优产能先是保持固定不变，然后逐渐增加，最后反而是下降的。

（2）当初始资金非常匮乏时新创企业采用完全外包策略并不是最优的，而是需要配置一定的产能，主要原因在于新创企业可以从资本市场筹措到资金，利用借贷资金来设置自身产能有利于降低采购成本，而且还可以在一定程度上规避供应的不确定性。

（3）当新创企业的初始资金达到某阈值且越来越充裕时，新创企业反而要降低产能水平，保留更多的流动资金减少利息支出，因为越高的产能意味着越大的冗余可能性和资产贬值。

（4）即使新创企业的初始资金充分到足以完全依靠自建产能就可以满足全部市场需求，彻底放弃外包策略也并非最佳选择。

（5）当自身产能不足以满足市场需求，需要借贷资金满足运营需要时，新创企业向 OEM 供应商的订货放大倍数应低于不需要借贷时的情形。

本章的研究只考察了以新创企业运营一期结束时全部股东权益价值最大为目标的最优决策，没有考虑运营多期时企业产能可调整和库存能保留至下一期的情形。此外，还假设新创企业的借贷金额是无上限的，没有考虑借款金额有时会受到企业资产结构或盈利状况的影响。最后，在股东权益价值的评估方法上采用以净资产为基础的方法，而在企业价值评估上应用较多的还有收益法、经济增加值法等方法。在后续的研究中可从以下几个方面加以拓展，即考虑新创企业多周期运营下的产能调整以及借贷金额受限的情况，并根据新创企业的运营目标选择最合适的价值评估方法。

第6章 基于自由现金流折现估值模型的新创企业运营决策

6.1 引　　言

2021年年初，新经济创投数据服务商IT桔子重磅发布《2020—2021中国新经济创业投资分析报告》（以下简称《报告》）。《报告》指出："在过去10年里，以TMT为主的中国新经济创业经历了一个黄金时期——政策的大力扶持、移动互联网的发展机遇、风险投资热钱涌动，多方面的利好下中国新经济创业风生水起，并在十年后的今天硕果累累——260多家独角兽、数千家IPO企业的身后，是在全球实现弯道超车的中国互联网应用与发展。"

独角兽企业是指估值快速达到10亿美元以上的初创企业，最早由美国著名Cowboy Venture投资人艾莉·李（Aileen Lee）在2013年提出。据36氪创投研究院发布的《2020年度中国新经济独角兽TOP100暨「价值指数」》报告，2020年全球估值排名前十的独角兽中，有五家来自中国，分别为蚂蚁金服、字节跳动、滴滴出行、菜鸟网络、快手。全球独角兽数量从2016年的183家增长到2020年的586家，复合增长率为33.8%；中国独角兽数量从2016年的43家增加到2020年的265家，复合增长率达到55%，其增速远高于全球独角兽数量增速。中国独角兽企业的估值增长速度不断加快，从2016年至今，中国独角兽平均估值复合增长率达到26%，呈指数型增长。中国初创企业达到独角兽估值所需时间也迅速缩短，以从2004年起中美出现的273家独角兽企业为例，在2000年时创立的企业需要约13年时间才能成长为独角兽，而如今我国独角兽企业从创立到成为独角兽最快只需要不到2年。从模式上看，中国更侧重由商业模式创新拉动消费市场，美国则更依靠科技迭代。中国独角兽在专注于模式创新和消费需求的互联网、消费、电商等领域数量较多；美国独角兽在人工智能、软件等领域则占据更多位置。

尽管有些独角兽估值惊人，但其背后却是连年的亏损。以滴滴为例，它于 2012 年创立，2014 年后网约车行业迎来爆发期，滴滴先后合并了快滴和优步，成为行业霸主。不过，滴滴一直在烧钱补助用户和司机，以此来维持用户增长。虽然也从司机收入中提成，提成比例还不低（平均 25% 左右），但出账总是小于进账，公司一直处于失血状态。2019 年 2 月，滴滴创始人及董事长程维在内部信中表示，2012—2018 年，公司未曾盈利，6 年累计巨亏 390 亿元。相关统计也显示，截至 2019 年年底，7 年里滴滴累计巨亏超过了 500 亿元，其中 2018 年一年就巨亏 110 亿元。成立 7 年，亏了 7 年，还能维持营运，滴滴靠的是外部融资。据统计，成立至今，滴滴前后获得 18 轮融资，累计金额达 210 亿美元。可以说，如果不是外部仍然给它输血，滴滴早就关门大吉了。直到 2020 年一季度滴滴公司总裁柳青接受 CNBC 采访时表示：滴滴出行的核心业务网约车已经实现盈利或者说是小幅盈利（梓淇，2020）。

成立于 2015 年的拼多多于 2018 年 7 月 26 日，在上海、纽约同时敲钟，登陆纳斯达克，股票代码为 PDD。发行价 19 美元，总市值 240 亿美元。从一家初创企业到纳斯达克上市，这个过程，拼多多用了不到 3 年。拼多多上市之后的主要精力还是大搞补贴，极力覆盖。在疯狂补贴模式下，拼多多亏损惊人。2016—2019 年，拼多多分别亏损 2.92 亿元、5.25 亿元、102.17 亿元和 69.68 亿元，加上 2020 年前三季度的 58.03 亿元亏损，累计已达 238.05 亿元。2020 年 11 月 12 日，拼多多发布的第三季度财报显示，公司 Q3 净利润超 4.6 亿元，首次实现季度盈利，其间营收为 142 亿元，同比增长 89%。2020 年三季度财报显示，非美国通用会计准则（NON-GAAP）下，拼多多归属于普通股股东的净利润为 4.6 亿元，去年同期为净亏损 16.6 亿元。财报称，GAAP 下亏损主要因为 9.56 亿元的员工股权激励成本、1.47 亿元的可转债摊销过程中的利息成本及 1.5 亿元的长期投资亏损。不过，按通用会计准则，拼多多该季度依然亏损，净亏损为 7.8 亿元，相较于去年同期亏损 23.35 亿元，亏损大幅收窄。财报发布后，11 月 12 日拼多多股价高开 24%（节点财经，2020）。相比之下，可口可乐这种老牌公司虽然商业模式、概念看似过时但利润却相当可观，过去 5 年，最惨淡的 2017 年归母股东净利润还有 12.48 亿美元，年景好的时候，2018 财年、2019 财年的净利润分别为 64.76 亿美元、89.20 亿美元。但 2020 年 3 月至今的三个多季度时间拼多多股价上涨近 4 倍，总市值一度超过可口可乐（文一刀，2021）。

应该如何对滴滴、拼多多这样的互联网公司进行估值？这恐怕是很多人心中的疑问。长期以来应用最为广泛的企业估值方法通常分为两类：一类是绝对估值方法（如折现现金流 DCF 模型、经济增加值 EVA 模型等）。采用绝对估值法的理由是："任何投资的估值取决于它产生未来现金流的能力，以及投资者对这些现金流的评估与忍受力。"另一类是相对估值方法，如市盈率估值法、市净率估值法、市销率估值法等。相对估值法利用其他公司或其他交易的市场数据作为基础，进而推断目标企业的价值。这种方法有时也被称为"可比"或"乘数"估值法。在相对估值法中，需要收集可比公司的市场价格或来自公共/私人交易的价格，以及可比公司可观测的特征的信息。这些信息可以包括会计比率和经营数据，只要它们有助于估计私人企业或新创企业的价值即可。虽然相对估值法背后的逻辑是直接的，但其有效实现则充满各种挑战。要想为新创企业（具有相同发展阶段的交易）找到一个合适的可比公司是困难的，甚至不可能找到或得到验证。对于一个刚刚启动、尚未盈利的企业而言，诸如市盈率等通常的指标是没有用的（珍妮特·K. 史密斯、理查德·L. 史密斯和理查德·T. 布利斯，2017）。

不难看出，经典的企业估值方法对企业内在价值的认识主要是基于企业的财务绩效。而随着互联网飞速发展的今天，涌现出许多新的企业商业模式比如电商、平台、共享、社交媒体等，传统的估值方法由于缺乏一定的适用性与针对性而无用武之地，由此出现了企业估值困境的问题。通常而言，初创期互联网公司具有创新性强、盈利弱且变化幅度大、马太效应明显等特性，对初创期互联网公司进行价值评估存在收益预测较难确定、企业净现金流量前期通常为负、非财务因素较难考量、历史财务数据较为缺乏等难题，如何对初创期互联网企业进行价值评估引发理论界和实务界的高度关注（王竞达等，2020）。

因此需要一种新的方法来替代传统的价值评估方法，被较为接受的一种新方法就是以客户为基础的方法。基于客户的价值评估方法是基于当前和未来客户的终身价值，这种方法被认为可以提供一种更有效的方法来预测公司未来现金流。以亚马逊公司为例，简单地说，如果亚马逊一个客户的终身价值是 100 美元，目前拥有 3000 万客户，那么它目前的价值便是 30 亿美元。注意以客户为基础的价值评估将客户视为资产，营销支出是作为投资的，相比之下，传统的财务方法将营销视为费用。

较早从企业视角对客户价值进行判断的是休斯（Hughes，2005）提出的 RFM（Recency、Frequency、Monetary）客户价值分析模型，认为客户价值是特定的买方在特定的市场环境下为企业带来的货币收入的期望值。RFM模型基于三个变量创建"单元"或客户组——最近的一次消费（R）、消费频率（F）、他们以前购买的货币价值（M）。后来古普塔等（2006）指出，RFM 模型存在许多限制：第一，这些模型只能预测下一时期的行为；第二，RFM 变量是真实潜在行为的不完美指标；第三，这些模型忽略了消费者过去的行为可能是企业过去营销活动的结果。此外，RFM 模型的一个关键限制是，它们是对客户的评分模型，没有明确地提供客户价值的美元数字。尽管有这些限制，RFM 模型仍然是行业的支柱，因为它们在实践中易于实现。古普塔等（2004）进而将客户终身价值（Customer Lifetime Value，CLV）或顾客权益（Customer Equity，CE）与企业价值联系起来，提出了 CLV 模型，使用了来自 5 家公司的数据，结果显示 5 家公司中有 3 家的评估结果非常接近于其市场价值，说明用 CLV 模型来为公司估值是可行的，包括高增长但收益为负的公司。此后多项研究比较了 CLV 模型和 RFM 模型，发现 CLV 模型更优越。法德尔、哈代和李（Fader，Hardie & Lee，2005）展示了如何使用 RFM 模型来建立克服其许多局限性的 CLV 模型，表明 RFM 虽然重要的是过去购买变量，但可以作为客户未来购买行为的良好预测，因此对于CLV 模型而言能够足够地统计数据。

从财务分析师的角度来看，对公司估值的关键是预测公司的未来增长，正如在讨论市盈率时所强调的那样。预测增长的方法经常使用线性外推法。例如，金融分析师通常会取过去 5 年的平均增长率，并假设未来的增长率相同。虽然有时这些假设是准确的，但它们并不基于业务基础（如用户获取、留存率、扩张率和成本）。对于新企业而言，这种方法更糟糕。对于盈利为负的公司而言，如何预测未来盈利或证明市盈率是合理的？使用 CLV 方法可以缓解这个问题。换而言之，基于 CLV 的预测基于业务基本面，这不仅有助于作出更好的预测，还能提供更好的诊断（例如，识别哪些因素对企业价值影响最大）（Gupta & Lehmann，2006）。

麦卡锡和法德尔（Mccarthy & Fader，2018）为非合同制公司开发了一种基于 CLV 的评估方法，他们将这种方法应用于电子商务零售商 Overstock.com 和 Wayfair 公开披露的数据，为公司价值提供了点估计和区间估值，并比较新获取客户的单位经济价值。他们的论文突出了 Wayfair 在客户保留和单位经济价值方面的问题，引起了华尔街的高度关注。该论文的初稿在网上公布后不久，Wayfair 的市值就下跌了 8 亿美元，许多金融分析师将其归咎于该论文和随后的媒体报道。这些分析表明，以客户为基础的估值方法已经成熟到引起华尔街认真关注的程度，在客户行为如何驱动公司价值方面提供了比标准财务分析更深入的见解（Oblander, Gupta & Mela, et al., 2020）。

本章首先对这两种估值方法，即现金流折现法和客户终身价值法进行简要介绍，揭示这两种方法之间的联系。其次将创新产品扩散模型和用户重复购买的幂律分布模型引入，以便更准确地预测自由现金流，从而对企业进行估值。最后通过算例来说明这一估值方法与过程。

6.2　新创企业的两种估值方法回顾

6.2.1　自由现金流折现估值模型

金融理论指出，一个持续营运中的企业的公平市场价值是其预期现金流的现值。该概念框架被称为现金流贴现（Discounted Cash Flow，DCF）估值法。尽管 DCF 方法的实施在理论上看似简单，但在实际操作中相当复杂且具有很强的主观性。它要求分析师在现金流、贴现率和终值的估计中要非常谨慎。幸运的是，克服主观性并让估值过程更加理性和客观的方法有很多（格雷戈里·A. 基尔伯特，2018）。

不同的 DCF 方法之间的主要区别涉及所使用的特定现金流与考虑不确定性的方式。每一种方法都有其优势和不足。因为要想明确地预测无限期的未来现金流，然后将每一期的现金流都贴现回现值，是不切实际的，DCF 估值中的一般方法是将预测划分为两个时期：显性价值期和持续价值期。在显性价值期，DCF 方法需要对每一年、每一个季度或者其他更合适的时间区间的显性现金流进行预测。显性价值期之后的时期称为持续价值期。通常而言，持续价值期始于企业达到一个稳定增长状态的时候。在持续价值期，现金流被转化成在显性价值期结束时的一个资本化价值。然后，该资本化价值再贴现到时点 0。通常地，通过使用一个理论上确定的贴现率或者基于与待估资产相似的市场上其他资产的可观测乘数，可以据此估计持续价值。对于许多新创企业，持续价值是总现值的重要组成部分。有时，持续价值也被称为终止价值（Terminal Value），原因是在该时点，待估企业预期被卖给别人，但这并不等同于企业被终止，或者财务求偿权预期被出售，而仅仅表示在该时点对它们的出售可能毫无困难。所以一般更偏好采用"持续价值"一词，因为它表明企业在继续经营（珍妮特·K. 史密斯、理查德·L. 史密斯、理查德·T. 布利斯，2017）。

企业现值（Present Value，PV）用现金流贴现法用公式表示为

$$PV = \sum_{t=1}^{T} \frac{C_t}{(1 + r_t)^t} + \frac{CV_T}{(1 + r_t)^T} \tag{6 - 1}$$

式中，C_t 是每一个显性年份 t 的年度现金流，CV_T 是显性价值期结束年份 T 的持续价值，r 是年份 t 现金流的贴现率。采用持续价值概念的第一步是决定如何划分显性价值期和持续价值期。当一个企业已经确立了运营轨道并达到了稳定增长点，增长率可以比较可靠地预测，如果在这个时期来估计持续价值，那么其估计的结果是最为可靠的。对于一个新创企业的早期阶段，由于关于增长率的预期暂时比较高，且收入与现金流是波动的，此时的持续价值就不那么可靠。因此，显性价值期的结束不太适宜设在企业尚未达到产生利润的销售时期，或者是在快速增长的期间。

DCF 过程中的第一步是估计个别的现金流。大多数人使用自由现金流或净现金流的定义。自由现金流是指企业经营活动产生的现金流量扣除资本性支出的差额，其既不同于企业财务报告中现金流量表中的净现金流，也不同于经营活动中的现金流。自由现金流量是企业产生的、在满足了再投资需要之后剩余的现金流量，这部分现金流量是在不影响公司持续发展的前提下可供分配给企业投资者的最大现金额（吕艳冬，2020）。这些估计是 DCF 估值方法中主观性的第一个区域。

自由现金流分为公司自由现金流和股权自由现金流。公司自由现金流（Free Cash Flow of Firm，FCFF）又称无杠杆自由现金流（Unlevered Free Cash Flow，UFCF），是指公司保持正常运行的情况下，可以向所有出资人（包括债权和股权持有人）进行自由分配的现金流。公司自由现金流 FCFF = 净利润 + 折旧和摊销 + 利息费用 × (1 - 税率) - 资本性支出 - 净营运资本增加额。

公司自由现金流折现模型就是通过对公司自由现金流折现来估算企业价值（Enterprise Value，EV）：

$$EV = \sum_{t=1}^{n} \frac{FCFF_t}{(1 + WACC)^t} + \frac{TV}{(1 + WACC)^n} \tag{6 - 2}$$

式中，$FCFF_t$ 为第 t 年的公司自由现金流，n 为详细的预测期限，$WACC$

（Weighted Average Cost of Capital）为加权平均资本成本，TV 为公司自由现金流的终值。

对于公司自由现金流的终值可以采用高登（Gordon）永续增长模型和终值倍数法进行预测。如果公司自由现金流按照稳定的增长率（g）永续增长，此时

$$TV = \frac{FCFF_n \times (1 + g)}{WACC - g} \qquad (6-3)$$

将式（6-3）代入式（6-2）中可得

$$EV = \sum_{t=1}^{n} \frac{FCFF_t}{(1 + WACC)^t} + \frac{FCFF_n \times (1 + g)}{(WACC - g)(1 + WACC)^n} \qquad (6-4)$$

终值倍数法是指假设在显性价值期最后一期的期末将公司出售，出售时的价格即终值，常用显性价值期最后一期的某一业绩指标的倍数来估计，即 TV = 显性价值期最后一期的某一指标 × 该指标倍数。如果是用公司自由现金流折现，通常是将最后一年的经营利润或息税前利润（Earning before Interest and Taxes，EBIT）或息税折旧摊销前利润（Earnings Before Interest, Taxes, Depreciation and Amortization，EBITDA）乘以适当的倍数，预估出其终值。如果是用红利折现或者股权自由现金流折现，则可用市盈率、市净率等估算终值。选定的倍数应能恰当反映企业出售时的增长潜力。以 $EV/EBITDA$ 倍数为例，假设 M 为选定的该公司退出时的 $EV/EBITDA$ 倍数，则

$$TV = EBITDA_n \times M \qquad (6-5)$$

式中，$EBITDA_n$ 为显性价值期最后一期公司的息税折旧摊销前利润。将式（6-5）代入式（6-2）可得

$$EV = \sum_{t=1}^{n} \frac{FCFF_t}{(1 + WACC)^t} + \frac{EBITDA_n \times M}{(1 + WACC)^n} \qquad (6-6)$$

式中，加权平均资本成本（$WACC$）就是公司各种融资来源的资本成本的加权平均值。计算公式为

$$WACC = \sum_{i=1}^{n} k_i w_i \qquad (6-7)$$

式中，k_i 是第 i 种个别资本的税后成本；w_i 为第 i 种个别资本占全部资本的权重。

在计算 $WACC$ 时，每种投资资本的权重要以市场价值为基础而不应该使用其账面价值。一般地，只有在股权和债权筹资方式的情况下，加权平均资本成本的公式才可以写为

$$WACC = \frac{D}{D+E} \times k_d \times (1-t) + \frac{E}{D+E} \times k_e \qquad (6-8)$$

式中，D 为付息债务的市场价值，E 为权益的市场价值，k_d 为税前债务成本，t 为法定税率，k_e 为权益资本成本。

股权自由现金流折现模型就是对股权自由现金流进行折现以评估股权的价值。企业股权价值的一般形式为

$$EV = \sum_{t=1}^{n} \frac{FCFE_t}{(1+r)^t} + \frac{TV}{(1+r)^n} \qquad (6-9)$$

式中，$FCFE_t$ 为第 t 年的股权自由现金流，n 为详细的预测期限，r 为权益的要求回报率，可以用资本资产定价模型（Capital Asset Pricing Model，CAPM）方法估算，TV 为股权自由现金流的终值。对股权现金流的终值同样可以采用 Gordon 永续增长模型和终值倍数法进行预测。假设公司的股权自由现金流按照稳定的增长率 g 永续增长，则有

$$TV = \frac{FCFE_n \times (1+g)}{r-g} \qquad (6-10)$$

$$EV = \sum_{t=1}^{n} \frac{FCFE_t}{(1+r)^t} + \frac{FCFE_n \times (1+g)}{(r-g) \times (1+r)^n} \qquad (6-11)$$

对企业持续价值期的增长率进行预测时，由于所处的行业和公司自身发展阶段的不同，可以分为三种情况，因而自由现金流折现模型可相应地分为三种模型。

（1）稳定增长模型。该模型假设企业未来的现金流量以固定的增长率增长，一直处于稳定状态。

（2）两阶段模型。通常情况下，企业在持续经营期间，现金流很难长期保持较高的增长率，也不会长期保持不变。两阶段模型将预测期分为两个阶段，即前期的高速增长阶段和随后的稳定增长阶段。此时，企业价值为高速增长阶段自由现金流现值与稳定增长期自由现金流现值之和。

（3）三阶段模型。三阶段一般是开始的高增长阶段、增长率下降的过渡阶段和增长率保持不变的稳定阶段，此模型的企业价值为三个阶段自由现金流现值之和。该模型认为增长率在成长期较高，之后逐渐降低，最后达到稳定状态（刘亚杰，2016）。

6.2.2　基于客户价值的企业估值方法

根据现金流折现法的基本原理，企业价值的驱动因素主要有三个方面，

即现金流、折现率（加权平均资本成本）与增长率。高回报和高增长导致高现金流，高现金流驱动企业的价值增加。首先企业的投入资本回报率必须大于其加权平均资本成本，其次是企业的成长能力。所以有学者认为用现金流折现的逻辑思路无法解释为什么现金流较小甚至为负的互联网企业却能够获得超高的市场估值这一现象。例如，根据京东集团的年报，2018 年京东集团的自由现金流为 -73.76 百万美元，市值却达到上市以来最高的 733.34 亿美元。在持续恶化的负向现金流情况下，显然按照 6.2.1 节介绍的 DFC 方法无法得到如此高的估值。也就是说经典的现金流折现方法在对互联网企业的估值应用上会受到互联网行业自身特点的限制，对企业在市场上的实际价值衡量有所偏差（路璐，2019）。

高瓴资本创始人张磊在自己的作品《价值》中写道："'流量为王'是消费互联网的特性，谁掌握流量，谁就拥有主动权。"甚至有人直言，互联网时代只有第一，没有第二。因此可以看到，各个消费互联网企业竞争的重点都是在抢夺流量，无论是外卖、电商，还是出行，或者现如今的社区团购。前期为了争夺流量，都是在大量补贴，重点在于打败对手，成为老大，而盈利并不是前期运营的重点。因此基于客户价值方法对初创期的互联网企业估值方法似乎正在成为一种共识。

在对企业现有的盈利水平已知的情况下，具有轻资产特点的互联网企业具备的一个重要的潜在资产（资源）就是企业的客户（用户）。这时投资者就是借助企业现有的用户以及用户的活跃程度进行未来的预期，这也解释了为什么现在的电商企业愿意大量烧钱补贴客户，愿意为获取新用户支付巨大的代价。例如，从 2019 年年中开始，拼多多启动了百亿补贴计划。参与计划的国内外品牌超过 2800 家，热门补贴商品超过 2.3 万款，iPhone、戴森等品牌均有拼多多补贴的身影。在电商核心指标活跃买家上，拼多多一直保持着高速增长（见图 6 - 1）。截至 2020 年 9 月底，平台年度活跃用户数达 7.313 亿，与阿里的差距进一步缩小，与同期的 5.363 亿相比增长 36%，也就是说，仅仅一年时间，拼多多就增加了 1.95 亿用户。其中，在第三季度单季增长了 4810 万用户，而阿里巴巴仅增加 1500 余万用户，其年活跃用户数为 7.57 亿。拼多多 2020Q3 平均月活 6.43 亿账户，微信 2020Q3 平均月活 12.13 亿账户，由此可见，拼多多在微信仍有 5.7 亿账户（不去重）的提升空间。从 App 安装数量上看，根据极光数据统计，截至 2020Q2 拼多多 APP 设备渗透率为 50% 左右，在移动购物行业中渗透率为 61.5%，理论上讲还有着近 40% 的渗透率提升空间。华创证券分析，预计仍有 3 亿高度可转化潜在用户，到 2022 年年末将有 8.9 亿用户。相较于其他电商平台，拼多多在人均消费金额上仍有较高提升空间（峻生，2021）。

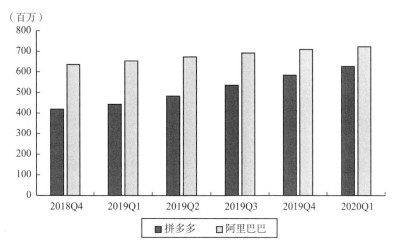

图 6－1 阿里巴巴、拼多多季度活跃用户数对比

资料来源：峻生．拼多多为什么越来越受资本青睐？［EB/OL］．（2021－02－24）（2021－11－16）．https：//www.sohu.com/a/452308756_121000872.

哥伦比亚大学商学院教授古普塔等（2006）提出了客户终身价值（CLV）的概念。其是指公司未来从客户处获得的所有利润或现金流的现值。单个顾客的客户终身价值可用公式表示为

$$CLV = \sum_{t=0}^{T} \frac{m_t r_t}{(1+i)^t} - AC \qquad (6-12)$$

式中，m_t 为消费者在时间 t 的购买带给公司的边际利润或现金，i 为企业的贴现率或资本成本，r_t 为在时间 t 期间客户重复购买或"活跃"的概率，AC 为获客成本，T 为估计 CLV 的时间范围。

从式（6－12）可以看出，CLV 类似于现金流量折现法在财务中的运用，但有两个关键的差异。首先，CLV 通常是在从单个客户层面做的定义和估计，因此可以帮助管理客户关系。其次，CLV 明确地包含了客户未来投奔竞争对手的可能性（Gupta, et al., 2006）。

如何将微观层面的概念 CLV 和公司层面的问题如股票价格或公司价值联系起来？图 6－2 展示这两者之间的联结。金融理论指出，一个公司的价值是基于它当前和未来的现金流。估计未来的现金流也一直是金融领域的传统。财务分析师通常负责预测公司未来的现金流，估计公司的成本结构和贴

现率，然后根据贴现现金流（DCF）分析等方法得出公司的市场价值和股票
价格。相比之下，市场营销传统上侧重于满足顾客的需求，并设计出比竞争
对手更能为顾客提供价值的方案。客户终身价值在营销决策和企业价值之间
提供了关键的联系。除了纯粹的金融活动，公司所有的利润和现金流（构
成公司估值的基础）都来自购买公司产品和服务的客户。如果可以评估一
个客户的终身价值，那么也可以评估整个当前客户群的价值。例如，如果一
家公司客户的平均 CLV 为 100 美元，而该公司有 3000 万客户，那么该公司
当前客户的价值为 30 亿美元。显然，一个公司的价值高度依赖于客户未来
的增长。该价值有时被称为静态客户资产，因为一个公司的客户数量和单个
客户的终身价值是动态变化的。了解客户获取数量和保留率能够帮助我们估
计未来客户的数量和价值。换而言之，单个客户的价值为预测现金流提供了
基础，因此也为公司的价值提供了基础。它应该是市场营销与财务之间的交
汇点和共同语言。

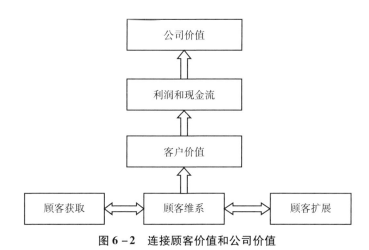

图 6 - 2　连接顾客价值和公司价值

资料来源：Gupta S，Lehmann D R. Customer Lifetime Value and Firm Valuation ［J］. *Journal of Relationship Marketing*，2006，5（2）：87 - 110.

　　基于上述前提，古普塔等（2006）展示了如何将 CLV 用于企业估值。
除现有客户外，还有必要估计未来的客户获取。如果第 1 年加入的客户数量
为 n_1，第 2 年加入的客户数量为 n_2，以此类推，第 k 年获取客户的终身价
值为 $n_k \times CLV_k$，将其折现到当年，即 $\dfrac{n_k \times CLV_k}{(1+i)^k}$。由此可得公司价值为

$$EV = \sum_{k=0}^{\infty} \frac{n_k}{(1+i)^k} \sum_{t=k}^{\infty} m_{t-k} \frac{r^{t-k}}{(1+i)^{t-k}} - \sum_{k=0}^{\infty} \frac{n_k c_k}{(1+i)^k} \qquad (6-13)$$

式中，n_k 为第 k 年获取的新客户；m_t 为客户在 t 年提供的年利润边际；i 为企业的贴现率或资本成本；r 为客户重复购买或"活跃"的概率；c_k 为第 k 年单个客户的获取成本。

当前和未来客户的综合价值，也被称为客户资产，是公司价值的代表。古普塔等（2006）还将式（6-13）重新定义在一个连续的时间框架下，即

$$EV = \int_{k=0}^{\infty} \int_{t=k}^{\infty} n_k m_{t-k} e^{-ik} e^{-\left(\frac{1+i-r}{r}\right)(t-k)} \mathrm{d}t \mathrm{d}k - \int_{k=0}^{\infty} n_k c_k e^{-ik} \mathrm{d}k \qquad (6-14)$$

不难看出，基于客户终身价值的企业价值评估方法和现金流折现率法并不冲突，客户终身价值方法从客户的角度为预测整个公司的现金流提供了一种新的、可能更为可靠的方法。尽管利用客户终身价值来估计新创企业的价值，相比于传统的现金流折现估值方法更具有说服力，但在应用该方法时，依然需要解决预测新老客户的数量以及带来的边际利润和获客或维护成本的问题，也就是估计式（6-13）和式（6-14）中的几个重要组成部分，具体而言，是客户群的增长（n），以及利润率（m）和保留率（r）。

为了计算 CLV，必须能够预测一个客户在未来是否仍然是活跃的，如果是，其购买行为将是什么。第一个明确解决这些问题的模型是由施米特林、莫里森和科伦坡（Schmittlein，Morrison & Colombo，1987）开发的帕累托/负二项分布（Pareto/NBD）模型，该模型描述了非契约环境下的交易流。该模型的基础是以下假设。

（1）客户与公司的关系有两个阶段：其在一段未被观察到的时间内是"活跃的"，然后变得永久不活跃。

（2）在"活着"的时候，客户进行的交易数量可以用泊松过程来描述。

（3）客户间交易率的异质性遵循 gamma 分布。

（4）每个客户未观察到的"生命周期"呈指数分布。

（5）客户流失率的异质性遵循 gamma 分布。

（6）交易率和流失率因客户而异。

第二个和第三个假设导致了负二项分布（Negative Binomial Distribution，NBD），而接下来的两个假设产生了帕累托（第二类）分布。该模型只需要关于每个客户过去购买历史的两条信息：其最近一次交易发生的时间及在指定的时间段内进行了多少次交易。这些信息可以用符号 (x, t_x, T) 表示，其中 x 为 $(0, T]$ 时间段内的交易次数，$t_x(0 < t_x \leq T)$ 为最后一个交易发生的时间。使用这两个关键的统计，施米特林等（1987）推导了一系列管

8

6

理相关的表达式，包括：①观察到个体行为（x，t_x，T）后，客户在时间 T 仍然是一个活跃的概率；②观察到个体行为（x，t_x，T）后，在（T，$T+t$] 期间的期望交易次数。

当考虑到非契约条件下交易可能在任何时间点发生时，Pareto/NBD 模型是一个很好的基准模型。马少辉和刘金兰（2006）的实证研究可以说明，虽然 Pareto/NBD 模型有很严格的假设限制，但在特定条件下能够较为有效地捕捉到隐藏在销售数据中的信息，对客户重复购买行为及客户流失的预警进行有效的预测。后来很多研究者在此基础上开发出新的模型，在此不再详述。

6.3 基于客户的现金流入估算模型

据式（6-13）将客户终身价值用于企业估值时，每个年度客户带来的现金流入取决于客户的数量和客户的平均消费金额。客户的数量包括该年度吸引到的新用户和依然保持活跃的老用户，单个客户的消费金额等于消费次数和单次平均消费金额之积。拼多多对用户的补贴正是出于此种考虑。在拼多多发布 2019 年三季度财报后，其创始人黄峥在财报会议上表示，拼多多给用户的补贴仍会继续，会通过补贴方式提升用户的体验，吸引用户在拼多多上购买更多的品类。在他看来，优惠券能够不断强调用户的互动，让用户探索新产品，互动又能快速建立起用户对平台的信任。"当前的补贴均在拼多多可控制的范围。"拼多多战略副总裁九鼎补充时强调，补贴是拼多多对用户进行的未来投资，可以借此为用户提供更有性价比的产品，当用户形成购买习惯后，就会加速购买其他品类，进一步提高在平台的消费能力（赵述评，2019）。

从式（6-13）可以看出，客户数量和客户重复购买次数是计算 *CLV* 的重要参数。本节分别采用新产品扩散模型和幂律分布模型来获取这两个参数的值，然后可以借此估算新创企业的销售现金流入。

6.3.1 新产品扩散模型

在新产品扩散模型中，大多数模型均是以 1969 年巴斯（Bass）在对 11 个耐用品的市场扩散研究时提出的新产品成长模型为基础。BASS 模型假设

— 136 —

一项新产品投入市场后，其扩散速度主要受到两种传播途径的影响：一是大众传播媒介，如广告等外部影响，在传播产品性能中容易得到验证的部分，如价格、尺寸、色彩以及功能等；二是口头交流，即已采纳者的宣传等内部影响，它传播产品某些一时难以验证的性能，如可靠性、使用方便性以及耐用程度等。据此将采用者分为两个群体，一个群体只受大众媒体的影响，即外部影响；另一个群体只受口头传播的影响，即内部影响。将前者称为创新者，后者称为模仿者（胡知能，2005）。创新者对创新产品的需求即所说的创新需求，而模仿者对创新产品的需求即模仿需求。BASS 模型用公式表示为

$$\frac{\mathrm{d}N(t)}{\mathrm{d}t} = \left[\,a + bN(t)\,\right]\left[\,\overline{N} - N(t)\,\right] \tag{6-15}$$

式中，$N(t)$ 为时刻 t 创新产品采用者的数量，$\overline{N}$ 为创新产品潜在用户的数量，a、b 为常数。

式（6 - 15）的 BASS 模型没有考虑竞争对创新产品扩散的影响。BASS 模型后来被拓展到竞争性新产品扩散情形。萨文和特维斯（Savin & Terwiesch，2005）假设有两种属于同品类的创新产品或服务，任一种创新产品或服务 $i(i = 1，2)$ 的销售反映了产品被三个不同的群体的认可：①创新者，基于外部影响而采用创新产品；②模仿者，由于与那些已经采用了相同产品的人网络交互（内部影响）而采用；③交叉模仿者，指已经采用产品 j 的人在与产品 i 的用户进行交互后而采用产品 i。该扩散过程如图 6 - 3 所示。

萨文和特维斯（2005）将这一竞争性扩散过程表示为公式

$$\frac{\mathrm{d}D_1(t)}{\mathrm{d}t} = \left\{ p_1 + \frac{1}{m}\left[\,q_{11}D_1(t) + q_{12}D_2(t)\,\right] \right\}\left[\,m - D_1(t) - D_2(t)\,\right]$$

$$\tag{6-16}$$

$$\frac{\mathrm{d}D_2(t)}{\mathrm{d}t} = \left\{ p_2 + \frac{1}{m}\left[\,q_{21}D_1(t) + q_{22}D_2(t)\,\right] \right\}\left[\,m - D_1(t) - D_2(t)\,\right]$$

$$\tag{6-17}$$

式中，$D_i(t)(i = 1，2)$ 表示至时刻 t 时两种新产品的累计采用者。$p_i(i = 1，2)$ 和 $q_{ij}(i，j = 1，2)$ 分别表示"创新者"和"口碑效应"的参数。特别地，$q_{ij}(i，j = 1，2)$ 决定了潜在用户在与产品 j 的采用者交互后采用产品 i 的可能性。

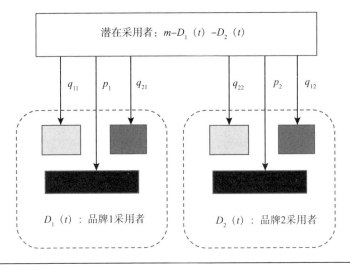

图 6 - 3 竞争下的品牌层面扩散模型

资料来源: Savin S, Terwiesch C. Optimal Product Launch Times in a Duopoly: Balancing Life-Cycle Revenues with Product Cost [J]. *Operations Research*, 2005, 53 (1): 26 - 47.

价格对新产品扩散的演化有至关重要的影响。利拜、穆勒和佩雷斯 (Libai, Muller & Peres, 2009) 在 BASS 模型中引入价格的影响,即

$$\frac{\mathrm{d}N_i(t)}{\mathrm{d}t} = \left[p_i f(P_i, P_j) + \frac{q_i}{m} N_i(t) + \sum_{j \neq i} \frac{q_{ij}}{m} N_j(t) \right] \left[m - \sum_i N_i(t) \right]$$

$$(6 - 18)$$

式中,$f(P_i, P_j)$ 是价格 P_i 的减函数,是 P_j 的增函数。函数式 $f(P_i, P_j)$ 的具体形式有多种,例如帕克和加蒂农 (Parker & Gatignon, 1994) 提供的形式为

$$f(P_i, P_j) = \left[\frac{P_i(t)}{\frac{1}{N(t)} \sum_{j=1}^{N(t)} P_j(t)} \right]^{f_{0i} + f_{1i} N(t)}$$

$$(6 - 19)$$

式中,$P_i(t)$ 为品牌 i 在时刻 t 的价格,f_{0i} 为品牌 i 价格弹性的截距,f_{1i} 为品牌 i 价格弹性的动力系数,$N(t)$ 为时刻 t 产品类中的品牌数。

从式 (6 - 19) 可以看出,给定竞争对手的价格不变,一个企业降价促销无疑会增加其产品或服务的扩散速度,吸引更多的新用户,但是付出的代

价也可能是巨大的。以拼多多为例，其财报显示，2020 年第一季度的销售及市场费用达到了 72.97 亿元，费率高达 111.6%，该项费用增长的原因为拼多多在广告、促销和补贴的投入持续加大。换句话讲，拼多多第一季度的增长很大程度是烧钱换来的。与此同时，拼多多的一般及行政费用和研发费用也有 43.3% 和 120.8% 的同比增长，经营费用率高达 139.2%，以致经营亏损达到 43.97 亿元。与拼多多不同，在财报电话会议上，阿里巴巴的首席财务官武卫表示，阿里巴巴并不认同那种烧钱来寻求交易额增长的做法，"我们不会去做"。武卫同时表示，阿里巴巴希望做任何投资都可持续和高效。从财报数据来看，身为"大哥"，相比拼多多，京东和阿里巴巴在投入上表现得克制许多（鸿键，2020）。

6.3.2　客户重复购买次数的幂律分布模型

电商平台之所以愿意对新用户大幅补贴，是因为新用户一旦成为老用户尤其是忠诚用户后因重复购买会给平台带来丰厚的现金流入。据报道，2019 年拼多多用户的购买频次已达 33.7 次，仅次于阿里巴巴，体现出较强的用户忠诚度，并且还有继续提升的空间，人均消费金额为 1720 元，与阿里巴巴的 9076 元和京东的 5761 元相去甚远。而在 2020 年第三季度，从财报上看，拼多多累计 12 月活跃用户年均消费额为 1993 元，同比增加 26%。对于电商平台而言，买家沉淀时间越长，其购买频次也就越高，由于拼多多成立年限较短，其买家数在快速增长的同时，购买频次也在快速增长，因此当前购买频次被压低。总体而言，老用户已经有了更高频次的使用习惯，而新用户的购买频次也会随着时间的增长而变高（峻生，2021）。

理论界描述顾客重复购买次数的模型有很多种，如负二项分布（NBD）模型、对数级数分布（Logarithmic Series Distribution，LSD）模型、幂律分布（Power Law Distribution，PLD）模型等。幂律分布广泛存在于物理学、地球与行星科学、计算机科学、生物学、生态学、人口统计学与社会科学、经济与金融学等众多领域中，且表现形式多种多样。在自然界与日常生活中，包括地震规模大小的分布（古登堡—里希特定律）、月球表面上月坑直径的分布、行星间碎片大小的分布、太阳耀斑强度的分布、计算机文件大小的分布、战争规模的分布、人类语言中单词频率的分布、大多数国家姓氏的分布、科学家撰写的论文数的分布、论文被引用的次数的分布、网页被点击次数的分布、书籍及唱片的销售册数或张数的分布、每类生物中物种数的分布、甚至电影所获得的奥斯卡奖项数的分布等，都是典型的幂律分布（胡海波和王林，2005）。

有研究发现，在电子商务环境中，特别是 C2C 情况下，购买环境和线下购买显著不同，一是失去地理的约束，商家的潜在顾客数量非常巨大；二是由于风险和信任因素，顾客上次购买事件会显著地影响到下一次的购买决策，因此购买的概率不应该是常数。叶作亮等（2011）对淘宝及 Ebay 等 C2C 平台上的交易数据进行了统计分析，发现在交易中，某一商家的顾客重复购买次数分布既不是呈 NBD 分布，也不是呈 LSD 分布，而是呈幂律分布。

如果一个正的连续型随机变量 X 服从幂律分布，则其概率密度函数形式为

$$f(x) = Cx^{-\alpha} \qquad (6-20)$$

式中，C 为标准化常数，$\alpha > 1$。在一般所见的现象中，X 不会在其整个取值范围内服从幂律分布，更可能在大于某个数的范围内服从幂律分布，称 X 尾部的分布服从幂律分布。用 $x_{\min}$ 表示 x 的下界，连续型幂律分布的概率密度函数为

$$f(x) = \frac{\alpha - 1}{x_{\min}} \left(\frac{x}{x_{\min}} \right)^{-\alpha} \qquad (6-21)$$

图 6-4 描绘了 $x_{\min} = 3$，α 分别为 2，3 和 4 时连续型幂律分布的概率密度函数。

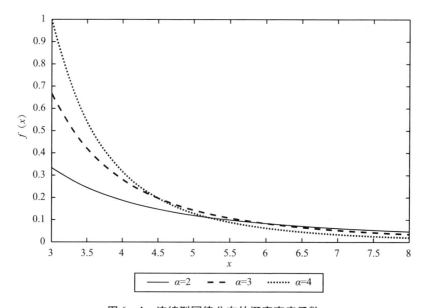

图 6-4　连续型幂律分布的概率密度函数

在离散分布的情形下，随机变量 X 只能取一系列离散值。假设其只能取整数值，则幂律分布的概率分布为

$$p(x) = \Pr(X = x) = Cx^{-\alpha} \qquad (6-22)$$

同样用 $x_{\min}$ 表示 x 的下界，计算出标准化常数 C 后，可得

$$p(x) = \frac{x^{-\alpha}}{\zeta(\alpha, x_{\min})} \qquad (6-23)$$

式中，$\zeta(\alpha, x_{\min}) = \sum_{n=0}^{\infty} (n + x_{\min})^{-\alpha}$。

令 $P(x) = \Pr(X \geqslant x)$，连续情形下幂律分布的分布函数为

$$P(x) = \left(\frac{x}{x_{\min}}\right)^{-\alpha+1} \qquad (6-24)$$

离散情形下幂律分布的分布函数为

$$P(x) = \frac{\zeta(\alpha, x)}{\zeta(\alpha, x_{\min})} \qquad (6-25)$$

通过新产品扩散模型可以估算出新创企业每年能获取的新客户数和已有老客户数，通过幂律分布模型可以获取老客户每年的购买次数均值，然后可以借此容易估算出新创企业的销售收入。

6.4 基于自由现金流折现估值法的新创企业价值最大化决策模型

当新创企业的用户量较少时，企业给予新用户越大的价格补贴，一方面会吸引更多的新用户，在未来会给企业带来大量的现金流入；另一方面意味着更大的资金投入，可能导致企业入不敷出、资金紧张，如果自有资金不足或融资不畅，就会引发资金链断裂。新创企业通过牺牲眼前利益换取长远利益，前提是企业能活到收获硕果的那一天。现实中失败的例子比比皆是。例如，中国生鲜电商鼻祖"易果生鲜"于 2020 年 10 月进入破产重组阶段，包括子公司云像供应链、安鲜达在内的多家公司均申请自愿破产重组，并负债 23 亿元开始遣散员工。而这只是生鲜电商行业发展的一个缩影。据不完全统计，2018—2019 年倒闭的生鲜电商品牌有 36 家，呆萝卜、妙生活、吉及鲜等多家知名平台接连折戟。有分析人士表示，长期来看，生鲜电商一定是个重资本的产业，前期需要大量的成本投入，通过烧钱换取流量，从而支撑自己的快速扩张，当市场存在资本荒、风险投资机构投资非

常谨慎时，烧不起钱的玩家会是最先被淘汰的企业。因此本节的模型中增加对现金流的约束。

假设一个提供创新产品或服务的初创企业，采用对新用户实行价格补贴的促销策略来吸引用户，可以通过借贷融资。考察不同的补贴策略对企业价值的影响。

基于客户价值方法，企业 i 第 t 年的股权自由现金流为

$$FCFE_{it} = \left[n_i(t)(P_i - s_t - c) + (P_i - c)\sum_{k=1}^{N_i(t)} m_k - C_f - I_t \right](1 - TR)$$
$$+ DE_t - CE_t - \Delta WC_t + \Delta L_t \tag{6-26}$$

式中，$n_i(t)$ 为第 t 年获取的新用户数量，$N_i(t)$ 为第 t 年年末的总用户数，$n_i(t) = N_i(t) - N_i(t-1)$。$N_i(t)$ 可由新产品扩散模型求得。m_k 为第 k 个老客户的重复购买次数，可由幂律分布模型求得。P_i 为产品或服务单价，s_t 为企业对新用户的价格补贴。c 为单位可变成本，C_f 为固定成本，I_t 为偿还的利息，TR 为企业所得税税率，DE_t 为折旧，CE_t 为资本支出，ΔWC_t 为营运资本的增加，ΔL_t 为新增借款。

用 $p(x)$ 表示老用户在一年里重复购买 x 次的概率。一个老用户在第 t 年购买次数的期望值为 $m_k = \sum_x x p(x)$。

企业所得税税率 TR 取值由式（6-27）决定：

$$TR = \begin{cases} TR_a & \left[n_i(t)(P_i - s_t - c) + (P_i - c)\sum_{k=1}^{N_i(t)} m_k - C_f - I_t \right] > 0 \\ \\ 0 & \left[n_i(t)(P_i - s_t - c) + (P_i - c)\sum_{k=1}^{N_i(t)} m_k - C_f - I_t \right] \leqslant 0 \end{cases}$$
$$\tag{6-27}$$

利用自由现金流折现方法，在时点 0 时企业股权价值为

$$EV_i = \sum_{t=1}^{T} \frac{FCFE_t}{(1+r)^t} + \frac{TV}{(1+r)^T} \tag{6-28}$$

式中，T 为股权自由现金流的详细预测期，TV 为详细预测期结束时企业股权价值的终值。

给定创新产品的销售单价 P_i，企业的决策变量为给新客户的价格补贴 s_t，以及企业 i 在第 t 年的借贷金额 L_t。假设无应收账款，企业的决策目标为企业的股权价值最大。决策模型可写为

$$\max EV_i \tag{6-29}$$

s. t.

$$Z_{it} + \left[n_i(t)(P_i - s_t - c) + (P_i - c) \sum_{k=1}^{N_i(t)} m_k - C_f - I_t \right](1 - TR)$$
$$- CE_t + \Delta L_t \geqslant 0 \qquad (6-30)$$

$$Z_{i,t+1} = Z_{it} + \left[n_i(t)(P_i - s_t - c) + (P_i - c) \sum_{k=1}^{N_i(t)} m_k - C_f - I_t \right](1 - TR)$$
$$- CE_t + \Delta L_t \qquad (6-31)$$

约束（6-30）表示第 t 年年末企业拥有的现金量大于等于 0，Z_{it} 为企业 i 在第 t 年年初所拥有的资金量。约束（6-31）为年末资金量的递推公式。

6.5 算 例

本节通过一个算例来说明如何利用新产品扩散模型和重复购买次数模型来估计企业自由现金流进而计算企业价值，以及对新用户的补贴对企业价值的影响。

1. 产品用户数量计算

假设有两家企业，即企业 1 和企业 2 在同一市场展开竞争，且各自的产品或服务定价相同，因此对新用户补贴前实际价格也相同，根据式（6-19）有 $f(P_i, P_j) = 1$，由式（6-18）可知两家企业产品扩散程度分别为

$$\frac{dN_1(t)}{dt} = \left[p_1 + \frac{q_1}{m} N_1(t) + \frac{q_{12}}{m} N_2(t) \right] \left[m - N_1(t) - N_2(t) \right] \quad (6-32)$$

$$\frac{dN_2(t)}{dt} = \left[p_2 + \frac{q_2}{m} N_2(t) + \frac{q_{21}}{m} N_1(t) \right] \left[m - N_1(t) - N_2(t) \right] \quad (6-33)$$

假设这两家企业的产品同时投入市场，在时点 0 都没有用户，即 $N_1(0) = N_2(0) = 0$。对各参数赋值 $P_1 = P_2 = 0.008$，$q_1 = q_2 = 0.325 \times 0.8$，$q_{12} = q_{21} = 0.325 \times 0.2$，$m = 4 \times 10^7$，代入式（6-32）和式（6-33）中并对 $N_1(t)$、$N_2(t)$ 求解，可得 t 时点两家企业的总客户量，如图 6-5 中实线所示。第 2 年年末总用户量 $N_1(2) = N_2(2) = 0.88 \times 10^6$。

现在假设企业 1 在第 3 年年初开始实施补贴，而另一家企业保持价格不变。当 $s = 2$ 时实际价格 $P_1 = 4$，$P_2 = 6$，由式（6-19）可得 $f_1(P_1, P_2) = \left(\frac{4}{5} \right)^{-2} = 1.5625$，$f_2(P_1, P_2) = \left(\frac{6}{5} \right)^{-2} = 0.6944$。两家企业的市场扩散程度

都会发生改变，由式（6-18）可知从第3年年初开始产品扩散程度变为

$$\frac{dN_1^s(t)}{dt} = \left[0.008 \times 1.5625 + \frac{0.325 \times 0.8 \times N_1^s(t)}{4 \times 10^7} + \frac{0.325 \times 0.2 \times N_2^s(t)}{4 \times 10^7} \right]$$
$$\times \left[4 \times 10^7 - N_1^s(t) - N_2^s(t) \right] \quad t \geq 2 \qquad (6-34)$$

$$\frac{dN_2^s(t)}{dt} = \left[0.008 \times 0.6944 + \frac{0.325 \times 0.8 \times N_2^s(t)}{4 \times 10^7} + \frac{0.325 \times 0.2 \times N_1^s(t)}{4 \times 10^7} \right]$$
$$\times \left[4 \times 10^7 - N_1^s(t) - N_2^s(t) \right] \quad t \geq 2 \qquad (6-35)$$

对微分方程式（6-34）和微分方程式（6-35）中的 $N_1^s(t)$、$N_2^s(t)$ 求解，可得企业1实施补贴后 $s=2$ 两家企业产品的扩散程度，分别如图6-5所示的双划线和虚线。

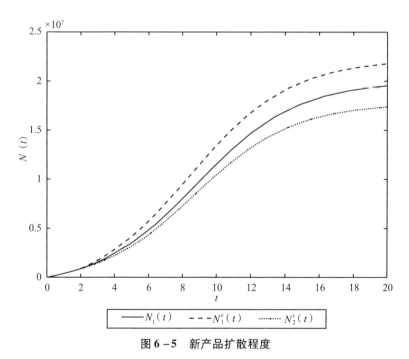

图6-5　新产品扩散程度

2. 自由现金流和股权价值计算

假设老用户的新产品重复购买次数服从幂律分布，参数值为 $x_{min}=2$，$\alpha=4$，据式（6-23）可计算出单个老客户购买次数的期望值为 $m=2.41$ 次。

先计算无补贴时的股权自由现金流和企业价值。假设企业1期初自有资

本金为 40×10^6 元，当总用户数小于 10×10^6 个时总固定运营成本为 16×10^6 元，当总用户数大于 10×10^6 个时总固定运营成本为 32×10^6 元，单位可变成本为 4 元，第 3 ~ 第 5 年因为资金紧张需新增借款 10×10^6 元，借款年利率为 10%，折现率为 16%，所得税税率为 15%。表 6 - 1 为前 11 年的股权自由现金流的预测数据。

表 6 - 1 无价格补贴时的企业股权自由现金流

指标	第 1 年	第 2 年	第 3 年	第 4 年	第 5 年	第 6 年	第 7 年	第 8 年	第 9 年	第 10 年	第 11 年
新用户/10^6 个	0.38	0.5	0.67	0.91	1.04	1.34	1.50	1.68	1.76	1.75	1.66
总用户/10^6 个	0.38	0.88	1.55	2.46	3.5	4.84	6.34	8.01	9.77	11.53	13.18
总固定运营成本/10^6 元	16	16	16	16	16	16	16	16	16	32	32
借款/10^6 元	0	0	10	10	10	0	0	0	0	0	0
利息/10^6 元	0	0	1	1	1	0	0	0	0	0	0
净利润/10^6 元	-14.17	-11.76	-9.53	-5.14	-0.13	6.21	12.37	19.23	26.44	20.03	26.81
股权自由现金流/10^6 元	-13.17	-10.76	1.47	-4.14	0.87	-2.79	13.37	20.23	27.44	21.03	27.81

假设第 11 年年末资本市场同类型公司的市盈率为 30，第 11 年后自由现金流不再增长。据式（6 - 9）可计算出企业 1 在第 2 年年末时的企业价值为 $EV_i = \sum_{t=3}^{10} \dfrac{FCFE_t}{(1+r)^{t-2}} + \dfrac{TV}{(1+r)^{11}} = \sum_{t=3}^{10} \dfrac{FCFE_t}{(1+r)^{t-2}} + \dfrac{NP_{11} \times P/E}{(1+r)^{11}} = 239.50 \times 10^6$（元）。

然后计算企业 1 从第 3 年开始对新用户实施价格补贴后的企业股权自由现金流和企业价值。与前述计算过程一样，可得当补贴分别为 2、4、5 时的企业股权自由现金流和企业第 2 年年末的股权价值，见表 6 - 2。

表 6-2　企业 1 实施补贴后的企业股权自由现金流和企业价值

指标		第 1 年	第 2 年	第 3 年	第 4 年	第 5 年	第 6 年	第 7 年	第 8 年	第 9 年	第 10 年	第 11 年	第 12 年
总用户数/10⁶ 个	s = 2	0.38	0.88	1.75	2.82	4.16	5.73	7.54	9.48	11.48	13.42	15.21	16.76
	s = 4	0.38	0.88	2.55	4.56	6.87	9.42	12.10	14.72	17.16	19.30	21.09	22.53
	s = 5	0.38	0.88	5.15	9.72	14.26	18.43	21.98	24.76	26.85	28.37	15.21	16.76
净利润/10⁶ 元	s = 2	-14.17	-11.76	-10.31	-5.54	0.32	7.21	14.21	21.93	16.42	24.48	32.07	38.82
	s = 4	-14.17	-11.76	-11.39	-3.07	5.83	16.31	13.26	24.18	34.80	44.58	53.10	60.20
	s = 5	-14.17	-11.76	-13.53	5.94	11.08	30.58	47.78	62.43	73.92	82.57	88.87	93.38
股权自由现金流/10⁶ 元	s = 2	-13.17	-10.76	0.70	-4.54	1.32	-1.79	15.21	22.93	18.42	26.48	34.07	40.82
	s = 4	-13.17	-10.76	-0.39	-2.07	6.83	7.31	14.26	25.18	35.80	45.58	54.10	61.20
	s = 5	-13.17	-10.76	-2.53	6.94	12.08	21.58	48.78	63.43	74.92	83.57	89.87	94.38
企业价值/10⁶ 元	s = 2		280.62										
	s = 4		469.12										
	s = 5		824.92										

从表 6-2 可以看出，在第 3 年即在补贴开始后的第 1 年，补贴越多亏损越严重。但从第 4 年开始，亏损额大幅收窄，甚至利润直接转正。从第 5 年开始补贴的作用开始显现，补贴越大，净利润上升的幅度越大。股权自由现金流呈现同样的变化规律。总体上企业股权价值随补贴的上升而上升。

6.6 结　　论

传统的 DCF 方法之所以被认为不适合于新创企业估值，是基于这样的理由：传统的价值评估方法适合于成熟和稳定的、现金流相对较易预测的业务，新经济中的新创企业通常在早期大量投资，导致负现金流，因此很难用 DCF 方法来衡量一家利润为 0 或负的企业。并不是因为 DCF 方法本身的缺陷，而是因为仅依赖于新创企业当前和历史的财务数据来做预测是非常不可靠的。因此真正要解决的问题是找到一种更佳的方法来预测新创企业的现金流，再应用到 DCF 方法中。通过古普塔等（2006）对客户终身价值概念的阐释，可以发现，如果采用基于客户的方法来预测新创企业的现金流，对新创企业估值将是一种更为合理的方法。

本章应用新产品扩散模型和幂律分布模型，借鉴客户终身价值的计算方法，以融资和现金流为约束条件，构建了新创企业价值最大化的决策模型。通过算例比较了新创企业实施补贴前后的企业价值对比，发现价格补贴的作用。但算例中假设企业是不存在融资约束的，也仅比较了三种不同的价格补贴下企业股权价值的变化，因此不能简单地得出企业股权价值随补贴大小单调变化的结论。

第7章 基于实物期权估值法的新创企业运营决策

7.1 引　言

科技型新创企业的生命周期中通常要经历机会发现、研发、成长、早期启动、快速成长等多个阶段。以一家制药公司为例，一种新药要经过至少三个不同的阶段才能上市。最初的阶段是人力资本和必要的研发基础设施相结合，最终取得突破的阶段，即研发阶段。该阶段以一种新药的发明结束。在新药被发明出来之后，它需要经过一个由几个子阶段组成的临床试验阶段，即第二阶段，在这一阶段，必须采取所有必要的步骤来获得政府管理部门的批准，然后药物才能上市。临床试验阶段是漫长的，并且耗资巨大。一旦产品准备上市销售，临床试验阶段就结束了，然后进入市场化阶段。王庆华等（2020）系统性地梳理和分析国内外新药研发成本的实证研究，发现新药平均研发成本从 1979 年的 1.8 亿美元上升到 2016 年的 26.5 亿美元，相差约15 倍，Ⅰ、Ⅱ、Ⅲ期临床阶段所需的平均时间分别约为 19 个月、25 个月、30 个月，呈递增趋势，平均完成一个新药的临床试验，最短需要 55.9 个月，最长为 116.1 个月，平均需要耗时 58.1 个月（约 5 年），新药研发临床阶段的总成功率为 10.7% ~ 30.2%。在新创企业生命周期中的每一个阶段都面临着巨大的不确定性，如市场和技术不确定性。技术的不确定性来自创新过程本身的随机性。在研发阶段，企业面临着一个随机的创新完成日期。市场不确定性是指一项创新的价值随着市场条件的变化而变化的现象，这种不确定性是由不断变化的成本条件、不同程度的竞争和对新产品的随机需求导致的（Dockner & Siyahhan，2015）。

对投资者而言，这些不确定性意味着巨大的投资风险，特别是投资于尚处于研发阶段的企业。2019 年 10 月 30 日，苏州泽璟生物制药股份有限公司（以下简称泽璟制药）通过上交所上市委审核，成为当时第一家使用科创板第五套标准成功过会的生物药企。所谓"第五套标准"，是指不看 IPO 企业的业绩标准，而重点从预计市值及技术优势上来看。选择"第五套标准"过会的泽璟制药，当时尚无任何药品销售收入，2016 年以来持续亏损，截至 2019 年 3 月底，公司累计未分配利润为 –1.8 亿元。在研发成就上，泽璟制药当时正在开发 11 个创新药物，其中甲苯磺酸多纳非尼片、重组人凝血酶及盐酸杰克替尼片的多种适应症已分别处于 II/III 期临床试验阶段。泽璟制药 2009 年成立，此次 IPO，泽璟制药计划发行不超过 6000 万股，募集资金投入新药研发项目、新药研发生产中心二期工程建设项目、营运及发展储备资金。对于第一家采用第五套标准成功过会的企业，泽璟制药的业绩表现与此前的上市新股差距较大。在 2016 年度、2017 年度、2018 年度、2019 年 1~3 月，泽璟制药的营业收入分别为 20.3 万元、0 元、131.12 万元、0 元。相同报告期内，泽璟制药归属于母公司普通股股东的净利润分别为 –1.28 亿元、–1.46 亿元、–4.4 亿元和 –1.7 亿元。泽璟制药表示，创新药研发需要大量资本开支，公司仍处于产品研发阶段、研发支出较大，且报告期内因股权激励计提的股份支付金额较大，导致公司存在较大的累计未弥补亏损。截至 2019 年 3 月底，泽璟制药累计未分配利润为 –1.8 亿元，资产总额为 3.8 亿元，归属于母公司所有者权益为 1.88 亿元。在泽璟制药招股书中第一条就提示，"公司具有研发投入大、经营风险高、业绩不稳定、退市风险高等特点。"（李云琦，2019）

不仅在医药行业，在其他很多新兴行业同样也如此。美国《连线》杂志撰文详细阐述了美国无人机创业公司 Lily Robotics 从一夜爆红到轰然倒塌的整个过程。Lily 无人机公司最早于 2013 年在加州大学伯克利分校创立，这家公司并不乐于称自己是无人机公司，而是更愿意把产品定位于"飞行的照相机"类别，公司创始人甚至写下了"重新定义相机"的豪言壮志。Lily 的理念是致力于推出一款可以自动跟随用户的相机，无论用户在走路、奔跑或者滑雪时都能充当用户自动移动的"自拍杆"。Lily Robotics 的联合创始人兼 CEO，安东尼 – 巴拉里斯克（Antoine Balaresque）开始回忆他关于"飞行摄像机"的原始想法。故事的起源是 2013 年，他们全家人当时一起去优胜美地国家公园旅行。在此期间，巴拉里斯克的母亲拍了一张全家福。由于母亲负责拍照，所以"这些美好的记忆中总是看不到她"。正是这段经历让他有了开发自拍无人机的想法。当时市面上有很多拍照无人机，但巴拉里斯克与创业伙伴亨利·布拉德罗（Henry Bradlow）设计了一种颇具特色的产品。"它能自主飞行。"巴拉里斯克说。借助 GPS 追踪系统和视觉识别技术，他们设计的拍照无人机可以神奇地追踪用户，全程都无须使用遥控器。这款产品轻巧便携，不仅可以为旅行新手提供帮助，对资深探险者也同样适用。2015 年 5 月，当宣布启动无人机旗舰产品的预售宣传活动时，Lily 再次受到了一连串关注，该产品的推出搭配了一段时髦的发布视频，其中无人机被抛向空中并自动跟随用户更是让所有用户充满了期待。Lily 预订的早鸟价为 499 美元，预售价格为 799 美元，正式售价为 999 美元。作为一家初创企业，这样的产品定价并不便宜，预订数也相当理想，这主要得益于 Lily 出色的宣传视频和概念推广所致。消息称，Lily 无人机在预订期间共获得不少于 3400 万美元的预定金额，也就说有不少于 6000 名用户对公司提供了资金支持。对于这样一家初创企业及其产品，许多知名媒体也是丝毫不吝自己的溢美之词。其中，《英国卫报》就以《Lily：499 美元的私人摄影师》撰写了评论文章，《连线》杂志则将其形容为"Lily 不是无人机的未来，更像是单点摄影技术潮流的未来"。在 2016 年 1 月的消费电子展 CES 上，Lily 无人机获得了最具创新产品的奖项，并被《华尔街日报》评为当年最值得期待的消费电子产品。2015 年，由于广受外界关注，该公司从 Spark Capital 和 The House Fund（杰里米－费昂斯毕业后创办的创投基金）以及 Winklevoss Capital 获得了 1400 万美元投资。巴拉里斯克和布拉德罗也入选《财富》杂志"30 位 30 岁以下精英"榜单（马婧，2017；Pishko，2017）。

然而，常年处在镁光灯下的 Lily 却低估了量产对高性能硬件的要求、供应链管理以及大量资本支撑的重要性，Lily 无人机分别在 2015 年 12 月、2016 年 2 月、2016 年 8 月接连发生三次跳票事件。这源于视频宣传的黑科技难以实现，或者能够实现但效果不佳。2015 年 12 月，当 Lily 第一次跳票时，就传出了其最大亮点"抛飞"功能不稳定的消息。有媒体称其试飞 Lily 无人机"抛飞"功能时失败。2016 年 2 月，Lily 第二次跳票，原因不明，有消息称试用机跟拍时图像不稳。2016 年 8 月，Lily 第三次跳票。一位 Lily 内部员工对媒体称，原因很简单，为了实现视频中宣传的那些黑科技，公司消耗了大量资金，到最后没钱了。但是，Lily 用户在 2017 年 1 月并没有等来产品发货的通知，而是收到了一封主题为"旅程的结束"的电子邮件。在邮件中 Lily 表示尽管公司已经竭尽全力，但 Lily 无人机仍然存在无法解决的产品难题，所以决定关闭公司，并在 60 天内退回众筹款项（腾讯科技，2017）。

对类似上述的泽璟制药、Lily Robotics 等公司如何定价，是市场最为关心的话题，因为他们的产品处于研发阶段，尚未开展商业化生产销售，公司产品尚未实现销售收入且尚未盈利、连续亏损。2019 年 6 月 10 日，泽璟制药披露招股说明书表示，公司已连续多轮获得多家有医药行业投资经验的机构投资者投资，截至报告期末最近一次投资后的估值约为 47.5 亿元。资料显示，民生人寿、邕兴投资、北极光创投、深创投、中小企业基金、东方创业等均在泽璟制药股东名单中（李云琦，2019）。

实践中，风险调整后的 DCF 模型是创新药公司境外上市估值定价中最常用的方法之一。由于创新药研发风险大，存在失败的概率，通常会以折现现金流（DCF）模型为基础，在对在研药物的收入、利润以及现金流的预测基础上，考虑未来研发成功的概率，对产生的现金流进行调整，再将调整后的现金流加总进行折现，得到该创新药公司的净现值（郭璐庆和张婧熠，2020）。然而泽璟制药并没有采用 DCF 方法，而是第一家选择"第五套标准"的科创板医药公司，选取"市值/研发费用"作为可比估值乘数，也是第一家业绩亏损的科创板医药公司。市值/研发费用这一估值指标由于可以反映一家公司研发创新实力以及研发创新潜力从而体现公司价值，其在二级市场估值中也较为常用。泽璟制药公司多个核心产品市场规模较大，且已处于Ⅱ/Ⅲ期临床试验阶段，具备明显的技术优势，所以发行人采用可比公司市值/研发费用平均值进行估值（李云琦，2019）。一位券商分析人士称，泽璟制药及可比公司均为研发驱动的创新药企业，研发投入为该类企业价值增长的主要驱动因素，研发投入费用可以在一定程度上反映其现有价值及未来成长潜力。

尽管对于研发投入较大的新兴行业而言，对新创企业估值采用"市值/研发费用"作为可比估值乘数具有一定的合理性，但研发投入与企业价值之间关系是复杂的。德国学者冯·布朗博士在《创新之战》一书中，对 30 家来自美国、欧洲及日本的电子电气公司的研发投入与销售收入和利润的数据研究中发现：在 1978—1990 年，这些所谓的高科技公司的研发费用分别增长了 3~5 倍（其中，美国与欧洲公司的研发费用增长了 3 倍，日本公司增长了 5 倍），但同期这 30 家公司的总销售额年均增长率仅为 10%。即使考虑到研究与开发收益的滞后性，其 1984—1990 年的销售增长变化也只有 11%，这可以用 1978—1984 年的经费增加来解释。也就是说，其研发投入的增加与产品销售收入的增长之间并不存在正相关关系（王建华和王海云，2005）。冯·布朗博士基于这一现象提出了研发投资"加速化陷阱"这一概念。所谓研发投资"加速化陷阱",对企业或行业层面而言,就是指研发项目投资额的不断增加与企业产品销售收入和利润增长之间的非正相关关系所引起的高风险。正如泽璟制药在招股书中提示,公司存在研发新药可能由于疗效不确定、安全性问题等多种原因导致研发失败或不能获得监管部门的审批导致的失败。上市后,公司未盈利状态可能持续存在或累计未弥补亏损可能继续扩大。

尽管 DCF 估值模型是一个很重要的工具,这种方法已被普遍接受,但是许多例子都显示,DCF 方法并不能得到投资的实际估值,特别是对一个尚处于生命周期早期阶段的新创企业而言,因为 DCF 方法会忽略一个公司拥有的机动性权利,例如推迟产品上市,产品上市后增加或缩减产量,或者放弃生产,而这种灵活性是具有价值的。这种公司享有未来修正决定的灵活性的权利就是实物期权。实物期权的概念最初是由麻省理工学院(MIT)的斯特沃特·梅耶斯(Stewart Myers)于 1977 提出的,他认为传统的净现值法没有考虑到项目管理灵活性所具有的价值,而利用实物期权定价方法其结果更好。

从期权的视角来看,对科技型新创企业而言,研发所带来的是一种选择权,因此研发投资可以看作付出一定的期权费(研发支出)来获得一个实物看涨期权(郭晓日,2019)。安吉利斯(Angelis,2000)认为实物期权模型可以"捕捉"到研发投资项目具有灵活性的价值,该价值存在于当研发结果并不理想时,管理层有权力可以放弃继续投资以限制损失额,也正因如此,净现值法(Net Present Value,NPV)易于低估研发投资的价值。凯洛格和查尔斯(Kellogg & Charles,2000)发现生物技术行业的许多公司尽管产品处于早期开发阶段,还没有从产品销售中获得任何利润,但估值却很高,是因为可能出现的重磅新药的价值。班纳吉(Banerjee,2003)基于假设和估计对一家印度制药公司进行了价值评估,发现传统的现金流量折现法(DCF)很难解释该公司约 39% 的市值,其原因是对于制药公司而言,大部分的市场价值是由 R&D 中取得的里程碑驱动的,而这些里程碑并没有被传统的折现现金流所捕获,但市场价格已经反映了增长期权的价值,R&D 投资的潜在价值在实物期权估值法中能更好地被认识到。

本章首先介绍实物期权估值的基本理论与方法,然后构建二项式方法下的新创企业估值模型,并通过算例说明在此估值方法下新创企业使得估值最大化的研发投入决策方法。

7.2 实物期权估值的基本理论与方法

7.2.1 实物期权理论

期权是赋予持有者未来行使某种权利的权利，而没有必然行使的义务，这种权利和义务的不对称是期权的本质所在。期权实际上给予期权所有者能够进一步利用所获得的信息作出理性的判断和决策来降低风险的程度，因此，期权赋予期权所有者的权利是有价值的，这种价值反映了由风险降低所带来的收益增加或损失减少（张益民，2011）。

实物期权的概念是由麻省理工学院的斯特沃特·梅耶斯教授于 1977 年提出的。他指出，一个投资项目产生的现金流所创造的利润，是来自目前所拥有资产的使用，再加上一个对未来投资机会的选择。亦即企业可以取得一个权利，在未来以一定的价格取得或者出售一项实物资产或者投资项目，而取得此项权利的价格则可以使用期权定价公式计算出来，所以实物资产的投资可以应用类似于评估一般金融期权的处理方式来进行评估。因为其标的物为实物资产，所以他把这种性质的期权称之为实物期权。实物期权是分析未来决策能如何增加价值的一种方法，或研究将来可以相机而动这种灵活性有多大价值的一种方法（Myers，1977）。实物期权是金融期权理念的扩展和延伸。实物期权是实物资产或项目未来机会的一种选择权，它赋予管理决策者以灵活机动性，相对于金融期权的标的资产是金融资产，实物期权的标的资产是项目或实物资产。实物期权和金融期权的具体差异如表 7-1 所示。

表 7-1　　　　　　　　　　　实物期权和金融期权比较

项目	金融期权	实物期权
标的资产	股票等金融资产	企业或单项资产
标的资产价值	标的资产当前价格	标的资产在评估基准日不含实物期权价值的价值
执行价格	金融期权的执行价格	执行期权时，买卖资产所付出的代价或获得的补偿
行权期限	金融期权的有效期	评估基准日至实物期权行权时间点之间的时间跨度

续表

项目	金融期权	实物期权
波动率	标的资产价格的方差	标的资产预期收益率的方差
无风险利率	国债利率	国债利率

资料来源：朱荣，严章瑶，张亚婷.实物期权法估值研究综述［J］.中国资产评估，2020（5）：12－21.

实物期权理念试图把镶嵌在项目中的管理灵活性的价值体现于价值评估之中，从而可以全面地理解一个项目的运作过程和真正的价值所在。对实物期权一种经典的分类是特里杰奥吉斯（Trigeorgis，2007）提出的，如表7－2所示。

表7－2 各种常见的实物期权

类型	描述	行业
推迟型期权	管理者租赁（购买）有价值的土地或资源。他可以等待 x 年再决策是否开发，以便观察产品价格能否支持建筑物和工厂的建造，或土地的开发	所有的自然资源行业、不动产开发、种植业和造纸业
建造时间型期权（分阶段的投资项目）	把投资划分为一个支出的序列，若是新信息不利，可以在居间期内就放弃企业的期权。可以将每一阶段看作针对后续各阶段所含价值的期权，并作为复合性期权而予以估价	所有的研发密集性行业，特别是医药业，建设周期较长的资本密集性项目（如大规模的建筑项目、能源加工厂）和风险资本项目
改变经营规模型期权（如扩充、收缩、短暂歇业和重新启动）项目	若市场条件好于预期，公司可以扩充生产规模，或加速利用资源；相反，若条件劣于预期，它可小经营规模。在极端情况下，可以暂停或重启项目	自然资源行业（如采掘业）、周期性行业的设备规划和建造、时尚、装饰、消费品和商业化的不动产项目
放弃型期权	若市场条件严重恶化，管理者可永久性地放弃现行经营，在二手市场上获得资本设备和其他资产的重售价值	资本密集性行业（如民航线路、铁路）、金融服务、在不确定的市场中引入新产品
转换型期权（如产品或投入）	若价格或需求发生变化，一方面，管理者可以改变生产设备的产品组合（产品方面的灵活性）；另一方面，可使用不同类型的投入生产同样的产品（工艺方面的灵活性）	*产品转换*：任何小批量的或需求变动剧烈的产品（如家用电器）、玩具、特种纸张、机械零部件汽车；*投入转换*：所有取决于原料的设备、电力、化工产品、农作物转换、原材料供应源

续表

类型	描述	行业
增长型期权	前期投资（如研究与开发、租赁未开发土地或油藏区、战略性勘探、信息网络）是一系列相关项目的前提或纽带，将为未来开辟进一步的增长机会（如新产品或新工艺、油田的形成、新市场的进入、核心生产能力的提高），和跨项目的复合式期权一样	所有以基础设施为前提的，或者战略性的行业，特别是高技术、研究与开发、生产多种产品或多用途产品的行业（如电脑、医药）；多国公司经营、战略性收购
相互作用的多重期权	实际项目通常包括各种期权的集合。提高上升和防范下跌潜能，不同期权可能同时出现。它们的整合价值将不等于各单独价值之和，即它们既有可能相互作用，也会与融资灵活性方面的期权相互作用	上面所列举的大多数行业内的实际项目

资料来源：Trigeorgis L. 实物期权：灵活机动的管理和资源配置战略［M］. 林谦，译. 北京：清华大学出版社，2007.

针对风险投资项目而言，最难以计量的是项目的高风险性，这种风险可以从实物期权的角度来理解，并通过成熟的实物期权量化计量方法把项目的不确定性体现在项目价值中，更好地为投资者和管理者服务。在风险投资项目中，实物期权是针对管理者的管理灵活性而言。随着时间的推移，管理者可以随着信息到来增加确定性并进行机动灵活的决策和管理，以增加项目的价值或减少项目的亏损。而传统的估值方法 NPV 方法和其他 DCF 方法的基本缺陷在于，它们忽视了或者无法正确地把握管理者修订和矫正后续决策的能力，即重新审度其蕴涵的经营战略。尤其是，常规的 NPV 方法假定了针对现金流的某种"预期情形"，预先设定了管理者对于一定"经营战略"的承诺（锁定）。这实质上意味着，管理者似乎在最初就作出了关于"经营战略"不会逆转的承诺。例如，立即启动项目，并且一直经营到其预定的预期有效期结束，而不能违反承诺，无论自然状态是否符合预期的现金流情形。然而，在充满不确定性以及相互竞争作用的现实环境中，现金流的实现与管理者最初的预期会相悖。随着新信息的来临和关于未来现金流的不确定性逐步消解，管理者可能会发现，项目赋予他各种灵活性，从而可以偏离或者矫正他在最初所预期的经营战略。例如，在项目期限内的各个阶段上，管理者能够推迟、扩张、收缩、放弃或者根据其他方式改变项目（张益民，2011）。

　　管理者可以根据未来的境况而矫正其未来行动，管理上的这种灵活性将会造成项目 NPV 在概率分布上的不对称性或者倾斜性。如果管理者不具备这种灵活性，项目 NPV 的概率分布将大致呈现出对称分布（参见图 7 – 1 中虚的曲线部分），其 NPV 期望值（ENPV，可称之为静态的或被动的 NPV 期望值）大小如图 7 – 1 所示。然而，如果管理策略具备很大的灵活性（例如，推迟实施或提前放弃项目的期权），可针对出乎管理者最初预期之外的未来事件进行更好的矫正（或者保护），将会通过提高其上升的潜力及限制其下跌的损失，使得实际形成的项目 NPV 的分布向右倾斜（参见图 7 – 1 中实的曲线部分）。这类不对称分布的 NPV 期望值（可称之为扩充性或战略性的 NPV 期望值）超过了静态或被动的 NPV 期望值，其差额就是期权溢价。显然，期权溢价来自主动型管理所产生的经营和战略性期权的价值，竞争性、协同性和各项目依存性等项相互作用，体现了管理灵活性的价值（Trigeorgis，2007）。用公式表示为

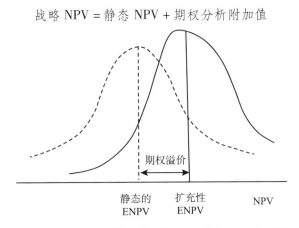

战略 NPV = 静态 NPV + 期权分析附加值

图 7 – 1　由管理灵活性或者期权造成的 NPV 在概率分布上的不对称性

7.2.2　新创企业的实物期权特征

　　新创企业，特别是科技型企业在创立后往往经历研发阶段（包括研究初始阶段、原型开发和测试阶段等）与商业化阶段（包括建造生产工厂阶段和市场营销阶段等），随着时间的推移，技术环境和市场环境会变化，研发投资效果和商业化投资效果因而具有极高的不确定性。管理者因此需要随

企业内外部环境的变化进行相机决策。以研究开发阶段和商业化投资两阶段来说明：如果研发不成功，将不进行商业化投资。在决定商业化投资时刻，初始研发投资使公司选择是否投资以使公司价值变化。在商业化阶段，决定是否调整产能规模，甚至关闭。可以看出，新创企业具有实物期权特征（郑德渊、伍青生和李湛，2000）。表 7 - 3 显示新创企业从机会识别到最终退出所经过的各累积阶段的标准发展过程，在每一个阶段，都列出了通常与该阶段相关联的行动类型以及可能要面对的实物期权。

表 7 - 3 　　　　　　　　　　新创企业的各个发展阶段与实物期权

阶段	相关行动	实物期权	相关描述
机会	获得种子资金； 评估机会； 评估战略备选方案； 确定组织结构； 确定组织形式； 准备商业计划书	进入下一阶段； 概念修正； 放弃	在产生大量费用前，在准备商业计划书的过程中所进行的所有活动
研发	获得研发融资； 建立研究团队； 开展研发活动，例如，保护专利、开发样机、建设网站； 测试市场/市场调研； 评估/更新商业计划书	进入下一阶段； 延长阶段/融资； 修改该研发战略； 放弃	在产生收入之前，所有的研发活动必须完成
启动	获得启动融资； 评估/更新商业计划书； 开始产生收入； 开始生产； 建立期初库存； 建立销售和营销团队； 获得设施和固定设备	进入下一阶段； 调整生产/融资； 调整营销/融资； 放弃	所有与开始生产和营销有关的活动，所有开始取得收入的活动
早期成长	获得早期成长阶段的融资； 努力实现达到盈亏平衡的收入； 根据需要扩充团队根据需要增加设施； 评估/更新商业计划书	进入下一阶段； 延长阶段/融资； 放弃	在企业取得足以让现金流能够盈亏平衡的销售水平之前的那段期间的所有活动
快速成长	获得快速增长阶段的融资； 努力证明具有生存能力； 根据需要扩充团队； 根据需要增加设施； 为获得收成创造良好的业绩纪录； 评估/更新商业计划书	进入下一阶段； 延长阶段/融资	在盈亏平衡之后和建立起可持续的生存能力之前那段期间的所有活动

阶段	相关行动	实物期权	相关描述
退出	获得持续性融资，例如，首次公开发行、兼并、收购； 早期投资者获得收成； 评估/更新商业计划书	选择退出方式	与建立持续性融资和让早期投资者获得与收成相关的所有活动

资料来源：珍妮特·K. 史密斯，理查德·L. 史密斯，理查德·T. 布利斯. 创业融资：战略、估值与交易结构［M］. 沈艺峰，覃家琦，肖珉，张俊生，译. 北京：北京大学出版社，2017.

正是因为具有实物期权特征，新创企业也可用实物期权定价方法来进行估值。威尔纳（Willner，1993）认为相对于 NPV 方法，对新创企业采用实物期权定价方法在以下三个方面具有优越性。

1. 现金流估计

NPV 方法要求估计在生产投资发生之后企业流入的现金流。在新创企业的早期阶段，这是非常困难甚至是不可能完成的任务。期权方法产生于现金流产生过程的参数化特征，该方法的好处在于描述现金流产生的参数，而不是现金流本身，通常更容易估计，而且包含了科技、经济、市场等因素。

2. 或有现金流处理

NPV 方法不能很好地处理非对称性的现金流产出，尽管决策树分析能处理偏态分布的现金流，但这种方法非常烦琐，实践中很少采用。许多复杂的现金流产出能被期权分析处理。

3. 风险处理

传统的 NPV 方法中所使用的折现率是基于产出成果的对称性分布，这一折现率对或有现金流而言通常是过高的。

7.2.3 实物期权的估值方法

实物期权是金融期权理念的扩展和延伸。金融合同中的期权往往是可以清楚识别的，但实物期权应用中的期权有时很难识别和定义。阿姆拉姆和库拉蒂拉卡（Amram & Kulatilaka，1998）指出，在实际的期权方法中，需要更多地考虑其应用框架，确保它涵盖了正确的问题，并在保持直觉的简单性

和提供现实和有用结果的丰富性之间实现正确的平衡。他们提出了应用实物
期权估值的过程和具体方法，如图 7 - 2 所示。

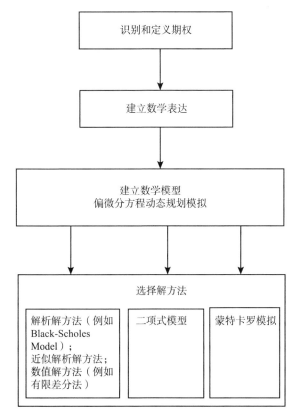

图 7 - 2　实物期权估值方法

资料来源：Amram M，Kulatilaka N. *Real Options*：*Managing Strategic Investment in an Uncertain World* ［M］. Boston：Harvard Business School Press，1998.

　　实物期权定价理论是在金融期权定价理论的基础上产生和发展起来的。
尽管实物期权的标的资产与金融期权的标的资产不同，在很大程度上具有不
可交易性，但是依然可以运用推导标准金融期权定价模型的方法来建立实物
期权定价模型。根据期权标的资产价值运动方式的不同，可以将期权定价分
析方法分为连续分析方法和离散分析方法两大类。在资产评估实务领域，
B-S 模型和二叉树模型运用较为广泛。《资产评估准则——实物期权评估指
导意见》指出："在进行实物期权价值评估时，理论上合理、应用上方便的

模型主要有布莱克 – 舒尔斯模型（Black-Scholes Model）和二项式模型（Binomial Model）。"

1. B-S 模型

1997 年 10 月 10 日，第二十九届诺贝尔经济学奖授予了两位美国学者，哈佛商学院教授罗伯特·默顿（Robert Merton）和斯坦福大学教授迈伦·斯克尔斯（Myron Scholes）。他们创立和发展的布莱克 – 斯克尔斯期权定价模型（Black Scholes Option Pricing Model，B-S 模型）为包括股票、债券、货币、商品在内的新兴衍生金融市场的各种衍生金融工具的合理定价奠定了基础。B-S 模型依赖于以下假设。

A1 无摩擦市场（对于股票、债券和期权）。这意味着：①没有交易成本或（差别性）税收；②对于卖空没有限制（例如，没有对于保证金或垫头的要求），并且允许充分运用这一过程；③所有证券的所有份额都无限可分；④借款和贷款（根据相同的利率）不受限制。这些假设确保了交易的连续性。

A2 该期权是欧式期权，即期权在到期日之前不可实施。

A3 无风险（短期）利率在期权的有效期内保持不变（或随着时间的推移，它依然是已知的）。

A4 标的资产（股票）在期权的有效期内不支付股息。

A5 不存在无风险套利机会。

A6 （关于股票价格的分布假设）股票价格服从以下随机扩散的 Wiener 过程，即

$$\frac{\mathrm{d}S}{S} = \alpha\mathrm{d}t + \sigma\mathrm{d}z \tag{7-1}$$

式中，α 是瞬时（总的）股票的预期报酬，σ 是股票报酬的瞬时标准差（假设它是常数），$\mathrm{d}z$ 是标准 Wiener 过程的微分（其均值为 0，方差为 $\mathrm{d}t$）。

布莱克和斯克尔斯（Black & Scholes，1973）证明了在满足假设条件 A1 ~ A6 时，如果连续运用动态证券组合复制策略（设 σ 为常数），将会产生买方期权定价必须满足的一个基本偏微分方程，对该偏微分方程求解就得到著名的 Black-Scholes 公式，即

$$C = SN(d_1) - Ke^{-rT}N(d_2) \tag{7-2}$$

$$d_1 = \frac{\ln\dfrac{S}{K} + \left(r + \dfrac{\sigma^2}{2}\right)T}{\sigma\sqrt{T}}, \quad d_2 = d_1 - \sigma\sqrt{T}$$

式中，C 为看涨期权的当前价值；S 为标的资产当前价值；K 为期权的执行价格；T 为期权的有效期限；r 为连续复利无风险利率；σ^2 为标的资产连续复合收益年化方差；$N(d_i)(i=1,2)$ 为正态分布函数下变量小于 d_i 的累计概率。

2. 二项式定价模型

Black-Scholes 期权定价模型虽然有许多优点，但是它的推导过程过于难以为人们所接受。1979 年，约翰·考克斯（John Carrington Cox）、斯蒂芬·罗斯（Stephen A Ross）、马克·鲁宾斯坦（Mark Rubinstein）发表论文《期权定价：一种简单的方法》，该文提出了一种简单的对离散时间的期权的定价方法，被称为 Cox-Ross-Rubinstein 二项式期权定价模型（简称 CRR 模型）。CRR 模型和 B-S 模型是两种相互补充的方法。CRR 模型推导比较简单，更适合说明期权定价的基本概念；CRR 模型建立在一个基本假设基础上，即在给定的时间间隔内，证券的价格运动只有两个可能的方向：上涨或者下跌。虽然这一假设非常简单，但由于可以把一个给定的时间段细分为更小的时间单位，因而 CRR 模型适用于处理更为复杂的期权。值得注意的是，CRR 模型是一种离散时间模型，它的精确性与时间跨度的大小有关。当设定的每期时间跨度很小，趋向于零时，二项式定价模型对欧式权证的定价就演变为 B-S 模型（Cox，Ross & Rubinstein，1979；Rendleman & Barter，1979；郝旭东，2008）。

Cox 等提出的二项式期权定价模型建立在一种简单的假设条件上，即认为标的资产价格的运动在未来的结果有两种可能，就好像决策树分出的两个叉，所以也被称为二叉树定价模型（Binomial Tree）。首先假设股票的当前价格为 S，在一个阶段之后，股票价格有两种可能的结果：以概率 q 上涨为 uS 或以概率 $1-q$ 下降为 dS，如图 7-3 所示。u 和 d 的数值分别代表变量数值上升和下降为原来数值的倍数，分别被称为上行乘数和下行乘数。

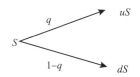

图 7-3 标的资产价格运动过程二叉树

考虑最简单情形下即执行期限为一期时如何对看涨期权进行估值。用 C

表示看涨期权的当前价格，期权的执行价格为 K。C_u 为看涨期权在股票价格上涨时的价值，C_d 为看涨期权在股票下跌时的价值。期权价值以概率 q 取 $C_u = \max[0, uS - K]$，以概率 $1 - q$ 取 $C_d = \max[0, dS - K]$。如图 7 - 4 所示。

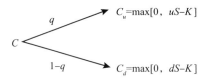

图 7 - 4　看涨期权价格运动过程二叉树

　　然后构造一个投资组合，它是由 Δ 股股票和价值为 B 美元的无风险债券构成。用 r 表示无风险利率，要求 $u > 1 + r > d$。在一期期末，此资产组合的价值如图 7 - 5 所示。

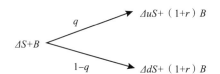

图 7 - 5　资产组合价值运动过程的二叉树

　　由于选择 Δ 和 B 就是为了使投资组合的价值与期权价值相等，所以要求

$$\Delta uS + (1 + r)B = C_u \tag{7-3}$$

$$\Delta dS + (1 + r)B = C_d \tag{7-4}$$

解这两个方程，可得

$$\Delta = \frac{C_u - C_d}{(u - d)S}, \quad B = \frac{uC_d - dC_u}{(u - d)(1 + r)} \tag{7-5}$$

在不存在套利机会的情况下，有

$$C = \Delta S + B = \frac{\left(\dfrac{1 + r - d}{u - d}\right)C_u + \left(\dfrac{u - 1 - r}{u - d}\right)C_d}{1 + r} \tag{7-6}$$

若令 $p \equiv \dfrac{1 + r - d}{u - d}$，$1 - p \equiv \dfrac{u - 1 - r}{u - d}$，则式（7 - 4）可简写为

$$C = \frac{pC_u + (1 - p)C_d}{1 + r} \tag{7-7}$$

由 p 的定义可以看出，$0 < p < 1$，具有概率的特征。如果投资者都是风险中性的，有 $p = q$，所以称 p 为风险中性概率。期权价格 C 可以解释为风险中性世界中未来价值折现值的期望值。

上述估价过程也可以拓展到多个时期。按上述方法可推导出 n 期看涨期权的定价为

$$C = \sum_{j=0}^{n} \left(\frac{n!}{j!(n-j)!} \right) p^j (1-p)^{n-j} \frac{\max[0, u^j d^{n-j} S - K]}{(1+r)^n} \quad (7-8)$$

在现实中，在特定的期末，股价可能具备两种以上的数值，实际市场交易几乎是连续的，而不是根据一个时期接着一个时期进行的。对于既定的到期日，如果把交易时期步长 Δt 设得尽可能的小（以至趋于 0），那就能够有效地逼近连续型交易。随着时期数目趋于无限大，乘数式的二叉树过程将接近于对数正态分布。当股价也不是以两种可能性变化，而是以波动率 σ 连续变化时，根据代数计算有

$$u = e^{\sigma \sqrt{\Delta t}}, \ d = \frac{1}{u}, \ p = \frac{e^{r \Delta t} - d}{u - d} \quad (7-9)$$

将式（7-9）代入式（7-8）即可得股价连续变化多期的期权定价。

对新创企业而言，开发出新产品或新商业模式相当于获得了一个期权，研发投资相当于期权的购买成本，研发成功之后决定是否进行商业化投资的时刻相当于期权的交割日期，进行生产营销等方面的商业化投资相当于期权的执行，商业化投资水平相当于期权的交割价格，商业化投资之后取得的现金流量现值相当于根本资产价格，根本资产的风险是通过根本资产收益的波动率来衡量的。由于 R&D 项目总是新项目，历史波动率难以计算，实践中常采用相关 R&D 项目的历史数据作近似，如默克公司采用纳斯达克（NASDAQ）交易的相关的生物医药股票指数近似历史波动率，或者已完成 R&D 项目的历史数据可用来预测未来波动率（郑德渊、伍青生和李湛，2000）。

7.3 基于二项式期权定价方法的 新创企业投资决策模型

1. 模型假设

假设一个新创企业经历各阶段如图 7-6 所示。本章主要关注考虑一家新创企业生命周期前期的两个阶段，即新产品或服务的研究开发阶段和商业

化阶段的决策。

图 7-6 企业生命周期各阶段

（1）新产品或服务开发阶段：假设新创企业非常注重产品创新和新产品开发。对这样的企业而言，研发活动的优化管理及公司资源的有效利用成为控制技术不确定性和竞争新产品的创新与引进的关键因素。遵循对创新过程标准的建模方法，假设技术不确定性服从一个泊松过程（Dockner & Siyahhan，2015）。用 $\Phi(t)$ 表示在 $[0, t]$ 期间能取得重大突破的概率，$\Phi(t) = 1 - e^{-ht}$。假设新创公司可以通过物资和人力资本的使用来控制技术不确定性，也就是决定 h，并因此决定取得突破的概率。假设相应的投入资本水平 h 的投资成本为 $C(h) = ch^a$，其中 $c > 0$，$a > 1$。

考虑到竞争因素，研究开发阶段持续 n_1 个时期，开发阶段总投资水平为 I_1，而且没有任何收入。在时点 t_1 新产品开发阶段结束时若仍然没有取得重大突破，则新创企业退出市场，而不会继续投入。

（2）若第 1 阶段的新产品开发取得重大突破，则进入第 2 阶段的商业化阶段。商业化阶段持续 n_2 个时期，每时期需投入 I_2，期望收入为 IC，收入的波动率为 σ。在时点 t_2 商业化阶段结束之时，企业清算，不考虑企业的清算价值。新创企业在商业化阶段的每年年初可以决定是否要继续当年的运营，即要投资于生产和营销等还是干脆终止。假设新创企业所需的投资全部依靠创业者的自有资金，即没有外部融资。

2. 基于二项式定价方法的新创企业估值步骤

根据凯洛格和查尔斯（2000），本宁加和托尔科夫斯基（Benninga & Tolkowsky，2002）利用实物期权的 CRR 模型对新创企业进行扩展的 NPV 价值评估。

（1）确定上行乘数和下行乘数。每一个时期长度即时间步长 Δt 取为 1 年，根据式（7-9），上行乘数和下行乘数分别为 $u = e^{\sigma}$，$d = \dfrac{1}{u}$。

（2）计算风险中性测度下的上行概率和下行概率。根据式（7-9）有

$$p = \frac{e^r - d}{u - d}, \quad 1 - p = \frac{u - e^r}{u - d}$$

（3）构建商业化阶段收入的二叉树模型。以新产品研发取得成功为前提，假设商业化阶段第一个时期的期望收入为 IC，以此为基数并根据上行乘数和下行乘数得到第 1 期的上行收入为 uIC，下行收入为 dIC，以此类推可得后续各期的收入二叉树。图 7-7 展示了三期的二叉树。当然当期数更多时二叉树可以按此方法继续扩展下去。

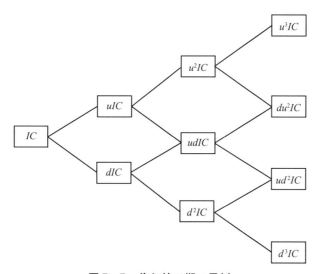

图 7-7 收入的三期二叉树

如果用 $E_{n_2, k}$ 表示二叉树上第 n_2 期期末时第 k（从上往下排序）个节点对应的现金流入，则

$$E_{n_2, k} = u^{n_2 - k + 1} d^{k - 1} IC, \quad k = 1, 2, \cdots, n_2 + 1$$

（4）计算在时点 t_1 即研发阶段末的企业估值。假设商业化阶段生产和营销等费用的投入都发生在年初，收入取得在年末。考虑放弃期权，即允许企业预测到当年经营状况不好时可以放弃资金的投入。以 $V_{n, k}$ 表示二叉树上第 n 期期初（$1 \leq n \leq n_2$）第 k 个节点（从上往下排序）对应的期权价值。

$$V_{n,k} = \begin{cases} \max\left[\dfrac{pE_{n,k} + (1-p)E_{n,k+1}}{1+r} - I_2,\ 0\right] & n = n_2 \\[4mm] \max\left[\dfrac{p(E_{n,k} + V_{n,k}) + (1-p)(E_{n,k+1} + V_{n,k+1})}{1+r} - I_2,\ 0\right] & 1 \leqslant n < n_2 \end{cases}$$

$$(7-10)$$

如果用 V_{t_1} 表示时点 t_1 时的企业价值，有 $V_{t_1} = V_{1,1}$。在时点 t_1 当 $V_{t_1} > 0$ 时，新创企业将决定投产进入商业化阶段；当 $V_{t_1} = 0$ 时，新创企业将会放弃后续的投产和运营机会。

（5）计算新创企业在时点 0 的企业价值。考虑到新创企业具有增长期权，即新创企业在时点 0 可以选择是否要投入新产品的研究开发中去。新创企业在时点 0 时的企业价值为

$$V_0 = \max\left[\frac{\Phi(h)V_{t_1}}{(1+r_c)^{n_1}} - I_1,\ 0\right] \qquad (7-11)$$

式中，r_c 为折现率，I_1 为研发阶段投入的成本。当 $V_0 > 0$ 时，新创企业投入新产品的开发；当 $V_0 = 0$ 时，新创企业不会投入新产品的开发。

3. 新创企业研发投资水平的最优决策

从式（7-11）可以看出，新创企业研发投资水平 h 会影响到研发成功概率和研发投资成本的大小，进而会影响到 V_0。新创企业选择的最佳投资水平将满足

$$h^* \in \underset{h}{\arg\max}\, V_0 \qquad (7-12)$$

7.4　算　例

本节通过一个算例来说明实物期权估值方法下新创企业如何进行研发和运营方面的决策。

（1）首先考察研发投入已知时新创企业的估值。对各参数进行赋值。假设新创企业投入新产品开发的时间为 1 年，取时间长度单位为 1 年，即 $n_1 = 1$，$t_1 = 1$，研发阶段结束后若未能成功则不再继续研发。取 $h = 3$，$c = 150$，$a = 2$，根据 7.3 节模型假设可得研发投入的成本为 $I_1(h) = 150h^2 = 1350$，研发成功的概率为 $\Phi(t)\big|_{h=3} = 0.950$。若研发能取得成功，则管理层可以决定是否进入商业化阶段。若进入商业化阶段，假设商业化阶段的时

间为 5 年，即 $n_2 = 5$，$t_2 = 6$，每年用于生产、营销等的费用为 $I_2 = 2000$。商业化阶段结束后企业进行清算，清算价值为 0。商业化阶段企业能获得的收入是不确定的，但预计其期望值为 $IC = 2400$，波动率为 $\sigma = 0.20$。年无风险利率 $r_f = 0.06$，年资金成本为 $r_e = 0.15$。根据 7.3 节的计算步骤，可得上行乘数和下行乘数分别为 $u = e^{\sigma} = 1.221$，$d = \dfrac{1}{u} = 0.819$，风险中性概率为 $p = 0.600$。据式（7 - 9），可以计算出二叉树模型下新创企业商业化阶段的收入，见表 7 - 4。

表 7 - 4 商业化阶段收入的二叉树

时期	0	1	2	3	4	5
	2400	2930.400	3578.018	4368.760	5334.257	6513.127
		1965.600	2399.998	2930.397	3578.015	4368.756
			1609.826	1965.598	2399.995	2930.394
				1318.448	1609.825	1965.596
					1079.809	1318.447
						884.363

如果不考虑期权，按照传统的静态 NPV 方法对新创企业估值，采用倒推法，可得不同情景下新创企业的价值。例如，第 4 期第 1 个节点价值为：
$$V_{4,1} = 5334.257 + \frac{(0.600 \times 6513.127 + 0.400 \times 4368.756)}{1.06} - 2000 = 8669.520，第$$
4 期第 5 个节点价值为：$V_{4,5} = 1079.809 + \dfrac{0.600 \times 1318.447 + 0.400 \times 884.363}{1.06} -$
$2000 = 159.822$；以此类推，可得第商业化阶段 5 期二叉树上各节点处的企业价值。

据表 7 - 5 可推出在时点 0 时企业价值为 $V_0 = \dfrac{0.95 \times 3076.583}{1.15} - 1350 = $
1191.525。

表 7 - 5 不考虑期权时 NPV 法下新创企业估值

时期	0	1	2	3	4	5
	3076.583	7311.506	8649.339	9221.962	8669.520	6513.127

时期	0	1	2	3	4	5
		2485.686	3935.923	4906.058	5156.705	4368.756
			774.343	2011.114	2800.443	2930.394
				69.298	1219.954	1965.596
					159.822	1318.447
						884.363

考虑到新创企业拥有放弃期权，在商业化阶段新创企业可以提前终止运营，可以看出，在二叉树节点（4，5）处，由于 $\dfrac{0.6 \times 1318.447 + 0.4 \times 884.363}{1.06} - 2000 < 0$，企业会放弃后续的经营。同理可以发现，在节点（4，4）、（3，4）、（2，3）处新创企业也会作出此抉择。新创企业估值见表7-6。表中0表示该处的现值为0。

表7-6　　　　　　商业化阶段考虑实物期权下的企业估值

时期	0	1	2	3	4	5
	3219.272	7332.456	8649.339	9221.962	8669.520	6513.127
		2832.387	3991.440	4906.057	5156.705	4368.756
			1609.826	2158.236	2800.443	2930.394
				0	1609.825	1965.596
					0	0
						0

进而可推出在时点0时企业价值为 $V_0 = \dfrac{0.95 \times 3219.272}{1.15} - 1350 = 1309.399$。

比较表7-5和表7-6可以发现，相对于传统NPV估值法，考虑期权时企业价值增加了 1309.399 - 1191.525 = 117.874，增加的部分正是管理柔性所带来的。

（2）接下来考察新创企业研发阶段的投资决策如何影响到企业估值。表7-7列出了不同研发投资水平下的企业估值，从表7-7可以看出，在这

7 种决策变量取值中，当 $h = 1.50$ 时企业估值最大化，所以最优研发投入水平为 1.50。

表 7-7 不同研发投资水平下的企业估值

h	1.00	1.50	2.00	2.50	3.00	3.50	4.00
Φ	0.632	0.777	0.865	0.918	0.950	0.970	0.982
I	150.000	337.500	600.000	937.500	1350.000	1837.500	2400.000
V	1619.537	1837.244	1820.514	1632.081	1309.399	877.334	348.095

7.5 结 论

新创企业一般具有实物期权特征，因此期权估值方法相对于传统的 NPV 法更适用于新创企业。本章简要介绍了新创企业的二项式估值方法，并通过算例来说明考虑期权时新创企业的投资与运营决策。本书仅仅估算出了增长期权以及放弃期权的价值，实践中一个企业所包含的实物期权多种多样，更应该考虑计算复合期权价值。

第8章 总结与展望

8.1 总　　结

新创企业的融资和运营协同决策是一个极大的课题，本书仅选取了其中几种不同的场景，通过建立数学规划模型、数理推导和数值计算等方法来考察其决策行为与结果。具体而言，本书主要做了以下工作。

（1）研究了在一个由 OEM 供应商、新创企业和需求市场组成的二级供应链中，新创企业多个周期的运营和债权融资的鲁棒决策。在面对该期间需求的不确定和外部融资成本的不确定时新创企业需要作出产能投资、债权融资的决策。针对新创企业的上述决策问题构建了相应的鲁棒优化模型，最后通过算例来考察市场需求和融资成本不同、多种离散的情景下新创企业的决策行为与结果，以及鲁棒优化模型中惩罚参数对新创企业行为和结果的影响。数值计算的结果显示，不论偏差权重 λ 取值大小，决策者对固定资产的投资是逐期递减的，而随着偏差权重 λ 的增加，决策者越不愿意投资于建设固定资产，而愿意保留更多的流动性，虽然期末净资产的期望值变小了，但在不同情景下的波动幅度越小，未来的经济形势较差的情形下结果有所改善，展示了鲁棒性决策的价值。随着惩罚参数 ω 的增加，新创企业在产能设置上越趋于谨慎，即不是将产能投资一步到位，而是分为多次来实施，这样可以保留更多的流动资金，经营破产的风险更低，但相应地付出了降低企业绩效的代价，即拉低了期末净资产的期望值。决策者可以调整模型中偏差权重和惩罚参数的数值，根据自己的风险态度，选择自己偏好的决策。

（2）考虑供应链中 OEM 供应商对新创企业的供应具有不确定性，以及新创企业的股权融资需求，因而以企业股东权益价值的条件风险价值最大作为决策目标，探讨决策者风险规避下新创企业在产能配置、订货量、借贷金额上方面的最优决策，以及风险规避程度等因素对最优决策的影响。研究发现，在向 OEM 供应商紧急订货时，决策者风险规避程度、市场销售价格越高，订货量放大倍数应越大，而紧急采购价格、借贷利率越高，订货量放大倍数则应越低；在设置新创企业的最优产能时应综合考虑决策者风险规避程度、单位产能投资成本、单位自制成本、资产保值率等因素的影响，最优产能水平应随风险规避程度、单位产能投资成本、单位自制成本的增加而降低，而随资产保值率的增加而提高；在 CVaR 度量准则下，股东权益价值的风险价值与决策者的风险规避程度负相关。决策者可以据此发现一个经营期结束时股东权益价值在不同的置信水平下的最小值，并作出与自己的风险承受能力相适应的产能投资、外购订货数量等运营方面的选择。

（3）考察了一个受资金约束、以股权价值最大化为目标的风险中性的新创企业，在下游市场需求和 OEM 的供应都具有不确定性的环境下如何作出产能设置和采购的最优决策，并按照新创企业初始自有资金的大小分为三种情形分别讨论：①初始资金非常紧张，无论产品的市场需求大小，新创企业都需要通过借贷来筹集用于产能建设、自制或外购的资金；②资金比较紧张，只有当市场需求较低时新创企业才不需要借贷；③资金比较充分，只有当市场需求较高时才需要借贷。

通过假设和模型构建分析，得到了以下研究结论和管理启示。

（1）最优产能的大小并非总是随新创企业初始自有资金的增加而增加。随着初始自有资金从零开始逐渐增加，新创企业的最优产能先是保持固定不变，然后逐渐增加，最后反而是下降的。

（2）当初始资金非常紧张时新创企业采用完全外包策略并不是最优的，而是需要配置一定的产能，主要原因在于新创企业可以从资本市场筹措到资金，利用借贷资金来设置自身产能有利于降低采购成本，而且还可以在一定程度上规避供应的不确定性。即使新创企业的初始资金充分到足以完全依靠自建产能就可以满足全部市场需求，彻底放弃外包策略也并非最佳选择。

（3）将创新产品扩散模型和刻画用户重复购买规律的幂律分布模型引入，作为沟通客户终身价值法和自由现金流折现法这两种企业估值方法的桥梁，以融资和现金流为约束条件，构建了新创企业价值最大化目标下的融资和运营决策模型。通过算例比较新创企业实施补贴前后的企业价值对比，发现对新用户实行价格补贴的作用。这一决策模型可为现在新经济领域中的新创企业的运营提供一定的参考。

（4）简要介绍实物期权估值的基本理论与方法，阐述了实物期权估值法在评估仍处于研发阶段的新创企业的优势，构建了二项式方法下的新创企业估值模型，并通过算例说明在此估值方法下新创企业使得估值最大化的研发投入决策方法。

8.2 展　　望

新创企业融资和运营协同决策的问题是丰富多彩的，本书只是择取其中几种做了一些浅显的理论研究，获得了一些启示，并给出了一些建议。未来可能有以下研究方向。

（1）用实证的方法研究新创企业的运营和融资协同决策。目前对新创企业绩效方面的影响因素的实证研究涉及很多方面，例如创业者关系网络、资源、组织、创新、创业团队等因素的关系，但其中较少关注新创企业的运营与供应链管理。从此视角出发，同时关注不同产业的差异性，用实证的方法研究运营与企业的生存、发展和价值创造之间的关系，为新创企业提供一些经验，可以作为一个未来研究的方向。

（2）研究新商业模式下新创企业的协同决策。管理学大师彼得·德鲁克曾经说过：“当今企业之间的竞争，不是产品之间的竞争，而是商业模式之间的竞争。”消费者需求变化、互联网、大数据等领域的技术进步、产业脉动速度加快，政府政策与制度改革下的中国情境剧变，加速了创业企业进行商业模式创新，通过商业模式突破顾客价值主张、运营模式、价值获取，创造先动优势，一大批依靠商业模式创新而创造辉煌的新创企业涌现了，如滴滴、小米、虾米音乐等。这些成功的新创企业，对传统的企业价值的衡量方式提出了挑战（罗兴武、项国鹏和宁鹏等，2017）。而且这些成功企业的背后却是更多企业的倒下。研究新兴产业、新商业模式中新创企业的运营和融资决策不仅对新创企业的成功，而且对政府的政策制定具有重要的意义，也是摆在学术界面前的重要课题。

参 考 文 献

[1] 艾伦·白睿，大卫·吉尔，马丁·里格比．初创企业如何融资 [M]．李肖鸣，张岚，孙逸，译．北京：清华大学出版社，2017．

[2] 包慧．宗庆后拉动内需新思路 娃哈哈百亿现金激情扩张 [N]．21世纪经济报道，2020 – 05 – 01．

[3] Cong L W, Lee C M C, 屈源育，等．"死亡之谷" 和 "退出陷阱" 羁绊中国创业企业——中国初创企业的融资现状与困境 [J]．清华管理评论，2019 (9)：34 – 40．

[4] 曹国昭，齐二石．竞争环境下新创企业产量柔性技术战略决策研究 [J]．中国管理科学，2016，24 (11)：95 – 102．

[5] 陈炳亮，王彩虹，湛军．创业企业海外 IPO 研究综述、未来展望及实践启示 [J]．外国经济与管理，2015，37 (6)：64 – 72．

[6] 陈逢文．创业融资：基于努力互补效应的视角 [D]．重庆：重庆大学，2012．

[7] 陈志明，陈志祥．供需随机的 OEM 供应链在风险厌恶下的协调决策 [J]．系统工程理论与实践，2015，35 (5)：1123 – 1132．

[8] 程国平，齐晓红．基于 BP 神经网络的私募股权投资项目评价 [J]．清华大学学报（自然科学版），2011，51 (12)：1917 – 1920．

[9] 程武．周鸿祎：创业是件 "九死一生" 的事 [N]．中华工商时报，2015 – 11 – 23 (011)．

[10] 迟建新．科技创业企业的融资工具选择与体系组合 [J]．改革，2010 (1)：119 – 126．

[11] 大卫·T. 拉勒比，贾森·A. 沃斯．估值技术 [M]．王晋忠，等译．北京：机械工业出版社，2018．

[12] 格雷戈里·A. 基尔伯特．现金流贴现法在估值中的应用 [M] // 大卫·T. 拉勒比，贾森 A. 沃斯．估值技术．王晋忠，等译．北京：机械工业出版社，2018．

［13］供应链金融的八种武器［J］.首席财务官，2016（11）：72－73.

［14］郭璐庆，张婧熠.首家连续亏损上市公司定价样本：泽璟生物为何选取"市值/研发费用"［N］.第一财经日报，2020－1－13（A03）.

［15］郭晓日.Black-Scholes模型在企业研发评估中的应用［J］.中国资产评估，2019（8）：48－53.

［16］国家工商总局企业注册局、信息中心.全国内资企业生存时间分析报告［N］.中国工商报，2013－7－30（A04）.

［17］国家行政学院经济学教研部.中国经济新方位［M］.北京：人民出版社，2017.

［18］杭州投融联盟.杭州市引导基金：携手"独角兽捕手"助推创新创业［EB/OL］.（2021－05－02）［2021－11－16］.https：//xw.qq.com/amphtml/20210502A03S1000.

［19］郝旭东.创业投资决策中的实物期权理论方法研究［D］.上海：上海交通大学，2008.

［20］鸿键.拼多多、京东和阿里发布财报后："后浪"求增长，"前浪"求利润［EB/OL］.（2020－05－24）［2021－11－16］.https：//www.tmtpost.com/4404211.html.

［21］侯继勇.小米融资9000万美元，雷军回应产能质疑［N］.21世纪经济报道，2011－12－21（020）.

［22］胡海波，王林.幂律分布研究简史［J］.物理，2005，34（12）：889－897.

［23］胡丽娜，张骁.国外创业失败研究综述［J］.技术经济，2012，31（6）：60－65.

［24］胡知能.创新产品市场扩散模型及其应用［D］.成都：四川大学，2005.

［25］虎嗅.从登上众筹平台到20亿美元被Facebook收购，仅一年半时间，这就是Oculus VR，这就是硅谷［EB/OL］.（2014－03－26）［2021－11－08］.https：//www.huxiu.com/article/30564.html.

［26］华欧国际证券有限责任公司.夹层融资介绍［N］.证券时报，2003－12－30.

［27］黄福广，李西文.国外关于创业企业融资契约的研究综述［J］.科技进步与对策，2010，27（10）：157－160.

［28］IT桔子.《2020—2021中国新经济创业投资分析报告》重磅发布

［EB/OL］.（2021－01－22）［2021－11－16］.https：//www.163.com/dy/article/G0UUMSGM05118RLD.html.

［29］蒋敏.条件风险值（CVaR）的理论研究［D］.西安：西安电子科技大学，2005.

［30］节点财经.拆解拼多多：成立5年硬刚阿里　互联网史上最强"造富神话［EB/OL］.（2020－12－16）［2021－11－16］.http：//www.jiediancj.com/newsdetail.html？id＝7700.

［31］杰弗里·蒂蒙斯.创业企业融资［M］.周伟民，吕长春，译.北京：华夏出版社，2002.

［32］峻生.拼多多为什么越来越受资本青睐？［EB/OL］.（2021－02－24）［2021－11－16］.https：//www.sohu.com/a/452308756_121000872.

［33］36氪创投研究院.重磅｜36氪2020年度中国新经济独角兽TOP100暨「价值指数」报告共同发布！［EB/OL］.（2020－11－03）［2021－11－16］.https：//36kr.com/p/950671741135746.

［34］雷军.雷军首次公开演讲全文：没有任何成功是不冒险的［EB/OL］.（2020－08－13）［2021－11－16］.https：//www.163.com/dy/article/FJS6MA3D0530807C.html.

［35］李佳.70后父亲众筹建自然学校找童趣一周筹得资金超900万［EB/OL］.（2016－02－27）［2021－11－16］.http：//china.cnr.cn/ygxw/20160227/t20160227_521490116.shtml.

［36］李静颖.对赌：从讳莫如深到成为行规［N］.第一财经日报，2012－03－30（A08）.

［37］李明思.供应链金融助力创业者融资［J］.中国经济导报，2016－08－19（A03）.

［38］李忆，张俊岳，刘小平.供应链合作关系调节效应研究——基于成熟企业与新创企业的对比［J］.科技进步与对策，2013，30（8）：95－101.

［39］李云琦.0营收＋巨额亏损　泽璟制药靠什么过会科创板［N］.新京报，2019－11－04（B05）.

［40］刘佳.谁在押宝疯长的小米［N］.第一财经日报，2014－12－30（A01）.

［41］刘俊棋.众筹融资的国际经验与中国实践［J］.南京财经大学学报，2014（4）：48－58.

［42］刘亚杰．基于自由现金流的上海莱士企业价值评估研究［D］．郑州：河南财经政法大学，2016．

［43］娄朝晖，江利君，俞春晓．互联网企业估值方法：一个综述［J］．中国杭州市委党校学报，2020（2）：88－96．

［44］路璐．基于客户价值的互联网企业价值研究［D］．南京：南京师范大学，2019．

［45］吕艳冬．关于营运资金的几个问题探讨——采用自由现金流模型计算企业价值［J］．中国资产评估，2020（3）：58－66．

［46］罗兴武，项国鹏，宁鹏，等．商业模式创新如何影响新创企业绩效？——合法性及政策导向的作用［J］．科学学研究，2017，35（7）：1073－1084．

［47］马婧．资本催熟？无人机市场迎来洗牌［N］．新京报，2017－01－17（B07）．

［48］马少辉，刘金兰．Pareto/NBD模型实证与应用研究［J］．管理科学，2006，19（5）：45－49．

［49］买忆媛，李江涛，熊婵．风险投资与天使投资对创业企业创新活动的影响［J］．研究与发展管理，2012，24（2）：79－84．

［50］苗淑娟．融资方式对新创企业绩效的影响研究——基于创业者特征的视角［D］．长春：吉林大学，2007．

［51］彭鸿广，聂雪丽，刘云霞．供需随机和资金约束下新创企业的运营决策［J］．工业工程，2021，24（4）：78－86．

［52］彭鸿广．创业企业融资和运营协同决策研究综述［J］．技术经济与管理研究，2017（5）：29－33．

［53］彭伟，赵栩，赵帅，等．基于文献计量的国内外创业失败比较研究［M］//于晓宇，杨俊，贾迎业．向死而生：最大化创业失败的价值．上海：复旦大学出版社，2020：8－27．

［54］彭晓，乐意，邓飞．用媒体的"柔软"传递乡村的爱与美［EB/OL］．（2014－06－09）［2021－11－16］．http：//ccn. people. com. cn/n/2014/0609/c366510－25124256. html.

［55］前瞻产业研究院．2021年中国政府引导基金行业市场现状及竞争格局分析 行业进入平稳增长期［R］．2021－01－13．

［56］邱若臻．供应链鲁棒优化与控制策略［M］．北京：科学出版社，2006．

［57］孙艳霞. 基于不同视角的企业价值创造研究综述［J］. 南开经济研究，2012（1）：145－153.

［58］Trigeorgis L. 实物期权：灵活机动的管理和资源配置战略［M］. 林谦，译. 北京：清华大学出版社，2007.

［59］腾讯科技. 跳票三年最终倒闭，Lily 无人机捅破了多少窗户纸？［EB/OL］.（2017－01－15）［2021－11－16］. https：//tech. qq. com/a/20170115/003269. htm.

［60］田晓霞. 小企业融资理论及实证研究综述［J］. 经济研究，2004（5）：107－116.

［61］王建华，王海云. 关于研发投资"加速化陷阱"的实证分析［J］. 国际贸易问题，2005（11）：97－102.

［62］王竞达，徐煊琦，刘登清，等. 初创期互联网公司价值评估案例研究［J］. 中国资产评估，2020（6）：71－80.

［63］王庆华，黄润青，李璠，等. 新药研发成本的系统性综述［J］. 中国新药杂志，2020，29（6）：601－608.

［64］王宇，于辉. 竞争视角下企业股权融资问题的模型研究［J］. 系统工程理论与实践，2018，38（1）：67－78.

［65］文一刀. 累亏两百亿市值仍赶超可口可乐，拼多多的逻辑与风险［EB/OL］.（2021－01－07）［2021－11－16］. https：//www. sohu. com/a/443016124_347578.

［66］伍治坚. 风险投资的成功概率有多高？［EB/OL］.（2018－05－21）［2021－11－16］. https：//www. sohu. com/a/232336207_313170.

［67］项国鹏，娄淑珍，王节祥. 谁更受青睐：创业企业融资可得性的定性比较分析［J］. 科学学研究，2019，37（9）：1642－1650.

［68］肖吉军，师亚玲，郑颖琦. 风险厌恶下制造企业在服务外包中的协调决策研究［J］. 数学的实践与认识，2018，48（9）：30－40.

［69］杨海艳，武子晔. 年亏近百亿 蔚来叫停自建工厂项目［N］. 第一财经日报，2019－03－07（A09）.

［70］杨磊，王明征，李文立. 两种带有能力约束的报童风险模型最优策略［J］. 系统工程理论与实践，2008（4）：35－42.

［71］叶作亮，王雪乔，宝智红，等. C2C 环境中顾客重复购买行为的实证与建模［J］. 管理科学学报，2011，14（12）：71－78.

［72］于辉，王宇. 成长型企业股权融资估值问题的模型研究［J］. 系

统科学与数学，2018，38（3）：318－333.

[73] 禹海波．需求不确定性对条件风险价值约束库存系统的影响 [J].
控制与决策，2013，28（9）：1389－1398.

[74] 臧树伟，李平．基于破坏性创新的后发企业市场进入时机选择
[J].科学学研究，2016，34（1）：122－131.

[75] 张虹蕾．"中国出境旅游O2O第一股"百程旅行陨落 [N].每日
经济新闻，2020－03－02（07）.

[76] 张家振，陈茂利．蔚来汽车存"掉队"之忧？[N].中国经营报，
2018－04－02（39）.

[77] 张旭东．"中国制造"创新升级形成合力 [N].经济参考报，
2020－06－22（A08）.

[78] 张益民．基于二叉树模型的风险投资项目价值评估实证研究 [D].
杭州：浙江理工大学，2011.

[79] 章龙，谢利明．互联网初创企业融资密码 [M].北京：人民邮电
出版社，2017.

[80] 赵述评．三季报喜忧参半 拼多多称补贴仍将继续 [N].北京商
报，2019－11－21（05）.

[81] 赵予．收益权众筹怎么玩？[J].理财周刊，2016（758）：40－41.

[82] 赵正．"兄弟连"总部人去楼空 一家在"疫情期"倒下的教育
公司 [EB/OL].（2020－02－13）[2021－11－16].https：//www.sohu.
com/a/372822991_377096.

[83] 珍妮特·K.史密斯，理查德·L.史密斯，理查德·T.布利斯.
创业融资：战略、估值与交易结构 [M].沈艺峰，覃家琦，肖珉，张俊生，
译．北京：北京大学出版社，2017.

[84] 郑德渊，伍青生，李湛．实物期权方法评价R&D项目应注意的
几个问题 [J].科学学与科学技术管理，2000，21（10）：38－40.

[85] 钟田丽，弥跃旭，王丽春．信息不对称与中小企业融资市场失灵
[J].会计研究，2003（8）：42－44.

[86] 朱传波，季建华，曾顺秋．供应突发事件下基于CVaR的供应链
订货决策及协调 [J].管理工程学报，2015，29（2）：202－209.

[87] 朱灯花．无人驾驶明星企业Roadstar之死：祸起内讧，强制清盘，
可叹可鉴 [EB/OL].（2019－04－05）[2021－11－16].https：//www.if-
news.com/news.html？aid＝46938.

［88］朱锦燕．供应链金融的三种玩法［N］．现代物流报，2015 – 09 –
18（A06）．

［89］朱南军．三种现金流量折现模型估价差异和适用性分析［J］．经
济评论，2004（3）：102 – 105．

［90］朱荣，严章瑶，张亚婷．实物期权法估值研究综述［J］．中国资
产评估，2020（5）：12 – 21．

［91］朱晓培．一家公司活得长久与否，与上市并没有直接的关系
［EB/OL］．（2018 – 08 – 13）［2021 – 11 – 16］．https：//www. sohu. com/a/
246808640_116132．

［92］祝振铎，李新春．新创企业成长战略：资源拼凑的研究综述与展
望［J］．外国经济与管理，2016，38（11）：71 – 82．

［93］卓泳．深圳天使母基金投资金额超33亿 子基金投资项目超300
个［EB/OL］．（2021 – 6 – 07）［2021 – 11 – 16］．https：//kuaixun. stcn.
com/cj/202106/t20210607_3312536. html．

［94］梓淇．7年亏了500亿，滴滴怎么就突然盈利了？［EB/OL］．
（2020 – 05 – 25）［2021 – 11 – 16］．https：//xueqiu. com/6731239840/
150069496．

［95］Alan Y，Gaur V. Operational Investment and Capital Structure under
Asset-Based Lending［J］．*Manufacturing & Service Operations Management*，
2018，20（4）：637 – 654．

［96］Alavi S H，Jabbarzadeh A. Supply Chain Network Design Using Trade
Credit and Bank Credit：A Robust Optimization Model with Real World Applica-
tion［J］．*Computers & Industrial Engineering*，2018（125）：69 – 86．

［97］Amram M，Kulatilaka N. *Real Options：Managing Strategic Investment
in an Uncertain World*［M］．Boston：Harvard Business School Press，1998．

［98］Angelis D I. Capturing the Option Value of R&D［J］．*Research Tech-
nology Management*，2000，43（4）：31 – 34．

［99］Angelus A，Porteus E L. Simultaneous Capacity and Production Man-
agement of Short-Life-Cycle，Produce-to-Stock Goods Under Stochastic Demand
［J］．*Management Science*，2002，48（3）：399 – 413．

［100］Archibald W T，Possani E，Thomas C L. Managing Inventory and
Production Capacity in Start-up Firms［J］．*Journal of the Operational Research So-
ciety*，2015，66（10）：1624 – 1634．

［101］ Archibald W T, Thomas C L, Betts M J, et al. Should Start-Up Companies be Cautious? Inventory Policies Which Maximise Survival Probabilities ［J］. *Management Science*, 2002, 48 (9): 1161 – 1174.

［102］ Archibald W T, Thomas C L, Possani E. Keep or Return? Managing Ordering and Return Policies in Start-up Companies ［J］. *European Journal of Operational Research*, 2007, 179 (1): 97 – 113.

［103］ Artinger S, Powell T C. Entrepreneurial Failure: Statistical and Psychological Explanations ［J］. *Strategic Management Journal*, 2016, 37 (6): 1047 – 1064.

［104］ Ashayeri J, Ma N, Sotirov R. Supply Chain Downsizing under Bankruptcy: A Robust Optimization approach ［J］. *International Journal of Production Economics*, 2014 (154): 1 – 15.

［105］ Azadegan A, Patel P C, Parida V. Operational Slack and Venture Survival ［J］. *Production and Operations Management*, 2013, 22 (1): 1 – 18.

［106］ Babich V, Marinesi S, Tsoukalas G. Does Crowdfunding Benefit Entrepreneurs and Venture Capital Investors? ［J］. *Manufacturing & Service Operations Management*, 2020, 23 (2): 508 – 524.

［107］ Babich V, Sobel J M. Pre-IPO Operational and Financial Decisions ［J］. *Management Science*, 2004, 50 (7): 935 – 948.

［108］ Bai D, Carpenter T, Mulvey J. Making a Case for Robust Optimization Models ［J］. *Management Science*, 1997, 43 (7): 895 – 907.

［109］ Banerjee A. Real Option Valuation of a Pharmaceutical Company ［J］. Vikalpa: The *Journal for Decision Makers*, 2003, 28 (2): 61 – 73.

［110］ Basu P, Nair K S. Analyzing Operational Risk-Reward Trade-Offs for Start-ups ［J］. *European Journal of Operational Research*, 2015, 247 (2): 596 – 609.

［111］ Benninga S, Tolkowsky E. Real Options-An Introduction and an Application to R&D Valuation ［J］. *The Engineering Economist*, 2002, 47 (2): 151 – 168.

［112］ Berger A N, Udell G F. The Economics of Small Business Finance: The Roles of Private Equity and Debt Markets in the Financial Growth Cycle ［J］. *Journal of Bank & Finance*, 1998, 22 (6 – 8): 613 – 673.

［113］ Black F, Scholes M. The Pricing of Options and Corporation Liabilities〔J〕. *Journal of Political Economy*, 1973（81）：637 – 659.

〔114〕 Boyabatli O, Toktay L B. Stochastic Capacity Investment and Flexible vs Dedicated Technology Choice in Imperfect Capital Markets〔J〕. *Management Science*, 2011, 57（12）：2163 – 2179.

〔115〕 Brown R, Rocha A. Entrepreneurial Uncertainty During the Covid – 19 Crisis：Mapping the Temporal Dynamics of Entrepreneurial Finance〔J〕. *Journal of Business Venturing Insights*, 2020（14）.

〔116〕 Burke J G, Carrillo E J, Vakharia J A. Sourcing Decisions with Stochastic Supplier Reliability and Stochastic Demand〔J〕. *Production and Operations Management*, 2009, 18（4）：475 – 484.

〔117〕 Buzacott A J, Zhang Q R. Inventory Management with Asset-Based Financing〔J〕. *Management Science*, 2004, 50（9）：1274 – 1292.

〔118〕 Cachon G, Terwiesch C. *Matching Supply with Demand*：*An Introduction to Operations Management*〔M〕. Third Edition. New York：Mcgraw-Hill, 2013.

〔119〕 Cassar G. The Financing of Business Start-ups〔J〕. *Journal of Business Venturing*, 2004, 19（2）：261 – 283.

〔120〕 CB Insights. *Venture Capital Funnel Shows Odds of Becoming A Unicorn are About* 1%〔EB/OL〕.（2018 – 09 – 06）〔2021 – 11 – 16〕. https：// www. cbinsights. com/research/venture-capital-funnel – 2/.

〔121〕 Chen Z M, Yuan K W, Zhou S R. Supply Chain Coordination with Trade Credit Under the CVaR Criterion〔J〕. *International Journal of Production Research*, 2019, 57（11）：3538 – 3553.

〔122〕 Chod J, Trichakis N, Tsoukalas G, et al. On the Financing Benefits of Supply Chain Transparency and Blockchain Adoption〔J〕. *Management Science*, 2020, 66（10）：4378 – 4396.

〔123〕 Chod J, Trichakis N, Tsoukalas G. Supplier Diversification under Buyer Risk〔J〕. *Management Science*, 2019, 65（7）：3150 – 3173.

〔124〕 Cole R A, Sokolyk T. Debt Financing, Survival, and Growth of Start-Up Firms〔J〕. *Journal of Corporate Finance*, 2018（50）：609 – 625.

〔125〕 Colombo O. The Use of Signals in New-Venture Financing：A Review and Research Agenda〔J〕. *Journal of Management*, 2021, 47（1）：237 – 259.

〔126〕 Cox J S, Ross S, Rubinstein M. Option Pricing：A Simplified Approach [J]. *Journal of Financial Economics*, 1979 (7): 229 –263.

[127] Dittmann I, Maug E, Kemper J. How Fundamental are Fundamental Values? Valuation Methods and their Impact on the Performance of German Venture Capitalists [J]. *European Financial Management*, 2004, 10 (4): 609 – 638.

[128] Dockner E J, Siyahhan B. Value and Risk Dynamics over the Innovation Cycle [J]. *Journal of Economic Dynamics & Control*, 2015 (61): 1 –16.

[129] Einstein B. *The Real Reason Quirky Failed* [EB/OL]. (2015 –09 – 28) [2021 – 11 – 16]. https://observer. com/2015/09/the-real-reason-quirky-failed/.

[130] Ellegaard C. Small Company Purchasing: A Research Agenda [J]. *Journal of Purchasing and Supply Management*, 2006, 12 (5): 272 –283.

[131] Fader P S, Hardie B G S, LEE K L. RFM and CLV: Using Iso-Value Curves for Customer Base Analysis [J]. *Journal of Marketing Research*, 2005, 42 (4): 415 –430.

[132] Giannetti M, Burkart M, Ellingsen T. What You Sell is What You Lend? Explaining Trade Credit Contracts [J]. *The Review of Financial Studies*, 2011, 24 (4): 1261 –1298.

[133] Gilbert B A, Mcdougall P P, Audretsch D B. New Venture Growth: A Review and Extension [J]. *Journal of Management*, 2006, 32 (6): 926 – 950.

[134] Gong X T, Chao X L, Simchi-Levi D. Dynamic Inventory Control with Limited Capital and Short-term Financing [J]. *Naval Research Logistics*, 2014, 61 (3): 184 –201.

[135] Gregory T B, Rutherford W M, OSWALD S, GARDINER L. An Empirical Investigation of the Growth Cycle Theory of Small Firm Financing [J]. *Journal of Small Business Management*, 2005, 43 (4): 382 –392.

[136] Gupta S, Hanssens D, Hardie B, et al. Modeling Customer Lifetime Value [J]. *Journal of Service Research*, 2006, 9 (2): 139 –155.

[137] Gupta S, Lehmann D R, Stuart J A. Valuing Customers [J]. *Journal of Marketing Research*, 2004, 41 (1): 7 –18.

[138] Gupta S, Lehmann D R. Customer Lifetime Value and Firm Valuation [J]. *Journal of Relationship Marketing*, 2006, 5 (2): 87 –110.

［139］ Hajiagha S H R, Mahdiraji H A, Behnam M, et al. A scenario Based Robust Time-Cost Tradeoff Model to Handle the Effect of COVID 19 on Supply Chains Project Management ［J］. *Operations Management Research*, 2021.

［140］ Hu Q J, Sobel M J. Echelon Base-Stock Policies are Financially Sub-Optimal ［J］. *Operations Research Letters*, 2007, 35 (5): 561－566.

［141］ Hughes A M. Strategic Database Marketing ［M］. 3rd ed. New York: McGraw-Hill, 2005.

［142］ Huyghebaert N, Gucht L V, Hulle C V. The Choice between Bank Debt and Trade Credit in Business Start-ups ［J］. *Small Business Economics*, 2007, 29 (4): 435－452.

［143］ Joglekar N R, Levesque M. Marketing, R&D, and Startup Valuation ［J］. *IEEE Transactions on Engineering Management*, 2009, 56 (2): 229－242.

［144］ Kellogg D, Charnes J M. Real-Options Valuation for a Biotechnology Company ［J］. *Financial Analysts Journal*, 2000, 56 (3): 76－84.

［145］ Lee C H, Rheh B D. Trade Credit for Supply Chain Coordination ［J］. *European Journal of Operational Research*, 2011, 21 (1): 136－146.

［146］ Lee C, Lee K, Pennings J M. Internal Capabilities, External Networks, and Performance: A Study On Technology-Based Ventures ［J］. *Strategic Management Journal*, 2001 (22): 615－640.

［147］ Leung S C H, Wu Y. A Robust Optimization Model for Stochastic Aggregate Production Planning ［J］. *Production Planning & Control*, 2004, 15 (5): 502－514.

［148］ Li B, An S M, Song D P. Selection of Financing Strategies with A Risk-Averse Supplier in A Capital-Constrained Supply Chain ［J］. *Transportation Research Part E*, 2018 (118): 163－183.

［149］ Li L, Shubik M, Sobel J M. Control of Dividends, Capital Subscriptions, and Physical Inventories ［J］. *Management Science*, 2013, 59 (5): 1107－1124.

［150］ Libai B, Muller E, Peres R. The Role of Within-Brand and Cross-Brand Communications in Competitive Growth ［J］. *Journal of Marketing*, 2009, 73 (9): 19－34.

［151］ Lin Y, Wang J N, Shi Y J. The Impact of Inventory Productivity on

New Venture Survival [J]. *International Journal of Productivity and Performance Management*, 2021.

[152] Mccarthy D M, Fader P S. Customer-Based Corporate Valuation for Publicly Traded Noncontractual Firms [J]. *Journal of Marketing Research*, 2018, 55 (5): 617 – 635.

[153] Miner B J, Raju S N. Risk Propensity Differences Between Managers and Entrepreneurs and Between Low-and High-Growth Entrepreneurs: A Reply in a More Conservative Vein [J]. *Journal of Applied Psychology*, 2004, 89 (1): 3 – 13.

[154] Mulvey J M, Vanderbei R J, ZENIOS S A. Robust Optimization of Large-Scale Systems [J]. *Operations Research*, 1995, 43 (2): 264 – 281.

[155] Myers S C. Determinants of Corporate Borrowing [J]. *Journal of Financial Economics*, 1977, 5 (2): 147 – 176.

[156] Ng K C, Smith K J, Smith L R. Evidence on the Determinants of Credit Terms Used in Interfirm Trade [J]. *The Journal Of Finance*, 1999, 54 (3): 1109 – 1129.

[157] Ni J, Chu L K, Li Q. Capacity Decisions with Debt Financing: The Effects of Agency Problem [J]. *European Journal of Operational Research*, 2017, 261 (3): 1158 – 1169.

[158] Oblander E S, Gupta S, Mela C F, et al. The Past, Present, and Future of Customer Management [J]. *Marketing Letters*, 2020 (31): 125 – 136.

[159] Pan F, Nagi R. Robust Supply Chain Design under Uncertain Demand in Agile Manufacturing [J]. *Computers & Operations Research*, 2010, 37 (4): 668 – 683.

[160] Parker P, Gatignon H. Specifying Competitive Effects in Diffusion Models: An Empirical Analysis [J]. *International Journal of Research in Marketing*, 1994, 11 (1): 17 – 39.

[161] Patel P C, Guedes M J, PEARCE J A. The Role of Service Operations Management in New Retail Venture Survival [J]. *Journal of Retailing*, 2017, 93 (2): 241 – 251.

[162] Peng X, Wang X Y, Chan K C. Does supplier Stability Matter in Initial Public Offering Pricing? [J]. *International Journal of Production Economics*, 2020.

［163］ Phan P, Chambers C. Advancing Theory in Entrepreneurship from the Lens of Operations Management ［J］. *Production and Operations Management*, 2013, 22 (6): 1423 – 1428.

［164］ Pinto J E, Robinson T R, STOWE J D. Equity Valuation: A Survey of Professional Practice ［J］. *Review of Financial Economics*, 2019, 37 (2): 219 – 233.

［165］ Pishko J. *The Drone Company That Fell to Earth* ［EB/OL］. (2017 – 07 – 26) ［2021 – 11 – 16］. https: //www. wired. com/story/the-drone-company-that-fell-to-earth/.

［166］ Pissarides F. Is Lack of Funds The Main Obstacle to Growth? EBRD's Experience with Small-and Medium-Sized Businesses in Central and Eastern Europe ［J］. *Journal of Business Venturing*, 1999, 14 (5 – 6): 519 – 539.

［167］ Possani E, Thomas C L, Archibald W T. Loans, Ordering and Shortage Costs in Start-ups: A Dynamic Stochastic Decision Approach ［J］. *Journal of the Operational Research Society*, 2003, 54 (5): 539 – 548.

［168］ Puri M, Zarutskie R. On the Life Cycle Dynamics of Venture-capital and Non-venture-capital-financed Firms ［J］. *The Journal of Finance*, 2012, 67 (6): 2247 – 2293.

［169］ Rendleman R J, Barter B J. Two State Option Pricing ［J］. *Journal of Finance*, 1979, 34 (5): 1092 – 1110.

［170］ Rockafellar R T, Uryasev S. Optimization of Conditional Value-at-risk ［J］. *Journal of Risk*, 2000, 2 (3): 21 – 41.

［171］ Savin S, Terwiesch C. Optimal Product Launch Times in a Duopoly: Balancing Life-Cycle Revenues with Product Cost ［J］. *Operations Research*, 2005, 53 (1): 26 – 47.

［172］ Schleifer T. *The Once-hot Robotics Startup Anki is Shutting down after Raising more than $200 Million* ［EB/OL］. (2019 – 4 – 29) ［2021 – 11 – 16］. https: //www. vox. com/2019/4/29/18522966/anki-robot-cozmo-staff-layoffs-robotics-toys-boris-sofman.

［173］ Schmittlein D C, Morrison D G, Colombo R. Counting Your Customers: Who They are and What Will They Do Next? ［J］. *Management Science*, 1987, 33 (1), 1 – 24.

［174］ Scholtens B. Analytical Issues in External Financing Alternatives for

SBEs [J]. *Small Business Economics*, 1999, 12 (2): 137 – 148.

[175] Sinha V, Ausrd VL, Widding Y. Gearing up for Growth: The Growth Process of New Ventures at the Base of The Pyramid [J]. *International Journal of Entrepreneurial Venturing*, 2020, 12 (1): 85 – 107.

[176] Song M, Podoynitsyna K, Van Der Bij H, et al. Success Factors in New Ventures: A Meta-analysis [J]. *Journal of Product Innovation Management*, 2008 (25): 7 – 27.

[177] Swinney R, Cachon P G, Netessine S. Capacity Investment Timing by Start-ups and Established Firms in New Markets [J]. *Management Science*, 2011, 57 (4): 763 – 777.

[178] Tanrisever F, Erzurumlu S S, Joglekar N. Production, Process Investment, and the Survival of Debt-financed Startup Firms [J]. *Production and Operations Management*, 2012, 21 (4): 637 – 652.

[179] Tatikonda M V, Terjesen S, Patel P C. The Role of Operational Capabilities in Enhancing New Venture Survival: A Longitudinal Study [J]. *Production and Operations Management*, 2013, 22 (6): 1 – 15.

[180] Thornhill S, Amit R. Learning About Failure: Bankruptcy, Firm Age, and the Resource-Based View [J]. *Organization Science*, 2003, 14 (5): 497 – 509.

[181] Wei M M, Yao T, Jiang B, Young T S. Profit Seeking vs. Survival Seeking: An Analytical Study of Supplier's Behavior and Buyer's Subsidy Strategy [J]. *Production and Operations Management*, 2012, 22 (2): 269 – 282.

[182] Willner R. *Valuing Start-Up Venture Growth Options* [M] // Trigeorgis L. Real Options in Capital Investment: New Contributions. New York: Praeger, 1993.

[183] Wu M, Zhu S X, Teunter R H. The Risk-Averse Newsvendor Problem with Random Capacity [J]. *European Journal of Operational Research*, 2013, 231 (2): 328 – 336.

[184] Xu X D, Birge R J. Equity Valuation, Production, and Financial Planning: A Stochastic Programming Approach [J]. *Naval Research Logistics*, 2006, 53 (7): 641 – 655.

[185] Xu X D, Birge R J. Operational Decisions, Capital Structure, and Managerial Compensation: A News Vendor Perspective [J]. *The Engineering*

Economist, 2008, 53 (3): 173 – 196.

［186］ Yu C S, Li H L. A Robust Optimization Model for Stochastic Logistic Problems ［J］. *International Journal of Production Economics*, 2000, 64 (3): 385 – 397.

［187］ Yu H. *How Xiaomi Wooed the Best Suppliers* ［EB/OL］. (2014 – 05 – 07) ［2021 – 11 – 16］. https://www. ft. com/content/6a675fe2-a9c6 – 11e3-adab – 00144feab7de.

［188］ Zacharakis A L, Meyer G D, Decastro J. Differing Perceptions of New Venture Failure: A Matched Exploratory Study of Venture Capitalists And Entrepreneurs ［J］. *Journal of Small Business Management*, 1999, 37 (3): 1 – 14.

［189］ Zacharakis A. *Venture Capitalists Decision Making: An Information Processing Perspective* ［M］//Cumming D J. *Venture Capital: Investment Strategies, Structures, and Policies*. Hoboken: John Wiley & Sons, Inc. , 2010.

［190］ Zhang J, Sobel M J. Financially Optimal Inventory Policies with Nonlinear Replenishment Costs ［J］. *Asia-Pacific Journal of Operational Research*, 2010, 27 (4): 477 – 492.